奢侈品在中国

梦幻商业与美好生活的激荡40年

欧家锦/著

中国经济出版社
CHINA ECONOMIC PUBLISHING HOUSE
·北京·

图书在版编目（CIP）数据

奢侈品在中国 / 欧家锦著 .

—北京：中国经济出版社，2020.3

ISBN 978-7-5136-2106-9

Ⅰ . ①奢… Ⅱ . ①欧… Ⅲ . ①消费品—消费者行为论—研究—中国

Ⅳ . ① F7247.7 ② F723.5

中国版本图书馆 CIP 数据核字（2020）第 004878 号

项目统筹 袁啸云
策划编辑 崔姜薇
责任编辑 黄傲寒 张 博
特约编辑 宋甜甜
责任印制 马小宾
封面设计 任燕飞工作室
出品单位 大连云仕文化传媒
联合出品人 武元政 李 松

出版发行 中国经济出版社
印 刷 者 北京柏力行彩印有限公司
经 销 者 各地新华书店
开 本 880mm × 1230mm 1/32
印 张 11.875
字 数 336 千字
版 次 2020 年 3 月第 1 版
印 次 2020 年 3 月第 1 次
定 价 68.00 元
广告经营许可证 京西工商广字第 8179 号

中国经济出版社 **网址** www. economyph. com **社址** 北京市东城区安定门外大街 58 号 **邮编** 100011
本版图书如存在印装质量问题，请与本社销售中心联系调换（联系电话：010-57512564）

前　言

从西方奢侈品牌的发展中 记录中国改革开放的激荡 40 年

文 / 欧家锦

中国完整地走过了 40 年的改革开放历程。从打开国门，到融入全球，在这一段相互角力而又相融共生的历程中，中国再一次走到了十字路口。

从确定改革开放（1978 年），到邓小平南方谈话（1992 年），再到加入世界贸易组织（2001 年），而至中美贸易战（2018 年），每一个关键时刻，都决定了中国商业进程乃至国运的走向。而在成就 G2（与美国相对应）地位的背后，是一大批西方企业在这个堪称全球最大市场经济体的发展史。

若为中国改革开放的第一个 40 年写几个关键词，其中一定会有“西方品牌中国化”——它们加速了中国商业的发展进程，而中国市场也成就了它们的市场地位。

因为职业关系，我密切关注着西方奢侈品牌在中国的发展。这里所指的奢侈品，是狭义上的以路易威登（Louis Vuitton）、轩尼诗（Hennessy）、爱马仕（Hermès）、香奈儿（Chanel）、迪奥（Dior）、古驰（Gucci）、博柏利

（Burberry）、劳斯莱斯（Rolls-Royce）等为代表，涉及葡萄酒及烈酒、时装及皮革制品、香水及化妆品、钟表及珠宝、豪车游艇与私人飞机、精品零售与高级酒店等领域，来自意、法、英、美等西方国家的精品品牌。

从另一个角度看，改革开放40年的历史既是奢侈品牌进入中国的历史，也是中国走向世界的历史，更是国人憧憬、创造并享受美好生活的历史。

中国的时尚发展史，始于1979年3月19日。法国时装设计师皮尔·卡丹（Pierre Cardin）在北京民族文化宫举办了一场内部时装表演，正是这一场表演，打开了新中国的"时尚之门"。

书籍创作中所引发的三个思考

从"忽视中国"到"因中国而变"，在这短短40年里，奢侈品产业发生了什么？哪些品牌影响了国人的审美？哪些人物改变了品牌的格局？哪些事件记录了时代的进程？无数个问题盘旋在我的脑海里。

我想起了财经作家吴晓波，他以一种史记般的笔法，系统梳理了改革开放的中国商业史，《激荡三十年：中国企业1978—2008》及《激荡十年，水大鱼大：中国企业2008—2018》成为这一段商业史的著作丰碑。

而我，是否有可能也用这种手法，将西方奢侈品牌在中国40年的发展史做一次梳理、记录这一段中国与世界相互角力而又相融共生的40年历程？

在进行了大量的资料分析及业内相关人士的访谈之后，我将1979—2019年这40年划分为四个时期——

第一个时期：1979—1991，混沌初开，国人时尚意识觉醒。标志性事件是法国时装设计师皮尔·卡丹于1979年举办了中国第一场时装表演，揭开了中国的时尚序幕。

第二个时期：1992—2003，追随潮流，中国市场逐渐升温。标志性事件是全球奢侈品第一品牌路易威登（Louis Vuitton）继邓小平南方谈话之后漂洋过海来到中国，并带动了众多奢侈品牌进入中国。

第三个时期：2004—2012，黄金十年，国人消费惊艳业界。标志性事件是中国兑现“入世”承诺，于2004年颁布《外商投资商业领域管理办法》，向外资企业开放了商业市场，它积极促进了西方奢侈品牌对中国的大力度投资，奠定了中国成为奢侈品消费大国的基础。

第四个时期：2013—2019，全球瞩目，行业进入“中国时代”。标志性事件是业内共识的“全球奢侈品及时尚产业的黄金十年”结束，在全球奢侈品消费步入衰退之际，中国消费者（含境内外消费）却扮演了“行业拯救者”之角色。

尽管记录的是“西方奢侈品牌在中国发展的激荡40年”，但我力图将它还原得活灵活现，不仅适合奢侈品等高端消费行业的从业者阅读——越了解这个行业的发展史，越能看清这个行业的未来；也适合财经学者参阅——西方奢侈品牌在中国的发展中，其战略制定、营销模式、人才培养、市场推广、危机公关等，都将给当下的国内商学教育带来大量新鲜案例；更适合有志于打造自有品牌的中国企业家审阅——从家庭作坊到全球品牌，它们到底做对了什么？它们的发展历程，或许能为中国品牌的成长指引前行方向。

当然，它也适合大众阅读，成为一本了解西方奢侈品牌前世今生的入门级指导手册。

在不断深入梳理这个行业的发展史的同时，我越发意识到极有现实意义的三个问题：

第一，为何西方奢侈品牌建立百年之后，依然能引领时尚潮流，备受年轻一代消费者的追捧；而中国品牌却变成“中华老字号”逐步淡出国人的日常生活？

所谓“中华老字号”，是指历史悠久，拥有世代传承的产品、技艺或服务，具有鲜明的中华民族传统文化背景和深厚的文化底蕴，取得社会广泛认同，形成良好信誉的品牌。

列举几个：老凤祥金饰、恒源祥服饰、会稽山黄酒、老杨明远眼镜、扬州玉缘玉器、张小泉刀具……这些品牌仍有生意，且运营状况良好，但对于年轻一代来说，它们似乎是“父辈级的老品牌”，显得如此陌生。

而如果一个品牌形象持续老化，被年轻人排斥在消费视野之外，其生命力会极其有限。除非，它仅服务于中老年人群体。

第二，为何中国品牌一出海就遭遇各种问题，几乎折戟沉沙，而西方奢侈品牌却能在中国攻城拔寨？

并不是说西方品牌在中国就没有遭遇过“滑铁卢”，而是相比较而言，它们比中国同行享受到了更多的超乎想象之好的待遇。仅仅只是一句“崇洋媚外”，或许并不足以解释。

甚至，一些有过“辱华”前科的西方品牌如今依然是各自行业的领导品牌。但反观中国，为何“中国制造”却被国外，特别是西方国家贴上了“低端”“劣质”“不可靠”“廉价”等标签？

除了反思品牌自身的问题之外，国内消费环境乃至政府有关部门是否也有值得反思的地方？毕竟，全球第二大经济体的地位，背后一定需要大批品牌的支撑。

第三，几乎每个中国企业家都有一个“百年品牌梦”，但却都忧虑“富不过三代”；而西方奢侈品牌为何能经历两次世界大战，穿越数个经济周期，传承三四代人直至今天？

改革开放 40 年，中国创造了人类史上前所未见的经济奇迹，被西方国家大呼“看不懂”。而中国企业家也已习惯了高歌猛进，却突然在 40 年这一关卡，特别是受中美贸易战的波及，普遍遭受了苦不堪言的冷遇。

而如今光鲜亮丽的西方奢侈品牌，难道就没有遭遇过困境吗？当然不。

两次世界大战是毁灭性的，连生命都无法保障，何谈商业品牌的发展？但依然有一大批品牌幸存下来，并且随着 20 世纪 50 年代第三次工业革命之后的经济大发展，在全球遍地开花。

以上三个问题的答案，到底是什么？

西方奢侈品牌是如何打造品牌基因、转型升级模式、拓展国际市场、穿越经济周期、培养发掘人才、实现家族代际传承的？

他们的经验、智慧与反思，或许就隐藏在“西方品牌中国化”的进程中。而我，希望能通过对西方奢侈品牌在中国的激荡40年发展历程的梳理与总结，将这些问题的答案捕捉、提炼并呈现，积极作用于中国品牌的成长。

此书既是西方奢侈品牌在中国的发展记录，也是一本写给有志于打造自有品牌的中国企业家的工具手册——“历史总是以不同的面貌在每一个时代重复上演”，从历史的过往中，或许我们能找到前行的方向。

东方匠品与西方奢品的差距

在庞杂的历史资料检索与广泛的人物对话整理中，我不断理清西方奢侈品牌在中国的发展史，但也发现了一些值得深思的问题。

比如，在我们耳熟能详的西方奢侈品牌中，有一个很有趣的现象：它们都在强调与欧洲王室贵族的渊源。

比如卡地亚（Cartier），官方宣称它自1847年起一直与各国的王室贵族和社会名流保持着息息相关的联系和紧密的交往，被誉为“皇帝的珠宝商，珠宝商的皇帝”。

比如路易威登（Louis Vuitton），自1853年路易威登先生晋升为老板的首席助理，同时成为Eugenie皇后（拿破仑三世的妻子）最信任的行李箱专家后，来自上流社会阶层的时尚客人随即蜂拥而至。

比如爱马仕（Hermès），1879年创始人的儿子将总店搬到巴黎后，所制造的高级马具深受欧洲贵族们的喜爱，其品牌也成为法国式奢华消费的典型代表。

比如尚美巴黎（Chaumet），它是拿破仑一世的御用珠宝匠尼铎先生于

1780 年创立的珠宝及奢华腕表品牌……

与它们所创立的历史年份相对应，东方正处于清朝时期，那又是一番怎样的景象呢？如今尚且流传于世的“中华老字号”，有很多在当时不也是类似的待遇吗？它们被列为朝廷贡品，专供皇上及王公贵族享用。

这不就是品牌与王室的渊源吗？历史总是惊人地相似，很有趣。

但对比当下，以上所提及的 4 个奢侈品牌依然位列行业顶尖水准，凭借着强大的品牌号召力与精美绝伦的产品魅力，深受全球各地消费者的热捧，特别是中国——这个全球最大的奢侈品市场（含国人的境外消费）。

而中华老字号呢？据新华社 2018 年的一篇报道，经商务部认定的中华老字号品牌已经从新中国成立初期的 1.6 万家，减少到了 1128 家；全国各类老字号企业经营十分困难的占 70%，勉强维持的占 20%，只有 10% 的老字号发展不错。

很多中华老字号的处境，或许跟“非遗”相似了。若非政府大力扶持，会受到市场经济浪潮的极大冲击。

这就引发了对一个问题的思考：为什么同样是百年品牌，西方奢品能在市场经济浪潮中引领行业之先，而东方匠品却在市场中迷失了方向？

请注意，我在上面这个问题中写到了两个关键词：“奢品”与“匠品”，它们有何区别？

在市场经济中，任何一个产品的诞生，都是产业链共同作用的结果。比如西方奢侈品，一个 LV 的包，它涉及原材料挑选、款式设计、手工制作、物流配送、品牌推广、市场营销、店面销售等多个环节，任一个环节都做到了极致，才打造出这么一个令消费者着迷不已的产品。这就是“奢品”，它不仅仅是“匠心之作”，更是产业化的商品。

而“匠品”呢，最典型的代表就是非遗产品。它更多地是依赖于工匠自身的高超技艺，所打造出来的一个具有极致工艺价值的产品，但从商品的角度来看，它有两大先天不足：一是无法被批量化生产；二是日常实用性不强。

所幸的是，越来越多的东方匠品正在向西方奢品学习，努力适应市场经济的要求。但仍路途漫长，我们来做几个对比：

1. 爱马仕（Hermès）丝巾所采用的原料一部分是来自杭州的丝绸，但为何它的丝巾几乎供不应求，而大部分的杭州丝绸却在市场上滞销，或售价低廉？

2. 韦奇伍德（Wedgwood）因其质好型美，成为英国王室的御用瓷器提供商，但当年独步天下的瓷器烧制技术都源自中国，而景德镇的瓷器品牌中，能被我们记住的又有几个？

3. 立顿（Lipton）是全球最大的茶叶品牌，尽管中国每年的茶叶产量占全球 40%，但 7 万家茶企的年出口产值却抵不上 1 个立顿！而你可知道，当年令欧洲王室贵族热衷的下午茶，有很多茶叶就来自中国？

4. 西班牙 5J 伊比利亚火腿为西班牙王室御用，且深受全世界厨师长及饕餮食客们的喜爱，而可与此对标的顶级金华火腿却又被多少国内食客所知晓？

5. 双立人（Zwilling）所打造的不锈钢刀剪餐具、厨房炊具等现已成为全球中高收入家庭的理想厨房用具，而比它历史更早的张小泉也生产了同类型的刀剪餐具，但价格为何不及它的 1/5？

类似的案例还有很多。东方匠品与西方奢品的差距在哪里？

大概两三百年之前，以上我所列举的这些匠品，都是当时的朝廷贡品，也是远渡重洋之后，备受西方王室贵族喜爱的“御用之品”。

而今风水轮流转，西方将这些匠品“青出于蓝而胜于蓝”地打造成了奢品，再次远渡重洋远销至东方，并让东方的消费者为之着迷。

为什么？究其原因，品牌历史、原材料、制作工艺、美学设计、市场营销、商业模式、人才培养、家族传承、资本运作等，有太多的产业链环节我们需要补上并完善，才能使匠品升级为奢品。

强大的消费市场是品牌成长的最佳土壤

2019年1月，国内知名奢侈品市场研究机构要客研究院（原财富品质研究院）在上海发布《2018中国奢侈品报告》。

报告显示，2018年全球奢侈品市场规模约3470亿美元，虽然有全球经济放缓、人民币贬值、突发政治事件、中美贸易战等因素的影响，全球奢侈品市场仍然录得12%的增长，该增长包括电商业务、高级定制业务，以及近两年开始重新焕发生机的传统高端小众品牌的业务增长。

其中，中国消费者消费总额达到1457亿美元，增长7%，占全球奢侈品市场的42%。其中，境外消费奢侈品1073亿美元，增长率为4%；国内总消费额384亿美元，增长率为17%，消费外流仍非常严重，有74%的奢侈品购买行为发生在中国境外。

中国国内奢侈品市场占全球奢侈品市场的份额提高至11%，比2017年增长1个百分点，中国市场消费回暖趋势明显。

该报告认为，"中国消费者未来很长时间内仍是全球奢侈品市场的主导力量"，并在全球奢侈品行业六大趋势中明确指出："中国消费者将继续主导全球奢侈品消费，中国本土奢侈品消费市场将快速增长，并在资本整合以及互联网平台的助力下，预计在5~10年内，中国消费者奢侈品本土消费额将超过境外消费额。"

在报告总结的中国奢侈品市场六大机会中，有三点让我看到了中国品牌的希望：

"中国政府为了拉动内需，鼓励中高端消费，鼓励进口，鼓励发展中国品牌。"

"中国传统文化和传统工艺的商业开发存在巨大空间。"

"新零售和平台化定制让中国品牌有机会成功逆袭。"

中国消费者除了强大购买力令西方奢侈品牌侧目之外，近年来，中国资本也参与了这一场消费大战。

山东如意集团收购了英伦风范时装品牌雅格狮丹（Aquascutum）与瑞士奢侈品牌巴利（Bally）；复星国际收购法国高级时装品牌朗雯（Lanvin）与希腊珠宝首饰品牌芙丽芙丽（Folli Follie）；沣沅资本收购了法国奢侈水晶制造商巴卡拉（Baccarat）；通灵珠宝收购了比利时高端珠宝品牌莱绅（Leysen）；七匹狼收购法国轻奢品牌卡尔·拉格斐（Karl Lagerfeld）；刚泰集团收购了意大利珠宝品牌布契拉提（Buccellati）……

振奋之余，它所带来的另一个思考是——从买产品、买服务，到买品牌，中国强大的购买力和消费市场会催生一批源自东方本土的奢侈品牌吗？继“中国制造”之后，我们能否向全球输出“中国品位”？

这些问题的答案，似乎已呼之欲出；但也依然前途漫漫。

如果说中国第一个改革开放40年的关键词之一是“西方品牌中国化”，那么，第二个40年的关键词一定有“中国品牌国际化”！在可预计的未来，中国企业家会展现两种身份——要么打造一个具有东方元素的国际品牌，要么在资本层面成为国际品牌的中国老板。

国家复兴的背后是经济实力的强大，其实质就是品牌的崛起。无论主动或被动，伴随着中国的强势崛起，以及“一带一路”建设的推进，“中国品牌国际化”的大势已来，势不可当！

财经作家吴晓波在《激荡十年，水大鱼大：中国企业2008—2018》中写道：“这个时代从不辜负人，它只是磨炼我们，磨炼每一个试图改变自己命运的平凡人。”

伟大时代的伟大之处，就在于你我共同地见证与参与。谨以此书，献给每一位正在参与第二个改革开放40年历程的你。

目 录

1979—1991

混沌初开，国人时尚意识觉醒

1978年10月22日，一架飞机从中国北京飞抵日本，缓缓降落在东京机场。机上走下一位年近古稀的老人，他应日本政府邀请，即将对日本展开为期8天的访问。这位老人就是时任中国政协主席、74岁的邓小平。

他的这次出访，标志着中国的大门即将对世界打开。这是1949年新中国成立以后，国家领导人第一次访问日本，对此，日方高度重视，给予了他国家元首的待遇。

邓小平非常重视战后日本抓住有利时机实现经济腾飞的成功经验，在参观日本现代化工厂时，他感慨地说："我懂得什么是现代化了！"在乘坐新干线列车时，他说："就感觉到快，有催人跑的意思，我们现在正合适坐这样的车。"在松下电器公司，他对公司创始人松下幸之助说："日本企业值得我们学习的东西很多。""希望松下的电子工业到中国去。"

两个月之后，党的十一届三中全会在北京召开，做出了把党和国家工作重心转移到经济建设上来、实行改革开放的重大决策。一个古老而神秘的东方大国开始了一段惊心动魄的旅程……

1979

时装界的“马可·波罗”中国行

“在很长时间之前，我对中国就有一个梦想，去中国卖纽扣，在中国生产纽扣。中国人口超过10亿。打比方说一个人不管裤子、上衣还是外衣、风衣都要用到纽扣，这样的话，以一个人一年至少使用50颗纽扣计算，那么10亿人乘以每人50颗的纽扣，那将是500亿颗纽扣，这是多么大的市场啊！纽扣还没有制造出来，我就已经想象自己是个富人了。”①

——皮尔·卡丹

1271年，意大利旅游家及商人马可·波罗（Marco Polo）跟随父亲从意大利的威尼斯启程，历经4年，途经地中海沿岸的阿迦城、亚美尼亚，穿越两河流域，横跨波斯全境，翻越帕米尔高原，进入疏勒、沙州，沿着这条古

① 《从小裁缝到时尚巨头：皮尔·卡丹商业帝国》，凤凰网专稿，2018年10月13日

老的陆上丝绸之路来到中国。

他与元世祖忽必烈建立了友谊，在中国游历了17年，曾访问当时中国的许多古城，到过西南部的云南和东南地区。回到威尼斯之后，马可·波罗在一次威尼斯和热那亚之间的海战中被俘，在监狱里口述旅行经历，由鲁斯蒂谦（Rustichello da Pisa）写出《马可·波罗游记》（*Il Milione*）。

《马可·波罗游记》记述了马可·波罗在东方最富有的国家——中国的所见所闻，后来在欧洲广为流传，激起了欧洲人对东方的热烈向往，对以后新航路的开辟产生了巨大的影响。同时，西方地理学家还根据书中的描述，绘制了早期的“世界地图”。

700多年之后，另一位延续着他对东方古国热爱的意大利威尼斯老乡，也决定来到中国。他就是在国际服装界鼎鼎有名的设计师皮尔·卡丹（Pierre Cardin）。

当皮尔·卡丹预见到这个文明古国所蕴藏的巨大商机时，其他的法国同行多是持怀疑态度地观望。历史就在如此不经意间被改写，皮尔·卡丹来到中国，带来的不仅仅是一个高端的时尚品牌，更是推开了那扇对时尚关闭已久的大门——在这扇大门打开40年后，中国成了国际各大奢侈品牌群雄逐鹿的焦点战场。

1978年末，中国尚未摆脱“文化大革命”的阴影，外国人尚无法自由出入。党的十一届三中全会的召开，确定了改革开放的政策，一个新的时代即将到来。当时要想来中国，唯一的办法就是团体旅游。皮尔·卡丹抓住了这唯一的机会，让自己公司的雇员组成了一个旅游团，一同来到了中国。

当时中国的大街小巷还都是满眼的军绿和藏蓝，时尚距离中国人似乎还很遥远。美联社记者曾拍过这样一张照片——身穿黑色毛料大衣、脖子上随意搭条围巾、双手插在衣兜里的皮尔·卡丹走在长安街上，他身后那群穿着蓝色工作服的工人，以及一边那个戴着解放帽、捂着皱巴巴对襟棉袄的老农都像看外星人一样望着皮尔·卡丹……

皮尔·卡丹：开启中国时尚的大门

“当我第一次来这儿时，所有人都穿黑衣服或者毛领，款式更是清一色的中山装。那时很严格，任何时候人们都不能随便说话，如果他和外国人谈话是很危险的。这种政治力量给我留下了深刻印象。那儿的人们等待着有一天变化发生。”皮尔·卡丹回忆道。他敏锐地嗅到中国正在复苏的气息，他看到这个国家正在经历一次前所未有的思想解放。

1979年3月初，新华社记者李安定比往常早半小时到单位。跟往常一样，他拎起热水瓶，返身出去打热水。门口传达室的老大爷叫住他，递给他一份盖了红戳的公文。那是一份外贸部门的通知：法国服装设计大师皮尔·卡丹应邀首次访华，将于3月19日在北京民族文化宫举办一场服装观摩会。

这是一个小规模、仅限专业人士参加的时装表演。皮尔·卡丹是以外贸部的名义请进来的。那时候还需要公安部批准。当时没敢提是时装表演，只说是经验交流。在内部也有争论，外贸部的党组还进行了讨论。“当时改革开放刚刚开始，大家都拿不准，怕惹麻烦。最后是比较高的领导拍板做了决定。”模特表演的合作单位是中纺公司，据说，那次表演单位都不敢挂名，对外也只简单地称为观摩会。

这一次来中国，皮尔·卡丹带来了不少他珍藏的时装精品。当时接待他的单位是中国服装联合会。为了展示自己的品牌，皮尔·卡丹很想找个模特试穿一下自己的“宝贝”。正好，当时办公室里就有一位迷人的秘书小姐，皮尔·卡丹请她代为试穿。①

因为第一次来中国旅游的时候，皮尔·卡丹觉得中国人的身材都很娇小，所以这次带来的衣服尺码都不大。可眼前的秘书小姐虽说个头不大，身形却较胖。她起初犹豫要不要试，皮尔·卡丹忙说不要担心，试一下吧，即使不合适，也可以在一天之内修改好。

可当秘书将外衣脱下来的时候，皮尔·卡丹惊呆了。女秘书外衣里面居然穿了薄厚不一的8件衣服：红的、黄的、蓝的……各种颜色。原来，她不穿这么多衣服的话，身材还是很纤细的。当秘书小姐换上皮尔·卡丹拿出来的衣服时，在座的人都被她的美丽惊呆了。

皮尔·卡丹和中国友人们，都隐约意识到，新的时代就要到来了。

据当时工作人员刘宝祖回忆，当时民族文化宫餐厅刚刚恢复营业，他也是从街道的骨干被选调到民族文化宫不久，光荣尚未褪去，又经历这样大的场面，让他更加自豪。时装表演安排大约一个多星期，民族文化宫专门为此搭建了T型台，耀眼夺目。灯光和音响都由皮尔·卡丹自己的人员来设计。由于用电量过大，还特意单拉了一条电线。

表演是内部表演，并不售票，表演的模特都是外国人，因为中国还没有时装模特。其时装款式之新之短之薄，远远超乎人们的想象。看到那场表演，人们的第一反应就是这衣服能穿吗？有用吗？这场表演，对当时的中国来说绝对是一个超级的新鲜事物，表演场外围了很多人，都想进去看看这个表演。

---

① 《皮尔·卡丹的“中国情缘”：从一枚纽扣开始，到改变中国时尚》，上海观察者网，2014年12月3日

法国模特在 T 台走秀

李安定后来在一篇文章中这样描述当时的情景：一个临时搭起的 T 型台上，8 个法国模特和 4 个日本模特，在流行音乐的伴奏下扭胯摆臀，迈起猫步。台下穿着蓝灰中山装的观众们神色严肃、屏住呼吸。而当一个金发美女面对观众停住脚步，突然兴之所至敞开对襟衣裙时，台下的人们竟像一股巨浪打来，身子齐刷刷向后倒去。[①]

演出结束，参考消息上登了一篇中国香港报纸的评论，批评中国人连衣服都穿不上，却看什么法国时装。凭着职业敏感，李安定隐约觉察到新事物正亟待破土而出，他怀着激动的心情写下观摩会所见所感，却在遣词造句上颇费苦心，因为他所看到的这些情景对于当时的中国人来说，无异于“洪水猛兽”。

这头“猛兽”推开了古老而厚重的中国时尚之门。

几乎与此同时，就在李安定被那场观摩会深深震撼了的前几日，在中国的另一大城市上海，也上演了一番奇怪的景象——上海黄浦区商场的营业员们发现，总有人挤到手表柜台前，询问能否买到雷达牌（RADO）的手表，得到否定回答后的人失望离去，但更多的后来者又赶来询问。

后来她们才知道，就在前一天——1979 年 3 月 15 日，有一个叫作“雷达表”的外国手表广告同时出现在了上海电视台和《文汇报》上。这是新中

① 《中国时尚产业 22 年 奢侈品大揭密》，联商网，2008 年 10 月 5 日

国的第一条外商电视、报纸广告。

《文汇报》刊登的雷达表广告

当天下午 6 点，“雷达表”电视广告通过上海广告公司代理在上海电视台播出，由于时间和操作上的原因，这条电视广告甚至是用英文解说，只是配上了中文字幕。同一天，雷达表在《文汇报》上的通栏广告也是用手绘的插画。有三款手表被当作了主推产品：雷达女装自动日历首饰表、雷达男装永不磨损型石英表、雷达男装自动星期日历表。

这条电视广告仿佛一颗原子弹，在沉闷的消费语境中引起了轩然大波！时任上海电视台广告科负责人的汪志诚回忆道：“社会上议论纷纷，说汪志诚在那里出卖主权，（广告）竟然用英文来讲。”而时任上海电视台负责人的邹凡扬则透露：“（播放广告）都牵涉到卖国，（各界质疑）你怎么能用外国的广告呢？”

但令饱受非议的上海电视台与《文汇报》略感欣慰的是，尽管当时懂英文的人不多，广告词在今天看来也毫无新意，但是在 3 天内，到黄浦区商场询问这个品牌手表的消费者超过了 700 人！

瑞士雷达表中国区副总裁郑世爵回忆：“当时中国还没有完全开放，但是我们意识到了中国市场的广阔，有很大的潜力可以挖掘。雷达表公司应用了营销理论上的‘第一品牌’理论，就是争做市场第一人，这样在没有竞争者的情况下，可以用较少的资源和时间建立很高的品牌知名度。”

而事实上，整整 4 年之后，雷达表才真正进入中国市场。这时候，对于中国老百姓来说，雷达表早已是无人不知，无人不晓！郑世爵透露：“当时，中国市场上没有进口表，我们做了宣传后，把品牌打出来了，就造成了一种需求。消费者知道雷达表很好，就想去买，但当时他们买不到，越得不到的东西越宝贵。”

一场被视为“洪水猛兽”的时装表演，一条被非议为“出卖主权”的电视广告，以一种近乎荒诞的黑色幽默的方式，给这个古老的东方国度撕开了一道口子，令早已压抑太久的中国人民呼吸到了一丝时尚消费的气息。

在回顾改革开放30周年时，新华社发文《从“主旋律”到“我型我秀”——中国服饰变化30年》，文中提到了这一场上演于民族文化宫的时装表演：“改革开放前，蓝、黑、灰、绿是中国人穿衣的‘主旋律’。1979年3月19日，法国著名时装设计师皮尔·卡丹率领的法国模特在北京民族文化宫举行时装表演，让改革开放之初的中国人大开眼界。”

成功抛出敲门砖以后，皮尔·卡丹开始向中国引进模特时装展示。他挑选了一些身材修长的中国女孩，这些女孩子都很有灵气，稍加培训，她们走起步来就有了些模特的味道。此外，皮尔·卡丹还将这些女孩带到巴黎，让她们走上了巴黎的T台，引来媒体的争相关注。

世界开始关注中国的模特，关注从中国走出来的时尚代言人。

多年以后，皮尔·卡丹回顾起这段经历时说：“在那个人们都穿着中山装的时代，我把中国模特们带到了巴黎、纽约，在那时我推介中国，就如同中国是世界的未来。我是第一个到中国去的欧洲设计师，当我们第一个尝试时，就可能是第一个征服者，我在中国拓展了市场，有生意关系，也有友谊与尊重。每次有来自中国的客人来巴黎，我都会招待他们，我以我的力量保卫中国，因为我认为是中国人教会了我们很多东西。总之我热爱中国，对她有信心，对这个国家要尊重，尊重她的人道价值，她的实力以及勤劳。”①

---

① 《法国时尚大师皮尔·卡丹讲述“中国情缘”》，凤凰卫视，2014年12月2日

1979

“醉梦人生”的诱惑力

改革开放，为这个古老而神秘的东方国度带来了前所未见的活力。

1979 年，法国人头马（Remy Martin）闯入了中国市场。中国香港作词人黄霑为它写的第一条广告语直到现在还家喻户晓——“人头马一开，好事自然来”。

刚进入中国时，人头马 X.O 就是洋酒的代表，也是西方生活方式和奢华品位的代名词。其主要消费者是在华的外国人和港商。它利用初期的市场竞争真空，大胆地利用国内政策对仍驻留中国市场的跨国公司的支持，迅速低成本抢占通路，并迅速扩大知名度，从而奠定了在中国洋酒市场的优势地位。[①]

据曾经入职人头马的人士后来总结，其成功源于“入乡随俗”的营销战略。人头马深知刚刚富起来的那一部分

---

① 《人头马中国足迹：成功源于营销战略“入乡随俗”》，慧聪网，2008 年 2 月 25 日

人，需要借洋酒以示自己的高雅。同时，为了适应中国人豪饮的习惯，人头马一方面保持着高雅，一方面也在做着改变。

人头马是干邑白兰地的佼佼者——白兰地，最初来自荷兰文“Brandewijn”，意为“烧制过的酒”。狭义上讲，是指葡萄发酵后经蒸馏而得到的高度酒精，再经橡木桶贮存而成的酒。白兰地通常被人称为“葡萄酒的灵魂”。世界上生产白兰地的国家很多，尤以法国干邑地区生产的最为优质。由此，“干邑白兰地”成为一种品质的保证。

白兰地经由“生命之水”（用以形容葡萄酒经双重蒸馏后所形成的葡萄原酒，色泽如清水般清澈通透）存放在小橡木桶内经长期陈酿而成。因而，洋酒的喝法自然与豪饮风马牛不相及。但是，为了适应中国民众的消费习惯，人头马放弃了一贯的高脚杯和“先闻、再看、后品”的程序，取而代之的是加冰干杯。结果自然是人头马的销量直线上升。

人头马高昂的价格和吉利的广告口号，曾让一批批快速富有的新贵心动不已，更成为炫耀性消费的最佳代表。以至于在20世纪90年代的政治语境中，将这些人消费几千元一瓶的XO，作为奢侈浪费的反面教材。

因此，有人评价：“人头马正是以一个特殊的营销战略迎合了一个特殊的时代，更确切地说，是时代造就了人头马。”

回顾过往，人头马集团不得不感谢中国社会的改革开放。在1980年和1992年间，人头马以不同的方式入股并分别成立了两家酒业公司——王朝葡萄酿酒有限公司和上海申马酿酒公司，为它在这一巨大消费市场的业绩增长提供了充分保障。

在国人醉意朦胧的消费意识中，另一个法国品牌悄然而至。

法国博内特里塞文奥勒有限公司，这家名字陌生又拗口的企业，却拥有着一个在中国几乎家喻户晓的品牌：梦特娇（Montagut）。

提起梦特娇，相信80后之前的国人都会有一种遥远而亲切的感觉。作为改革开放后最早进入内地市场的国际服装品牌之一，国人把它作为改头换面后必须得到的法国名牌来吹捧。

1979年，梦特娇最先通过位于中国香港的总公司登陆中国，亮丝的改良令其在国内市场发展迅速。亮丝，是梦特娇于1960年代初期设计出的一款独有的厚型布料，其构造与纱织组合截然不同，用亮丝面料制作的成衣使人穿起来感到非常舒服、清爽，且衣服亮泽、柔顺。在当时的市场中这是绝无仅有的，很快成为市场中的抢手货。

沿着马可·波罗的足迹，梦特娇以授权生产的营销策略，不断地将品牌推向国际舞台。亮丝布料的发明，令梦特娇深受多地消费者的喜爱。梦特娇在欧洲、美国与亚洲设置营业部，拓展全球销售网络。至20世纪80年代，梦特娇已成为一个跨国的时尚品牌。

梦特娇远东有限公司董事颜诺德先生（Mr.Jean-Francois Arnold）曾如此评价："我们一直在摸索、了解和适应中国市场。中国市场太大了，对我们来说，中国不是'一个'市场，而是很多个市场，从南方到北方，从沿海地区到内地。人们的文化背景、经济状况、审美观念都有很大的不同，我们不可能用一种模式去应对整个中国市场，更不可能把我们在欧洲的经营理念照搬过来。"

颜诺德先生透露梦特娇在中国市场的演变："很有意思的一个现象是，我们进入日本市场的时候，是作为女性的品牌，而进入中国市场时，则完全是男性的品牌形象。因为1979年时，中国刚刚改革开放，对于名牌服装的需求，主要集中在大城市的男性消费者身上，所以当时我们在中国市场推出的产品，100%是男式的。但随着社会的发展，我们的女性产品开始增加。另一方面，刚进入中国内地市场时，我们只在广州、北京、上海等大城市销售，而后，我们才选择进入一些中小城市，这是因为中国顾客的消费能力提高了。我们的设计师每年都要到中国来，直接接触中国的市场，设计出符合中国顾客需求的产品。比如我们在皮带扣的设计上，加进了许多闪亮的缀饰和金属光泽的元素，这在欧洲销售的款式中是没有的，但符合中国消费者的口味。"

为中国而设计？这段话语，深深地透露着一种信号：西方奢侈品牌迎合并讨好中国消费者的时代，正迸发于萌芽之间。

1984

《时代周刊》的中国新面孔

这一年的4月30日,《时代周刊》刊发了一个专题“中国的新面孔(CHINA’S NEW FACE)”,封面是一个在长城上手持可口可乐的中国小伙子。对于国际社会来说,此时的中国已经开始融入世界,有了崭新的面貌。

《时代周刊》封面:
中国的新面貌

1885年,美国佐治亚州的约翰·彭伯顿(Dr.John.Stith.Pemberton),发明了深色的糖浆。他原本想制作酒精饮品,但当年政府发出禁酒令,他转而在次年5月发明了一种饮料,一种让很多需要补充营养的人喜欢喝的饮料。

他发现搅拌做好的饮料具有提神、镇静以

及减轻头痛的作用，他将这种液体加入了糖浆和水，然后加上冰块，味道好极了。不过在倒第二杯时，助手一不小心加入了苏打水，这回味道更好了，合伙人罗宾逊（Frank M.Robinson）被糖浆的两种成分激发了命名的灵感，这两种成分就是古柯（Coca）的叶子和可拉（Kola）的果实，罗宾逊为了整齐划一，将Kola的K改C，然后在两个词中间加一横，于是可口可乐（Coca–Cola）便诞生了。

1888年8月，亲身感受过可口可乐减轻头痛之功效的药剂师阿萨·坎德勒（Asa Candeler），因看好它的前途，前后共支付了2300美元，最终拥有了全部股权，成了可口可乐的主人，史称“可口可乐”之父。

但真正使可口可乐大展拳脚的，是两位美国律师。他们向阿萨·坎德勒提出一个创新的商业合作方式——由可口可乐公司售给他们糖浆，他们自己投资生产的公司及售卖点将糖浆兑水、装瓶、出售，按可口可乐公司的要求生产及保证品质。

凭借着天才般的营销方式，具有神秘配方之实效的“魔水”——可口可乐，迅速成为风靡美国的“国民饮料”；而随后伴随着美国的日益强大——特别是“二战”（1945年）之后，美国在GDP、科学技术、军事力量等方面全面超过了英国，经济总量与综合实力跃居世界第一，可口可乐更是“流向”全球，俨然成为美式资本主义生活方式的符号，甚至是美国近代文化的象征。

其实，早在1978年12月19日，中美宣布正式建交的第二天，可口可乐公司就在美国正式宣布重返中国（1927年，上海街头悄然增加了一种饮料，名叫“蝌蚪啃蜡”；1948年，上海成为可口可乐海外首个销量超百万标箱的城市，但次年即退出中国市场），并与中国粮油进出口总公司签订了协议。

根据协议，可口可乐在中国内地的第一家装瓶厂，由中方提供厂房，可口可乐赠送一条先进的生产线。为了保障水质，可口可乐为北京厂提供的是反渗透水净化系统，是当时世界上最先进的水处理设备，只有少数几个国家拥有这项技术。可口可乐总计派出了 180 多个人次的专家和技术人员到北京，帮助安装设备、调试和培训中国技术人员。

第一批到达中国的 3000 箱瓶装可口可乐，由中国香港发往北京，成为 1978 年中国实行改革开放政策后，最先到达中国内地的外国消费品。当时它给人的印象是特贵。当时北冰洋汽水 0.15 元 / 瓶，可口可乐的售价是它的 3 倍，而当年的全国城镇居民年人均可支配收入为 343 元（折合 28.6 元 / 月）。可口可乐有中药味儿，第一口不好喝，但越喝就喜欢上了。当时，不少人还认为它代表了“资本主义生活方式”。

在改革开放初期，可口可乐仅对涉外饭店供应，只销售给外国人、归国华侨及港澳同胞，是各地友谊商店里名副其实的奢侈品。一些西方媒体对可口可乐重返中国这一商业事件，赋予了非同寻常的政治意义，当时《纽约时报》和《华尔街日报》甚至专门做了调查性报道，可口可乐也因此成为改革开放的重要标签之一。

昂贵的售价以及封锁的销售渠道，并没有挡住国人们追风尝鲜的脚步，可口可乐在一些地区风靡起来。在 1984 年，一位普通中国小伙子手拿可口可乐饮品的照片登上美国《时代周刊》的封面，在封面上有一句配文：“中国的新面貌，里根将会看到什么？”

这张照片及其专题，既显示了中国的改革开放初显成效，也体现了经济全球化的迹象，更表明了以美国为代表的西方阵营对中国的开放持赞赏态度。

而连当年的可口可乐领导者们可能都意想不到的是，如潮流洪水般涌入中国的“魔水”，不仅开启了中国人追求西方生活方式的新体验，也在此缔造了其全球第三大销售市场的伟绩，仅次于美国与墨西哥。前可口可乐董事长兼首席执行官穆泰康（Muhtar Kent）预测：“中国迟早将成为可口可乐的（全球）最大市场。”

1985

伊夫·圣罗兰的“东方梦境”

1985年5月的一天，北京，中国美术馆。门前停了七八辆黑色小轿车，从轿车上下来了十几位金发碧眼的外国人。他们统一穿着笔挺的黑色西服，打着领带，向中国美术馆走去。①

此时，在代表中国艺术收藏及展览最高级别的机构——中国美术馆，正在举办“Yves Saint Laurent 25周年作品回顾展”。那时，“Yves Saint Laurent”的中文翻译还不是今天的“圣罗兰”（下文以此简称），而是“伊夫·圣·洛朗”。

早在1977年，从未去过中国的圣罗兰便向世人第一次完整展示了他对于中国这个古老国家的时尚印象，在其当年秋冬的发布会上展出了“中华帝国（La Chine Impériale）”为主题的高级定制系列。而8年之后，圣罗兰才第一次真正踏上中国的土地。②

---

① 冷芸：《1980年代，Yves Saint Laurent就在中国办了场大展》，冷芸时尚，2016年5月10日

② 《伊夫·圣罗兰的东方梦境》，YT新媒体，2018年12月4日

创始人伊夫·圣·洛朗

“我的创作时常被‘中国’打断，在我的脑海中也时常出现中国意像。一本古老的画册也许就能完全承载我对中国的想象……我完全不需要去到那里，因为我的梦境里充斥了一个完整的中国……”

圣罗兰天马行空的想象力成就了他的伟大艺术，而其“旅程般的梦境”是他灵感的来源。尽管圣罗兰当时从未去过亚洲乃至中国，但他对亚洲文化尤其着迷，还与时任公司总裁皮埃尔·贝尔杰（Pierre Bergé）一道收藏了大量来自中国、印度、日本的各类服饰、文学作品、文物等资料，从中汲取设计元素。从日本歌舞伎到印度王公，“亚洲文化”是圣罗兰设计中反复出现的元素之一，他在自己的设计中营造出一个梦想中的东方国度。

而在 1985 年，他终于踏上了这个令他魂牵梦萦的梦境东方。

虽然“文革”已经结束，但是大多数国人依然身着制服般的军便装，且军便服都是松松垮垮的裁剪。在这样一片毫无精神气的蓝灰色人群里，突然出现一群身着笔挺黑色西服的外国人，即使用“格格不入”来描述也不过分。

此次展览，是圣罗兰一次全球性的回顾展。该展览起始于纽约大都会艺术博物馆（Metropolitan Museum of Art）。主要策展人是戴安娜·弗里兰

（Diana Vreeland），她曾分别担任过《时尚》与《时尚芭莎》杂志的主编，此后任大都会博物馆服装学院的顾问。

也正因如此，当该展览抵达中国时，大都会博物馆也派出其专业布展团队，与圣罗兰公司的工作人员一起策划并布置了中国的展览。该展览随后又在巴黎、莫斯科、圣彼得堡、悉尼与东京布展。圣罗兰能将北京作为全球第二站，亚洲第一站的展览地，并带来了200余件展品，说明其对中国的喜爱程度确实非同一般。

现任清华大学美术学院教授的李薇女士，当年曾以中央工艺美术学院（清华大学美术学院前身）服装专业大三学生的身份，全程参与展览的布展工作，并见到了圣罗兰本人。那些真正可以去触碰、去感受的面料、材质，那些匹配于世界顶级大牌最高水准的陈列与展示……种种细节，李薇至今回忆起来仍历历在目。

据她回忆："改革开放初期，中国的时尚教育整体还处于一个刚刚起步、朦胧懵懂的状态。这种情形下，圣罗兰展览的布展机会，对我们这些求知若渴的首批服装专业的大学生来说，无疑就像'天上掉下的大馅饼'。大牌近在咫尺，触手可及，20多天的工作也是最好的沉浸式学习。"

布展工作结束后，圣罗兰本人送给学生们一人一本画册，并亲笔题词以示感谢。送给李薇的那本上写着："李薇，我把我的灵感都给你。"这句话让李薇深受触动，同时也成为埋在心中的一颗种子，伴随她的时装梦一起生根发芽。

1986年，李薇毕业后留校任教，成为第一届本科毕业就留校的"幸运儿"。自此之后，李薇尽心尽力投身于时尚教育事业，培养出一届又一届优秀的毕业生，而她自身对服装设计的热情，又揭开了新中国时尚史的一个个新序幕。

1986

瑞士鞋履步入新中国大地

1850 年，因公出差的瑞士绅士卡尔·巴利（Carl Bally）某日在巴黎的流行大道上发现一家鞋店，橱窗内的美丽皮鞋深深地吸引住了他的目光。流连忘返之余，他决定买双鞋送给爱妻，却因为忘了尺寸，而将同一款式不同尺寸的皮鞋全部买下。

这段卡尔·巴利与皮鞋的美丽邂逅，引发了他想要生产世界上最高级皮鞋的构想。一年之后，第一双巴利皮鞋正式诞生。

巴利（Bally）具有浓厚的“瑞士气质”：它同时代表了工匠精神（craftsmanship）、品质（quality）、独特性（uniqueness），不浮夸、不傲慢，更加亲切和实用，功能性更强。而皮鞋则是 Bally 经典的中心，之所以能够经得历史的考验，严谨的制作过程绝对是最重要的原因。自创立近 170 年来，这个品牌一直受到消费者欢迎。

这个以制鞋起家的瑞士品牌，凭借其严谨的制作工艺和精美的设计，逐渐成长为一个信用度极高的奢侈品牌。

精致的质地与做工，使实用易搭配的巴利服装系列呈现出隽永的经典风格，精品作风、典匠风范都是其重要的特色。

1986 年，巴利正式进入中国市场，成为首批进入中国的奢侈品牌之一。而作为先行者，它也牢牢占据了刚从改革开放走出来，亟待确立时尚消费观的中国消费者的内心。

这一点有多重要？据巴利现任全球首席执行官 Frédéric de Narp 透露：“自从 1986 年进入中国市场后，中国就是该品牌（全球）最大的市场了。作为先行者，巴利在中国，甚至亚洲地区有着比较稳固的消费客群。”

作为巴利进行全球化扩张的重要引擎之一，包括中国及日本在内的亚洲市场是其第一大主场。若干年后，中国在其中的地位愈发重要。“中国市场现在占到全球销售的 20% 以上，但是实际上我们的产品当中有超过一半是销给中国人的。”

当时的巴利或许想不到，在它进入中国市场的 30 年之后，它会被一家中国公司收购，从一个纯正的瑞士品牌，变成一个由中国资本控制的全球品牌（详见后文）。

跟随着巴利的脚步，中国消费者的强大购买力，吸引着一大批奢侈品牌加速从西方赶来。

1989

欧美生活方式的全新体验

1989年3月，王府井金鱼胡同8号，北京王府饭店（后于2006年7月正式更名为北京王府半岛酒店）正式开业，其涉外酒店的身份在某种程度上赋予了它足够的私密性，这不仅让西方奢侈品的“高贵”特点被放大，也使得中国境内奢侈品零售产生了本质变革。

王府饭店最初由原总参谋部在北京建立，建立之初上海香港酒店集团就占有25%的股份，总参谋部占有75%。1998年，政府要求军队不再持有私有企业股份，于是总参就将持有的股份分别卖给了香港建设公司、香港上海大酒店公司和光大集团。

而上海香港酒店集团，正是大名鼎鼎的半岛酒店之母公司。它的历史，在某种程度上而言，印证着中国跻身经济强国的发展史。

时光回转至19世纪中期，艾利斯·嘉道理及艾利·嘉道理（Ellis and Elly Kadoorie）兄弟和父亲来到中国上海投奔当时的“上海大班”之一，犹太商人沙逊

（Sassoon）。1866 年，艾利·嘉道理在上海注册成立了香港上海大酒店有限公司（The Hong Kong and Shanghai Hotels，Limited），在中国香港和上海同时启动营业，坚持以参股、控股酒店物业的方式发展。

香港上海大酒店有限公司（集团前身）旗下最重要的酒店品牌就是大名鼎鼎的半岛酒店（The Peninsula Hotels）。

1928 年，距九龙码头仅举步之遥的香港半岛酒店隆重开业，拥有“远东贵妇”之盛名，当时的设计师亦有雄心——要建成苏伊士运河以东最豪华的酒店。

开业以来的 90 年间，香港半岛酒店一直稳占全球最佳酒店之列，见证中国香港风云岁月及发展，继续为全球顶级酒店刷新高水平标准，经典尊贵的气质无可媲美，高雅风采恒久隽永，融会东西方待客之道的精髓。它曾入选全球十大知名酒店，入住的名人包括美国前总统理查德·尼克松、英女皇伊丽莎白二世等。酒店的劳斯莱斯车队之规模位居全球第一。

在快速成长的豪华酒店生态圈里，半岛酒店以在每个大都市只建立一家顶级豪华酒店的理念而闻名于世，被国际酒店业尊称为“五星半岛”。自成立 150 多年来，全球仅拥有 10 家酒店，分布于中国香港、上海、东京、北京、纽约、芝加哥、比弗利山、曼谷、马尼拉、巴黎。

自“二战”结束（1945 年）阔别中国内地之后，时隔近半个世纪的重返归来，会为刚打开国门、意欲拥抱世界的中国带来怎样的一种体验？

王府饭店坐落于繁华的市中心王府井，酒店与天安门和紫禁城仅举步之遥。它秀丽的外观体现着中国古典建筑和现代建筑的完美结合——大堂里穿插着石拱桥、仿唐三彩和路易十六风格座席，无缝融汇着东方庭院和西方宫廷场景。中国传统风格的牌楼、琉璃瓦飞檐屋顶交相辉映，既有宫廷之典雅，又不乏现代之风范。

如果中国香港半岛是“远东贵妇”，那么王府饭店就是一位亲切善良充满爱心的京城大小姐——是地道的京味儿，也是地道的人情味儿。入住王府饭店的客人从门口下车的那一刻就能感受到地道的、京味儿浓厚的贴心服务——它不太像是要入住一家国际奢华酒店集团旗下的酒店，更像是回到从小长大的胡同里，为你提供服务的不是王府饭店的员工，而是看着你从小长大的街坊邻里——亲切且温暖，让人一下子对这座充满人情味儿的“京城”有了好感。

这种宾至如归的感觉，对于仍处于物资短缺时期的国人而言，无疑是一种巨大的生活方式的冲击。

王府饭店作为中国首批涉外酒店[①]，出入其中的大多是外国商人、华侨和政要，能在那里住宿和消费是身份与地位的象征。众多外宾客人的入住与流连，令这里成为窥探外面世界之精彩的一个绝佳窗口。

而半岛除在世界各地经营豪华酒店，还经营着著名的购物场所——半岛酒店精品廊。因此，自王府饭店开业后，精品廊随即于 1990 年开幕，成为中国首个高端购物商场，诸多世界奢侈品牌选择在半岛酒店精品廊落地开店，成为其进入中国市场的首站。

其中，杰尼亚（Ermenegildo Zegna）、路易威登、香奈儿及爱马仕等知名品牌的首间中国旗舰店皆落户于此。

一座新中国成立后北京首批奢华酒店，一条西方奢侈品牌进入中国首站的购物长廊，王府饭店不仅刷新了王府井一带的建筑“海拔”，更启蒙了一代国人对于奢侈品消费的认知。那些安放于明亮灯光下的带有 LV 叠字和十字小花图案的箱包，正等待着同样报以新奇眼光之国人的检阅。

---

① 涉外酒店：指经有关部门批准，允许接待外国人、华侨、港澳同胞和台湾同胞的酒店，不是每一家酒店都能接待外宾，需要经过严格的审核取得相应的资格才能成为涉外酒店；没有取得资格私自接待外宾，酒店会被相关部门罚款

1990

“皇帝的珠宝商”莅临中国

悠久的历史传承往往是被奢侈品牌反复强调的营销重点。卡地亚（Cartier）的故事通常以此为开头：“1847 年，路易·弗朗索瓦·卡地亚（Louis–Francois Cartier）接掌其师 Adolphe Picard 位于巴黎 Montorgueil 街 29 号的珠宝工坊，卡地亚品牌于此诞生……”

接下来，1902 年登基为爱德华七世的威尔斯王子又赋予了卡地亚流传至今的广告词：“皇帝的珠宝商，珠宝商的皇帝。”

170 年后，卡地亚成长为其全球总裁兼首席执行长伯纳德·福纳斯（Bernard Fornas）口中的“长着 10 条腿的怪兽”。这十条腿分别为：珠宝、顶级珠宝、手表、皮具、打火机、香水、书写用品、眼镜、丝巾和礼品。作为最早进入中国的奢侈品牌之一，卡地亚在中国市场的前十多年都处于耕耘期，这“10 条腿”也是根据市场需求变化而逐渐迈进中国市场的。

一个鲜为人知的更浪漫的故事是，卡地亚与中国艺术之缘，其实始于百年之前。

1888 年，为了给波内曼（Bonnemain）子爵夫人设计一款与众不同的首饰，百般寻觅的卡地亚先生最终邂逅了让他一见钟情的中国漆器艺术。从此，卡地亚将中国元素与其独特设计融合在一起的精品跨越了一个世纪。

卡地亚毫无偏见地在中国神话、传说故事、动物寓言等广阔的文学形式和符号中尽情遨游，尽情吸取养分，并融入了自己的作品中，共同创造出多件绝美和谐的艺术珍品，谱写了卡地亚中国艺术的百年传奇。

浪漫的故事是美好的，然而当它来到中国时，却见到了另一番景象。

1990 年的某天下午，陆慧全走进上海一家钟表店。他当时的身份，是卡地亚区域营业经理，想为品牌试水中国内地探探门路。[①]

苦等一个多小时后，钟表店负责人姗姗而来。望着陆慧全名片上的品牌 LOGO，负责人摇头说："卡地亚是什么牌子？我没听说过。你们不是十大品牌之一吧。"他随手翻着店里的手表品牌大全，"书里也没有，看来你们根本不入流。我很忙，告辞了。"

短暂的会面，陆慧全甚至没有"反驳"的机会。他意识到：尽管其时，卡地亚已誉满欧洲王室与美洲新大陆，但若想在中国生根，一切都得从零开始。这段遭遇除了让陆慧全了解到开拓中国市场的艰辛之外，也提醒其首先要解决的是中国消费者"信息不对称"的问题。

由此，当面对"卡地亚在中国推出的第一款产品是什么"的提问时，他的回答意味深长："卡地亚在中国市场推出的第一款产品是世界顶级奢侈品牌的格调和气派。"

1992 年，卡地亚在上海南京路的曼克顿有了第一个专卖柜，但最先带来的并不是最高端产品，而是香水、皮具、眼镜架、打火机等附属产品。据陆慧全回忆，当时是在"全球都要有卡地亚"的理念下进入中国的，但在他看来，除了中国海关的限制外，在这个还没有奢侈品意识的市场，价格相对

---

① 李京淑：《瑰丽传奇　造梦中国》，华商名人堂

低廉的产品也更容易被客户接受。卡地亚决定先用价格相对低廉的附属产品预热品牌，静观市场反应。

陆续有消费者前来“围观”。凸显气派尊贵的专柜里，每个销售员都肩负着“教育”责任，他们细心地告诉消费者，这究竟是一个怎样的品牌，高价的背后，拥有何其辉煌的历史，何其卓越的工艺及设计理念。

虽然当时中国的奢侈品消费环境尚未成形，但贵得能“讲出门道”的卡地亚，依然吸引了精英人士前来买单。依靠品质和“市场教育”，陆慧全从低价产品起步，敲开了中国市场的大门。

此后 5 年，他主导卡地亚以专柜形式，陆续进驻内地一线城市的高档商圈，完成了最初的品牌建设。直到 1998 年，中国经济在亚洲金融危机后有了新的发展，官方的政策更加宽松，卡地亚才在上海恒隆广场开了第一家真正意义上的旗舰店，真正把“精锐部队”珠宝和腕表推出来。

卡地亚首次进入中国的腕表是“坦克系列（Tank 系列）”。当时很多瑞士手表的价格也就 2000 多元人民币。因此，尽管出售的已经是最便宜的产品系列，但还有很多人指着 6000 多元的手表问：为什么你们的表不能防水？为什么还是皮带表？而且，为了让习惯圆形表的中国人接受这样的方形表，（Tank 系列）也着实费了不少力气。

在那个年代，一块卡地亚手表的价格相当于中国普通工薪族一年乃至数年的收入（1998 年中国城镇居民年人均可支配收入为 5425 元），这让普罗大众对“奢侈”二字有了最直接的体会。

陆慧全后来回忆道：“那时候，我可不敢一上来就告诉客人，我们有价值上千万元的产品，不然人家肯定以为我疯了。”所以，当时卡地亚销售员更重要的工作是“教育”消费者，告诉他们卡地亚是一个什么样的品牌，解释其工艺和设计，以及为什么价格会这么贵。

随着中国奢侈品市场的成长，2000 年开始，高级珠宝和钻石腕表逐渐成为卡地亚的“pillar”（主干）。尤其是 2004 年之后，由于政策的放开，卡地亚和其他奢侈品牌一样开始自主扩张。卡地亚在中国开始了长期性的投资，包括很多的推广、广告和零售店展示。“我们在一个更高的平台上来销售卡地亚的理念和文化。我们的选材、款式和产品背后的历史、技术、文化支撑起产品的高价格。”陆慧全说。

《奢侈品膜拜：亚洲人士追捧奢侈品牌的奥秘》（*The Cult of the Luxury Brand: Inside Asia's Love Affair with Luxury*）一书的作者拉达·查达哈（Radha Chadha）认为，中国计划经济的放开以及超富资本家阶层崛起带来的巨大变化，增强了中国人明确自身地位的需要。“这就是奢侈品牌进入的契机，带着它们响亮而清晰的标识。”他指出，“穿戴上奢侈品，你就是在让全世界知道，你有多么成功，你在社会中处于什么地位。”[①]

改革开放后先富起来的那一批人，正需要越来越多像卡地亚这般的奢侈品牌来彰显自己超人的成功，以及卓尔不凡的地位。

① 张娅：《160年历史的老奢侈品牌卡地亚来中国“造梦”》，商务周刊，2008年2月13日

1991

重塑中国成功男士的形象

意大利有两条命脉，一是文艺复兴时期照亮整个欧洲的艺术——佛罗伦萨、美第其家族、米开朗基罗、达·芬奇、拉斐尔的作品……另一条就是支撑国家经济身躯的时尚产业。灵与肉的完美结合，让意大利充满着强烈的诱惑力。

20 世纪 80 年代，一位名叫吉尔多·杰尼亚（Gildo Zegna）的意大利小伙子不远万里来到中国，寻找最好的羊绒和丝绸，以便为家族企业制作上好的布料。

那时的国人都不知道，他就是意大利奢侈服饰品牌持有者 Ermenegildo Zegna（以下简称杰尼亚）家族的第四代继承人、现任杰尼亚全球行政总裁。而他也没有想到的是，此行最大的收获竟然是发现了巨大的拥有无限潜力的中国市场！

这家传统的意大利家族企业，起源于 19 世纪下半叶的钟表商安吉洛·杰尼亚（Angelo Zegna）——他的巨幅肖像，如今悬挂在位于米兰的家族豪宅 Villa Zegna 里，那里布满文艺复兴时期的装饰和出自名家手笔的油画——他从四台织机开始织造羊毛，而在他十个孩子当中最小的，生于1892年的埃麦尼吉尔多·杰尼亚（Ermenegildo Zegna）先生，最终接管了这家企业。

1910年，在意大利阿尔卑斯山区小镇特里维罗（Trivero），他开办了Lanificio Zegna毛纺厂，立志用这四台织机制造出“全世界精美无双的面料”，并创立了杰尼亚服装品牌。

在杰尼亚，工匠们精纺的是12~13微米的羊毛，制成品用肉眼看来甚至比丝绸还要细密。面料对气候有要求，需要远赴瑞士加工。意大利顶级技师量体裁制，就连纽扣都是兽类最坚硬的角质做成的。整个制作流程长达50天。

杰尼亚服装用料一向考究，甚至让人觉得过于奢侈：澳大利亚的美丽奴羊毛、南非的马海毛、中国内蒙古的羊绒、中国江浙的丝绸等，全是当地最好的原料。一套穿过的西装，放回衣柜用衣架挂上6天，西装上的褶皱就会自然拉平，看上去就和刚刚熨烫过的一样。这种精良的面料和制作工艺，可能只有杰尼亚品牌西装才能够做到。

“百年家业，意大利小镇上的祖孙三代都为自己做手工”——这是杰尼亚时常提及的文化部分。美国前总统克林顿、法国前总统密特朗、英国王子查尔斯等都曾在公开场合以杰尼亚人，这是能够吸引媒体及客户的轶事。

当意识到“中国即将成为杰尼亚一个重要的消费市场”之后，为了抢得先机，1991年，杰尼亚毅然在北京王府饭店开出了第一家专卖店。由此，杰尼亚见证了新中国时尚发展的历程，也成为中国男士品位与生活方式的引导者。

20世纪90年代初期，国人心中的奢侈品牌还是皮尔·卡丹、鳄鱼（Crocodile），杰尼亚几乎成了“天外来客”——8000元外汇券一套的杰尼亚西装，几乎等于一个中国普通工人四五年的全部收入（1991年中国城镇居民年人均可支配收入为1700元）！

但这家店的开设显然选对了时间，对于中国市场，杰尼亚就此拥有了让同业者艳羡的敏感触觉，也让杰尼亚成为在中国销量最大的顶级男装品牌之一。

“当时大家都觉得我们疯了。”吉尔多坦言，“当初我们决定进入中国时，完全没有想到中国市场会把杰尼亚带到现在这样的位置。”如今，中国已经成为杰尼亚最大的市场。据2018年财报显示，大中华区已成为杰尼亚集团的主要市场之一；而据推测，中国（包括港澳）的市场为集团贡献了1/3的收入。

在对的时间（中国改革开放初期），到对的地点（巨大的中国市场），做了对的事（首开专卖店），但也并不意味着杰尼亚的发展就一帆风顺。吉尔多·杰尼亚坦言，中国一个市场就相当于欧洲市场的复杂度，是由不同城市组成的复杂市场。中国市场呈现的特殊性，也让他们在进入中国之后的十多年间颇费周折。

在杰尼亚的产品体系里，Ermenegildo Zegna是核心品牌，定位于35~55岁有品位有格调的男人，以出售高级正装和私人定制为主，诉求意大利风格、面料珍稀、品质考究、恒久优雅和奢华现代。然而，衬衫的价格从3000元到1.2万元不等，西装则在1万元到十几万元不等的昂贵售价，直接导致其消费群体相对有限，于是杰尼亚向下推出了定位略低、价格大降的Z Zegna系列——风格介乎于正装与休闲装之间，定位于25~40岁的年轻消费群体，以及主打休闲运动场合的Zegna Sport系列。

不仅如此杰尼亚还推出了内衣、香水、眼镜、腕表、鞋、皮具、领带等。尽管这些产品在整体销售中比例不大，但是形成杰尼亚“打造完整男士系列着装”的概念。

除了丰富产品线之外，为更好地做大中国市场杰尼亚选择了与中国工厂合作——精致的意大利工艺，加上低廉的中国制造业成本，这条从逻辑上绝对天衣无缝的合作之路，却差点令杰尼亚栽了个大跟头！

在考察了上千家中国工厂之后，杰尼亚与温州商人陈孝祥于2003年7月在温州合资成立了夏梦·意杰服饰有限公司。原本想通过中国制造业的低成本优势，杰尼亚的产品价格降下来，但却不料遭到了中国消费者的抵制。

“中国人竟然不接受在中国制造的奢侈品？！”这让 Giorgio Delpiano 感到很困惑，他是杰尼亚公司常务董事、全球战略联盟 CEO。

“中国产的杰尼亚在中国市场的接受程度竟然比欧美市场还要低，既有意大利的设计，又能支持本土制造，价格也更加合理，我不明白问题出在哪里。”事实上，他应该知道杰尼亚售卖的不仅仅是设计、质地和工艺，还意味着品位和身份。

在中国的新富阶层的概念中，要表现自己非凡的品位与身份，“Made In Italia”和“Zegna”两个符号缺一不可。而“中国制造”显然于这种品位和身份的表述有损无益——这四个字更容易让人想起廉价的鞋帽和内衣。曾有统计显示，超过 2/3 的中国顾客会因为奢侈品牌标有“Made In China”的字样而不愿继续购买。

退一步（原产国生产），是价格优势的丧失；进一步（中国制造），是高贵血统的稀释。该如何与中国制造保持距离？这成为杰尼亚反复掂量的问题。而这个问题，也考验着随后每一个进入中国的奢侈品牌。

进退之间，正是国门初开而急迫想获得西方认可的国人之他我与自我的一场心理战。

皮尔·卡丹：让高雅大众化的商业多面手

皮尔·卡丹（Pierre Cardin）

20世纪70年代末，中国的大街小巷还都是满眼的军绿和藏蓝，时尚距离中国人似乎还很遥远。但随着改革开放政策在1978年底正式实行，第一批有着战略眼光的外国时尚品牌看到了冰雪消融下春潮的涌动，皮尔·卡丹正是其中最具胆识的一个。

1978年，皮尔·卡丹随海外考察团第一次来到中国并登上长城；1979年3月，皮尔·卡丹在北京举办新中国第一场时装表演，这正是新中国时尚史的起点；1985年，中国模特首次登上法国T台，来到巴黎为皮尔·卡丹作表演。这是中国模特第一次被允许出国，也是西方第一次目睹东方面孔的风采！

皮尔·卡丹犹如时装界的“马可·波罗”，用时尚连接起了中国与世界。

皮尔·卡丹绝对是一个传奇人物。他的传奇首先在于他的奋斗历程：从赤手空拳到世界顶级服装设计大师；让高档时装走下高贵的 T 型台，让服装艺术直接服务于老百姓；且世界上几乎没有像皮尔·卡丹那样的先例，集服装设计大师与商业巨头于一身，构建的多产业商业帝国遍布世界各地。

年少成名

1922 年 7 月 2 日，皮尔·卡丹出生在威尼斯近郊的一户贫苦农家，他 14 岁辍学，在一家小裁缝店里当起了学徒。

第二次世界大战一结束（1945 年），23 岁的皮尔·卡丹便骑着自行车到巴黎去闯世界，应聘于一家名叫“帕坎”的时装店。凭着他的勤奋和灵巧，他的服装设计技术提高很快。

幸运女神向皮尔·卡丹伸手，使他有机会为著名艺术家让·科克托（Jean Cocteau）的一部先锋派影片《美女与野兽》设计服装。皮尔·卡丹为角色设计的刺绣丝绒装一举成名，巴黎服装界引人注目的一颗新星开始发光。这一切，正如他自己后来所说：“我从头到尾地学，从最初画图、剪裁、缝合、试样，直到销售，完全是靠自己学的。”

为了进一步开阔视野，1947 年，当皮尔·卡丹听说高档服装专家迪奥的设计师有职位空缺时，立即前去应聘。于是，他很幸运地成了迪奥的助手。这对他以后的服装生涯起到了不可估量的作用。

克里斯汀·迪奥（Christian Dior）可被称为 20 世纪最重要的时装设计大师，他于 1947 年提出的“新风貌”（New Look）及由此而举办的第一个高级时装展为他的成功打下了基础——这场迪奥的首秀，唤醒了战后缺失的法国式优雅。迪奥精致奢华的服饰，也让巴黎再度执掌时尚潮流，让法国时装业再次享有国际时装领域的至尊地位。《时尚芭莎》(*Harper' s Bazaar*）美国版总编卡梅尔·斯诺（Carmel Snow）曾说：“迪奥挽救了巴黎，就好像马恩河战役挽救了巴黎一样。”

皮尔·卡丹在迪奥公司担任大衣和西服部的负责人，并参与了轰动巴黎的“新风貌”的诞生。他十分敬重迪奥，在迪奥那里受益匪浅，从中学到了“高尚”“大方”“优雅”的服装理念和制作技巧。但他不甘心长期寄人篱下，内心的创造欲驱使他于1949年离开了迪奥，去构筑属于自己的王国。

1950年，正是皮尔·卡丹为他以后的时装事业大施拳脚的时间。他用全部的积蓄在巴黎里什庞斯街买下了“帕斯科”缝纫工厂，并租了一个铺面，独立开办自己的同名公司，并很快成了举世闻名的服装设计巨匠。

1953年，依然在那间陋屋里，皮尔·卡丹第一次举办了个人时装展览。他设计的成套时装式样，千姿百态，色彩鲜明，充满了浪漫情调，颇合巴黎人的口味；再加上独出心裁编排的配有音乐伴奏的时装模特表演，使他的时装作品更具诱惑力。这批时装一上市，立即被抢购一空，报纸的显眼处也尽是皮尔·卡丹的名字。

从此，依靠他的创造天才，他所设计的时装越来越获得上层消费者的青睐。

皮尔·卡丹不满法国时装几百年没有男人“席位”的传统，于1959年举办了具有男装系列的时装展示会，毅然推出充满阳刚之美的男性时装。他的这一异想天开引来了保守派的猛烈攻击，他也因此而被赶出了服装业的雇主联合会。

那个时代的巴黎青年，追求独特的个性，喜欢张扬。皮尔·卡丹敏锐地捕捉到了消费者心理，大胆突破，设计了时代感非常强烈的“P”字牌服装——图文对比和谐，宽窄长短相宜，生气勃勃、豪放洒脱，体现舒适、飘逸、挺拔和争娇斗艳、古朴典雅的风格。“P”字牌服装赢得了挑剔的巴黎顾客的欢心，演艺界名流、社会上层人士、达官显贵等争相慕名前来定制服装。

3年之后，在法国巴黎时装女服雇主联合会所有会员的要求下，皮尔·卡丹被重新请回来，并出任联合会的主席，成为20世纪60年代以来法国时装界的先锋代表人物。

让高雅大众化

法国高级时装行业是世界的时装中心，但却是一个限制极严、市场狭窄的特殊行业，可称为“高级时装公司”的，也只有23家，顾客极其有限。法国的时装设计特点是豪华气派、用料昂贵，在全世界仅有3000多位上流社会的顾客。皮尔·卡丹意识到，高级时装必须在大众中开辟市场，才能找到出路，因此，他奉行“让高雅大众化”的竞争要诀，以此指导服装设计兼营成品服装，面向更多的消费者。

他认为：“我虽然是高级时装设计师，但我有一股无法抑制的热情，我要使自己设计的高雅服装大众化，让更多的妇女和男士买得起、穿得上，使风格高雅的成衣面向人数众多的消费者。”

在冲破男式时装设计的禁区后，针对童装的传统单调、平淡的形式，皮尔·卡丹一反传统，设计出怪诞离奇、极富幻想力的系列童装，使得法国童装和高级时装一起走向世界。

1961年，皮尔·卡丹首次设计并批量生产流行服装，一举获得成功。此后，他连连推出各式各样的、不同规格的流行成衣产品。70年代末，他设计的一种宽条法兰绒上衣，风靡法国、美国，使巴黎、纽约的绅士们为之倾倒。

皮尔·卡丹设计的时装，敢于突破传统，式样新颖，富有青春感，色彩鲜明，线条清楚，可塑感强。他的许多时装被推举为最创新、最美丽和最优雅的代表作，并多次获得法国时装的最高荣誉奖“金顶针奖”。

为了进一步推进“让高雅大众化”，让法国时装文化传遍全世界，他一方面不断扩大公司规模，以顺应大众化市场的需要；另一方面，还通过转让技术，把设计方案卖给生产厂家，把商标使用权转让给经营者，他从营业款中提取7%~10%的技术转让费。尽管转让费高了一些，可厂商还是纷至沓来。美国有一位叫图林的商人用了“皮尔·卡丹”的商标，一年可以多赚2000多万美元，但如果不用“皮尔·卡丹”商标，产品几乎卖不出去。

构建多产业帝国

才华横溢的皮尔·卡丹并不仅仅满足于服装行业。

尽管平时的工作繁忙，但他几乎从不休假，“如果有一天不工作了，那就是我的末日”。每天公司有各种各样的业务，同时也有来自世界各地的代理商、艺术家等各界人士拜访他。

皮尔·卡丹不仅是一个高级服装设计师，同时也是一个喜剧推广人，他在法国拥有 4 个剧院。除了这些工作，他每天还要到自己的时装设计室里工作起码 2 个小时以上。每天的下午和晚上，皮尔·卡丹会被各种活动邀请，如观看一些音乐会、话剧等演出。

1981 年，皮尔·卡丹以 150 万美元买下巴黎即将破产的马克西姆餐厅（MAXIM'S DE PARIS）。消息传出，巴黎震动，不少人纷纷断言：皮尔·卡丹肯定要破产。

皮尔·卡丹请来专家将餐厅装修一新，在墙上画了希腊神话中的美丽女神，而背景则是一派田园牧歌式的优雅、安静和舒适的情调；餐厅里摆设了线条流畅的精雕木饰，洋溢着古色古香而又充满现代艺术风格的气息。

皮尔·卡丹又聘请名厨，精心制作食品。他做出的最重大决策是：菜肴、价格等全部为普通百姓度身定做，餐厅全天对外开放。

消息传出引起了轰动——马克西姆餐厅原来是俱乐部式的，仅对少数会员开放，是上流社会来往的场所，因此除了晚上有些客人外，白天几乎都空着。皮尔·卡丹居然将这一对于大众来说非常神秘的餐厅面向全社会开放，自然引来顾客如潮。花少量的钱就能进去做一回高级“上帝”，老百姓当然要去看看了。随着餐厅营业额逐月上升，皮尔·卡丹将分店开到了世界各地。

在 2008 年凤凰卫视制作的人物专访纪录片中，皮尔·卡丹透露了很多鲜为人知的趣事：

虽然早在 20 世纪 70 年代末，皮尔·卡丹就意识到中国服装市场的巨大潜力，并且成为第一个在中国举办时装秀的服装设计师，然而他在中国最初的生意开端是从马克西姆餐厅开始的。买下马克西姆餐厅的两年后，1983年，皮尔·卡丹把这家法国顶级餐厅开到了北京的崇文门。

很多人说皮尔·卡丹疯了，但他如此回应："这是引领时尚。我来中国不是为了给中国人民当老师。我愿意在我的能力范围内做非常不同的事情，来恢复人们间的关系。"

当时这家餐厅的投资将近300万欧元（1983年时300万欧元堪称巨款），因为所有的材料均是从东京、巴黎、罗马运来的，这么做很明显是赔钱的，皮尔·卡丹的这一慷慨举动让当时的北京市市长很感动。"每次我见市长的时候他都全力支持我。后来我有幸认识了邓林女士，我们之间建立了友好诚挚的关系。"

这一疯狂的举动，却意外成就皮尔·卡丹商业帝国的基石。后来他与众多中国企业建立了代理关系，服装、鞋、箱包、衬衣、纽扣等所有方面的商业合作开始了，并为中国军界、铁路部门、医院、消防、中国国航设计并制作制服，"我一直和中国保持着密切的联系。"

皮尔·卡丹跟他的威尼斯老乡马可·波罗一样周游世界，但去很多地方却不只是为了开店，甚至不是为了生意，而是为了"了解人"。

"如果你不了解，你周游世界时就无法进行比较，政治的、社会的，过去的历史是怎样的，如果你不了解，你就不了解这个国家，你就无法做出评判。无论是好的，还是坏的，我一直尝试着去理解他们并尊重他们。有人来中国，然后就批评中国。我不会盲目地去评论政治，我对中国人民很尊重。中国人给世界带来了很多东西，很多东西不是美国人发明的，而是中国人把这一切带给了世界。事实上，中国曾经是世界上最伟大的国家，建造了万里长城。今天，中国继续为世界文明做着贡献。我们看到中国的现代建筑和高速公路，还有世界上最大的水库，很多是前所未见的。你怎么能够在短短三天游览后就批评一个国家的政治？你们怎么能这么盲目地去批评中国？"

皮尔·卡丹甚至透露了他与中国的渊源：

在他第一次到中国（1978年底）之前，曾在巴黎的协和广场与40多名中国官员相遇——他们迷路了，某位会说一点英文的官员问他，先生，您知道马德兰教堂在哪吗？皮尔·卡丹问他们，你们是中国人吗？他们说是。于是皮尔·卡丹就陪他们从协和广场走到了马德兰教堂。

皮尔·卡丹用英文与官员说了几句话，得知他们没有什么钱，便热情邀请他们到家里吃饭，“我有一栋很漂亮的房子，在塞纳河边的安娜多尔·法兰斯岸边，我请你们吃晚餐。”接下来的八天里，皮尔·卡丹陪他们游览了巴黎。之后皮尔·卡丹便把这件事忘了。

大约四五年之后，皮尔·卡丹应中国轻工部的邀请，向他们展示时装。其中一个人坐在观众席上，展示结束后走过来对皮尔·卡丹说：“您不记得我了，但我记得你。”通过翻译，他说道：“卡丹先生，我们记得您，您是我们在巴黎遇到的唯一的向我们伸出援助之手的人，您帮助过我们，还请我们吃饭，我们永远不会忘记。”

或者正是这份与生俱来的与人交往的热情，令皮尔·卡丹获得了全球各界人士的认可，也将自身的商业版图延展至各行各业。

皮尔·卡丹的创作从男装、女装、童装、饰物到汽车、飞机造型；从开办时装店到经营酒店，几乎无所不包。公司拥有 600 多种不同的专利产品，品牌遍及五大洲，每天约有 600 家工厂企业（员工多达 17 万人）生产皮尔卡丹和马克西姆品牌的各种服装、香水、家具、食品及器皿，据说如果把该品牌的领带连接起来可以环绕地球一周。

皮尔·卡丹不无得意地说过：“用皮尔卡丹作牌子的一切都属于我。我可以睡卡丹床，坐卡丹软椅，在我设计的餐厅里进餐，用我的灯照明。去剧院看戏到展览会参观，都可以不出我的帝国。”

1974 年 12 月，皮尔·卡丹登上了美国《时代》(*TIME*) 杂志的封面，该杂志对他的评论是：“本世纪欧洲最成功的设计师”。

在世界五大洲的 80 多个国家里，有 600 多家工厂在按照卡丹的设计，制造“卡丹”牌和“马克西姆”牌的各种产品；有 5000 多家“卡丹”与“马克西姆”专卖店，其年营业额已超过 100 亿法郎。其总资产估计已达到 10 亿美元。

1992—2003

追随潮流，中国市场逐渐升温

1988年，在全民经商潮的背景下，因价格双轨制、“倒爷”，计划经济下的流通体系彻底崩溃，此后的价格闯关失败，物价失控，经济陷入了一场突如其来的大危机。为了抑制经济过热，中央对经济实行整顿治理，其后3年经济发展都在4%~6%的低点徘徊。

1992年，邓小平同志决定到改革开放的最前沿阵地去，并发表讲话：“计划多一点还是市场多一点，不是社会主义与资本主义的本质区别。改革开放胆子要大一些，抓住时机，发展自己，关键是发展经济。发展才是硬道理。”

走到了十字路口的中国，再一次沿着改革开放的方向前行。“南方谈话”之前一年的诺贝尔经济学奖得主罗纳德·科斯（Ronald Coase）后来的著作《变革中国》当中写道：“中国改革的成功，是人类行为的意外后果。”

“让一部分人先富起来。”一句话，拉开了中国经济发展的崭新历史图景，也使一个个普通的个体有机会通过自身的奋斗改变命运；而他们的命运，也在某种程度上决定了奢侈品牌在中国乃至世界的命运。

1992

全球第一奢侈品牌的到来

“拥有LV包的那一天，就是我出人头地的那一天。”在风靡全球的美剧《欲望都市》(*Sex and the City*)中，有这么一句台词，由此可见LV在都市消费者中眼中的特殊地位。

时间来到了1992年，彼时路易威登（Louis Vuitton，以下简称LV）中国第一家专卖店在北京王府饭店开幕，为国人带来了关于“时尚”“旅行”的独特解读。一位资深时尚人士曾这样评价：当年，LV让我们第一次明确了什么是“奢侈”和“品质”。

中国先富起来的人逐渐明白，这世界不仅仅只是皮尔卡丹。在随后的20年里，LV几乎是每个中国奢侈品消费者梦想的，也是首选的奢侈体验。它甚至登上美国《时代》杂志封面，成了代表中国改革开放经济发展成果的符号。

它的品牌故事，还得从160多年前，甚至更久远一点的时间说起。

1821 年，路易·威登（Louis Vuitton）先生出生于法国东部弗朗什孔泰省，16 岁时，他背井离乡，徒步 250 公里远赴巴黎闯天下，为贵族收拾行装。他从行李箱工匠的学徒，一步步成长为首席助理。

1837 年，法国首条铁路通车；1838 年，一艘欧洲蒸汽轮船首度成功横越大西洋，这标志着现代旅游年代正式来临。当时，巴黎行李箱工匠以手工制作的白杨木衣箱非常精美，他们又精于为皇室贵族收拾华丽的行装，所以首都巴黎对其的产品需求急升。

1852 年，法兰西第二帝国皇帝拿破仑三世登基，路易·威登被选为欧仁妮（Eugenie）皇后的御用捆工、最值得信任的行李箱专家，从此涉足上流社会。

1854 年，路易·威登革命性地创制了平顶皮衣箱，并在巴黎开了以自己名字命名的第一家皮箱店，选址于巴黎尊贵地段 Rue Neuve Des Capucines 四号（即今天的嘉布遣街 Rue des Capucines），跟梵登广场（Place Vendome）及后来兴建的歌剧院仅咫尺之遥。

这意味着 LV 作为一个品牌正式被创立。100 多年后，它成为全球奢侈品行业的第一品牌，并且成为上流社会的一个象征物，傲视群雄。

1859 年，随着路易·威登推出的一款全新平盖白杨木行李箱大受欢迎，市场需求日增，巴黎的工场不敷使用，他决定将生产线迁至还未被印象派画家发掘的市郊——Asnieres。1875 年，时装大师 Charles-Frederic Worth 向路易·威登先生定制了一款旅行箱，以便在旅行中妥善放置时装物件。通过一次次草图设计与讨论，最终诞生了这款两面直打衣柜式旅行箱，同时也开启了品牌个性化旅行箱定制服务。

就像今天一样，他的设计很快便被抄袭。LV 的皮箱最先是以灰色帆布镶面，到了 1896 年，品牌第二代传人、路易·威登的儿子乔治·威登先生用父亲姓名中的简写 L 及 V 配合花朵图案，设计出到今天仍蜚声国际的交织字母印上粗帆布（Monogram Canvas）的样式，令他人难以仿效，著名的 Damier 图案帆布就此诞生。

1914 年，LV 将位于 Rue Neuve Des Capucines 四号的专卖店搬到了巴黎香榭丽舍大道上，这家专卖店时至今日依然是 LV 全球最大的旗舰店。

100 多年来，LV 以设计制造创新而优雅的旅行硬箱、手袋以及配饰产品为主，造就了以旅行为核心精神的传奇。一个多世纪后，品牌的传奇依旧延续着，其卓越品质和原创精神享誉全球。“让我看看你的旅行箱，我就能知道你是个怎样的人。”1921 年的这一句广告语很好地解释了箱包与人的亲密关系。

家族的故事如传奇般继续书写着，直到 1984 年，LV 在巴黎和纽约的股票市场同时上市，次年成为一家控股公司，并将旅行用品和皮具业务转至旗下附属公司 Louis Vuitton Malletier。1987 年，LV 和 1743 年创立的酩悦香槟（Moet & Chandon）公司，以及诞生于 1765 年的轩尼诗（Hennessy）品牌共同组成法国酩悦·轩尼诗－路易·威登集团（LVMH Moët Hennessy–Louis Vuitton，以下简称 LVMH）。两年后，法国巨富阿诺特（Arnault）家族开始掌控这个世界上最大的奢侈品集团。

终于，它来到了中国——这个被拿破仑誉为“沉睡的东方雄狮”之地，继续演绎着更加传奇的旅程。而这个旅程，跟一位 LV 品牌史上的功臣有关。

1989 年，伊夫·卡塞勒（Yves Carcelles）加入 LV 的母公司 LVMH，并成为这家当时拥有 130 多年历史公司的第六任首席执行官，且是唯一一个不属于威登家族的首席执行官。

在他执掌 LV 的 22 年（1990—2012 年）里，他不但带领 LV 成功打入国际市场，还顶住了当时品牌热度消退的势头，一举将 LV 打造成为众人眼中很酷的奢侈品必备品牌。

卡塞勒热爱出海，总是津津乐道他的海上冒险故事。然而他一生最得意的一次冒险却是 1997 年把年轻设计师马克·雅各布（Marc Jacobs）纳入麾下，令其担任 LV 的艺术总监。1998 年的秋冬时装周上，雅各布发布了他为 LV 设计的第一个成品女装系列，从而拯救了这个此前没有成衣流水线，仅专注于箱包且渐趋保守过时的古老法国企业。同时，此举亦为古驰（Gucci）

和普拉达（Prada）提供了成功的范本。

而他的另一大功则是开拓国际市场。LV 的全球门店已达 500 家，这很大部分归功于这位一年 365 天中有 150 余天在全世界旅行的人。刚被任命为集团 CEO 之后，他就在中国内地开设了第一家门店。

据一位知情人士透露，当年他和卡塞勒来到中国的一些二三线城市，卡塞勒通常会把包装精美的小皮具作为礼物送给当地的潜在合作伙伴及他们的家人们。他曾说过："我们开新店注重的是预期的销售额以及能否达标，并非盲目扩张。"当然，LV 海外市场的开拓并非几个精美的皮具就能搞定，靠的还是销售员出身的卡塞勒的老到经验和勤力脚步。

2014 年，当卡塞勒因病逝世后，LVMH 集团主席及 CEO 伯纳德·阿诺特（Bernard Arnault）在一份声明中说："作为一个不知疲倦的旅行者，伊夫·卡塞勒是把 LV 的形象和价值体现出来的先锋。他总是充满好奇、激情，并总是在行动。他是我有幸结识的最令人鼓舞的领袖之一。"《时尚》杂志则称他为"行业内备受尊敬的人"，并把他对行业最大的成就归结为打开了新的商品线——眼镜和珠宝，并成功为品牌扩大了世界知名度。

视线再转回 1992 年，在北京王府饭店开幕了中国第一家专卖店后，LV 还在北京天坛祈年殿前进行了箱包展示。有意思的是，LV 的此次展示不但定在有中国传统特色的天坛，并有满族打扮的广告女郎相伴，这种特色展示显示出 LV 对中国市场的热切渴望与细致揣摩——这一策略是成功的，如今 LV 在中国家喻户晓，中国也是其最重要的市场之一。

北京天坛 LV 箱包展示

LV 家族的第五代传人帕里克－路易·威登（Patrick–Louis Vuitton）

曾在接受媒体采访时，透露了更多品牌与中国的趣事。

“LV 在中国的足迹可以追溯到一个多世纪以前。”1907 年，一支由巴黎出发的探险队穿越戈壁沙漠，在零下 35 摄氏度严寒天气的考验下，行至北京，与之相伴的就是数个 LV 旅行箱。而帕里克的首次中国之行，则发生在 1992 年，当时他在天坛用 10 只旅行箱和手袋堆出了一座“埃菲尔铁塔”，为了庆祝 LV 在北京的首家店铺开幕。①

LV 进入中国市场之始，中国内地大城市的街道上还很难看到精品店，因此只好将第一家专卖店设在北京王府饭店里。当时 LV 的员工也不知道应该怎么在内地开展公关宣传，似乎唯一能做的就是组织一些展示会。

然而，LV 很快就积极地开始了在中国的公关之战，且捷报频传，LV 的品牌公关不愧是大师之作，各个都可被称为“神来之笔”。

通过整合关注度高的社会资源，品牌就得以接触不断壮大的受众。文化、运动和音乐具有普遍的吸引力，是首选的公关关联对象，且关注者逐年增加。

不得不提及的就是“路易威登老爷车中国之行”。1998 年对于 LV 来说是非常值得纪念的一年，因为老爷车中国之行于 5 月 23 日至 30 日首次举办，这个历史性盛事正好反映 LV 对中国市场的浓厚兴趣。50 辆老爷车从大连出发，一连五天向北京的终点前进，而参赛的老爷车在沿途的中国独特而伟大的建筑物前公开展览。

这一盛事开中国体育事件之先河，引起了公众极大的关注，巧妙地使中国老百姓真正领略了 LV 品牌旅行箱的高贵与雅致，并迅速促成了抢购热潮。

尽管 LV 的手袋不一定都是人们最喜欢的，但每款 LV 都是有生命的，且随着时间的沉淀而越发地有味道，LV 的传奇就在于陪伴一段段跨越万水千山的美好之旅。从火车到轮船，从轿车到飞机，LV 的旅行箱跨越了地域

---

① 王未末：《LV 第五代传人：“打造旅行的伴侣”》，《外滩画报》，2011 年 6 月 20 日

和时间，在过去 160 余年中始终陪伴在世界各地的旅行者左右。

“每一次出行都是一段充满惊喜的旅途。”帕里克－路易·威登说，“今天，我们的起点是中国，在这里分享我们的探险经历和宝贵的纪念品。说不定，这里的有些东西或许还能给你一些灵感，启发你的下一段旅行。”

20 世纪 90 年代初，当中国人面对突然增加的财富时，便毫不犹疑地选择“富贵的标志”——奢侈品，来表明自己新的经济与社会地位，这是一种非常自然的心理需求。即使并不富有的人也会渴望拥有一两件真正有价值的东西，因为它能给人以希望、安全感与心灵抚慰。奢侈品消费就是一种体验式消费——消费它时千金一掷的快感和随后使用中很长一段时间内它所带来的精神上的愉悦回馈。

这是一次中国人由穷至富之后，从封闭走向开放并希望得到外界认可的人生之旅。一趟趟旅行，不仅愉悦了国人追求美好幸福生活的心情，也逐渐改变了全球奢侈品业界格局的风景。

1992

“一个来自中国的挑战者”

改革开放的浪潮推动着新中国的前行，也涌现出一批新时代的富豪，李晓华就是其中的一位。

1992 年，法拉利（Ferrari）——这家举世闻名的赛车和运动跑车的生产厂家，总部位于意大利马拉内罗（Maranello），由恩佐·法拉利（Enzo Ferrari）于 1947 年创办，主要制造一级方程式赛车、赛车及高性能跑车——在北京亚运村会展中心进行了一次展卖。

与其说是展卖，不如说是展览更为确切，因为当时中国内地还没有一辆法拉利跑车。在北京的展卖会上，厂家原本打算展览一下就运回去，因为他们认为当时的中国内地尚不具备购买实力。没想到香港华达集团董事局主席、北京首富李晓华先生，以 13.888 万美元从容地把这辆法拉利 348 超级跑车留在了北京。

按照当年美元汇率来计算，折合约为 75 万元人民币。1992 年中国城镇居民年人均可支配收入为 2026 元，花 75 万元买一台车子？法拉利公司震惊了！

李晓华到底为何方神圣？

1951年1月，李晓华出生在北京一个普通工人家庭。在新中国刚成立不久、缺衣少食的年代里，李晓华家也并不富裕。因为没有钱乘车，他每天跑步上下学。1968年，17岁的他被卷入“上山下乡”的热潮，为响应国家的号召，李晓华前往北大荒插队，后来相继做过炊事员、锅炉工等，这些经历使他养成了淳朴的性格和精明的经济头脑。①

20世纪80年代初，改革开放刚刚开始，李晓华随着浪潮来到改革开放的前沿阵地广东，并在中国进出口商品交易会上买了一台美国生产的冷饮机，再到北戴河海滨卖冷饮，很快完成了他最初的资产积累（10万元）；紧接着，他又在秦皇岛开办了河北第一家录像店，资产积累过百万元。

1985年，他前往日本，并取得了“章光101毛发再生精”在日本的代理权。“章光101”的经历使他懂得了在商业上应该有目的、有步骤，系统全面地进行经营。在他的积极运作下，“101”产品在日本家喻户晓，他被日本新闻界称为“中国学子中的佼佼者”，日本时任首相海部俊树也亲自接见了他，称赞他是“中国最优秀和最有智慧的企业家”。

1988年，李晓华在中国香港创立华达国际投资集团公司，任董事局主席。80年代末，中国香港房地产业一蹶不振，楼市大跌。李晓华看准时机，大量低价收购楼花；半年之后，中国香港楼价一路攀升，李晓华尽数抛出，买卖之间，跻身亿万富豪之列。

随后，他获悉东南亚某地要修建一条高速公路，当地却无人应标。同时，他又捕捉到另一条信息，在设计修建的公路不远处发现了一个储量丰富的油气田。他将两条信息综合分析，认为公路有升值潜力，可以投资开发，便毅然投标建设。事实证明，李晓华“赌”中了。

回忆起1992年那天，李晓华表示他早上起来有看报纸的习惯，当天早上翻看报纸的时候看到了法拉利来北京展览的新闻。当时已经是展览的最后

① 《这位中国的“法拉利先生”曾震惊全球》，上海汽车博物馆公众号，2017年7月26日

一天了，他本来就是一个喜欢车的人，只要提到车他都会显得格外兴奋，遂立马赶赴展览现场。

法拉利公司特意在天坛举办了车子的交接仪式，并给车子配了“京A 00001”的车牌。交车仪式经媒体报道，引起全球震动。

法国的《费加罗报》刊发了一幅照片：宽敞的长安街，背景是雄伟庄严的天安门城楼，前景是那辆红色的法拉利，在其右侧站着李晓华，他穿一件风衣，立着领子，俊朗帅气，正抬头看着人民英雄纪念碑，这张照片引起的震动几乎是全球性的。

中国第一位法拉利车主：李晓华

不仅如此，李晓华和那辆红色法拉利在天安门广场的巨幅照片还被悬挂在法国巴黎机场和里昂广场，照片下面写着“一个来自中国的挑战者”。一时间，李晓华成为时代符号。

后来，法国总统希拉克在会见李晓华时风趣地说道：“我第一次见到你是在法国里昂广场的那幅照片上，你站在法拉利跑车的旁边，很神气！”

在这之后的二三十年里，共有50多位外国领导人和世界名人在前来访问中国时，都曾目睹这辆法拉利的真容，并在车身上签字，比如英国首相撒切尔夫人、俄罗斯领导人普京、美国总统大小布什和克林顿等，使得这辆车更加珍贵，李晓华也因此被外国人称为“法拉利先生”！

为何李晓华购买法拉利会引起如此轰动?

1982 年，中国的轿车才开始允许合资，一直到 20 世纪末为止，中国的轿车发展进程都较为缓慢，私家车车主也十分稀少。1986 年底，上海诞生了中国第一位真正意义上的私家车主，也是从这时候开始，许多有识之士开始呼吁中国推行轿车私有化。

在 90 年代初期，上海大众、一汽大众、神龙以及天津夏利、北京吉普、广州标致形成了“三大三小”的格局，桑塔纳、红旗等轿车开始涌入轿车市场。到了 1994 年，国务院才开始鼓励个人购买轿车。在这之前，全社会的集团购买力 70% 都用在了公共汽车的消费上，私有轿车的占有率仅为 1/4。

在当时满大街皆为自行车的出行方式下，豪华轿车对人们来说是十分陌生的。在李晓华购买第一辆法拉利之前，国人并没有真正见过法拉利，大家都只能从报纸和杂志上了解，所以没有人知道这是什么，以及它为什么小得只容得下两个人。

李晓华买下法拉利的行为具有划时代的意义，从一定程度上改变了国人对出行方式的认知，这不仅仅是中国人了解法拉利的开端，也是外国人对中国改革开放最直观的印象。

1993—1994

英法瑞德之国宝级品牌的风采

或许是受到了全球首家奢侈品集团LVMH集团当家品牌LV的示范影响，一大批奢侈品牌加速了进入中国的进程。

首先，英伦风范的博柏利（Burberry）于1993年起以特许经营的模式进入中国。

和其他较早进入中国的奢侈品牌一样，博柏利在中国60后、70后一代消费者眼中也有着强烈的符号意义——不管是穿出去社交还是过节送礼，博柏利的招牌格子图案总是信心的保证，他们对博柏利有一种根深蒂固的认可。

格子在英国具有特殊地位，被称为“Windows”。博柏利的招牌格子图案是博柏利家族身份和地位的象征——这种由浅驼色、黑色、红色、白色组成的三粗一细的交叉图纹，不张扬、不妩媚，自然散发出成熟理性的韵味，体现了博柏利的历史和品质，甚至象征了英国的民族和文化。

博柏利在成为时尚品牌之前一直是个较为实用的牌子，最驰名的产品是风雨衣。“如果西方的天空被一块巨大的乌云笼罩，下起绵绵雨丝，那么，从总统、高级白领到新锐娱乐明星就有了一个共同特点：都穿博柏利风雨衣”，这是对风雨衣品位最好的诠释。

它的故事，源自1856年。时年21岁的托马斯·博柏利（Thomas Burberry）在英国南部的汉普夏郡（Hampshire）贝辛斯托克（Basingstoke）市开设了他的第一家户外服饰店。优良的品质、创新面料的运用以及在外套上的设计使他赢得了一批忠实顾客，到1870年时，店铺的发展已经初具规模。

第一家 Burberry 店铺

1879年，他研发出一种组织结实、防水透气的棉质布料嘎巴甸（Gabardine），该棉质面料不仅具有防渗雨功能，在实用耐穿的同时，还质地透气轻便，让厚重不堪的传统雨衣服饰焕然新生，很快就被广泛使用。嘎巴甸于1888年取得专利。

1895年，由博柏利为英国军官设计的一款叫“Tielocken”的风衣成为当代风衣的鼻祖。早期的猎装和钓鱼装必须要有理想的防风雨效果，能承受相当大的风雨，同时又要有良好的透气性，博柏利的服装满足了这一要求，为顾客提供了优秀的服装性能。

在第一次世界大战期间（1914—1918年），英皇爱德华七世将这款风衣指定为英国军队的高级军服。除了实用特性之外，博柏利的设计也引领了时尚风潮，使得英国军官的战服风格达到时尚与实用的双重极致：与众不同的肩章、带皮条的袖口、领间的纽扣、极深的口袋及防风雨的口袋盖等。

1901 年，博柏利创立了骑士 LOGO，并注册为商业标志。1910 年，博柏利推出女装系列，并在法国巴黎开设分店，从此带着英伦风范，迈出了国际化的步伐。

博柏利设计的风衣一直为历久不衰的潮流。“一战”结束（1918 年）后，它更成为众多名人明星的心头好，其中包括奥黛丽·赫本（Audrey Hepburn），以及奥斯卡经典影片《卡萨布兰卡》（*Casablanca*）男主角亨弗莱·鲍嘉（Humphrey Bogart）及女主角英格丽·褒曼（Ingrid Bergman）。时至今日，翻开《英国牛津辞典》，人们就会发现 Burberry 已成为风衣的另一代名词。

不仅如此，博柏利还深受英国皇室喜爱。凭着传统、精谨的设计风格和产品制作，1955 年，博柏利获得了由伊丽莎白女王授予的“皇家御用（Royal Warrant）”徽章。后来在 1989 年，又获得了威尔士亲王授予的“皇家御用保证”徽章。

1997 年，由于管理阶层的变动，前任 CEO Rose Marie Bravo 的加盟使博柏利的方向产生了变化，由原来主要为皇室和年纪较长的名人提供服饰，扩展至为多个层面的客人提供产品，并进一步扩大客户群体；并先后请来 Roberto Menichetti 与 Christopher Bailey 担任设计总监，摄影师 Mario Testino 与超级名模 Stella Tennant 和 Kate Moss 的组合，将经典元素注入其中，让传统英国的尊贵个性与生活品位延伸，重新演义博柏利的新动力哲学。

2000 年和 2001 年，博柏利获得了英国时装理事会古典和现代两个设计系列的大奖。这个拥有 160 多年历史的奢侈品牌，将经典与创新相融合，向全球消费者传递着英伦风范。

其次，法式风情的香奈儿（Chanel）莅临中国。

很多奢侈品牌都是以创始人的名字来命名的，比如Hermès、Louis Vuitton、Cartier、Dior、Gucci、Givenchy（纪梵希）……甚至你可能也拥有很多这些品牌的商品，但你却不一定知道创始人与品牌同名，其创始人的故事更是鲜为人知。

但有一个品牌是例外，那就是香奈儿！

“我要成为未来的一部分。”可可·香奈儿（Coco Chanel）如是说。这种雄心壮志与远见卓识的结合，造就了香奈儿这个独一无二的品牌。从20世纪初品牌创立伊始，香奈儿女士的创作语汇超越时代，不断传承发展，时至今日依然深深影响着时尚界。

先来细数她的时尚创举：

中性风，香奈儿是第一人，大胆地将改良男装穿上身；

小黑裙，第一次逆潮流而动，在那个流行艳丽的异国风情的年代，用“Less is more”的极简主义演绎亦刚亦柔的独特女性气质；

经典包2.55，香奈儿将用于士兵背包的肩带创造性引入女士包的设计，从而解放了女性的双手，设计了第一个女士背包；

香奈儿5号，第一款利用了人工香精（乙醇）的香水，开创了现代香水的先河；

时尚珠宝，第一个将人造珠宝变成时尚配饰，尤其是人造珍珠项链，成为经典流行符号……

“香奈儿代表的是一种风格、一种历久弥新的独特风格。”香奈儿女士如此形容自己的设计。热情自信的她将这股精神融入了她的每一件设计，使Chanel成为相当具有个人风格的品牌。

而香奈儿的故事，源自1910年的巴黎。

可可·香奈儿

它的创始人，全名为加布里埃·香奈儿（Gabrielle Bonheur Chanel）。

在那一年，曾在咖啡厅担任驻唱歌手，且为自己取艺名“Coco”的香奈儿女士在巴黎开设了一家女装帽子店（millinery shop）。凭着非凡的针线技巧，缝制出一顶又一顶款式简洁耐看的帽子。当时的上流社会名媛们已厌倦了花巧的饰边，而香奈儿简洁、舒适的帽子正巧为她们带来了不一样的体验。

1911 年，随着生意好转，香奈儿女士把店搬到气质更时尚的康明街区（Rue Cambon）——至今这里仍是香奈儿的总部所在地。做帽子绝不能满足香奈儿女士对时装事业的雄心，所以她决定进军高级定制服（Haute Couture）领域。

1921 年，香奈儿女士推出自己的第一款香水，标志性的“香奈儿 5 号”。这款集合了 80 多种成分的香水由前沙皇宫廷调香师恩尼斯·鲍调制，之所以叫作 5 号，是因为这是他呈给香奈儿女士的第五款香水。

“这就是我要的，一种截然不同于以往的香水，一种女人的香水。一种气味香浓、令人难忘的香水。”香奈儿女士对此着迷不已，它是永恒经典的象征，至今仍是女性之美的极致标志。

1926 年，香奈儿女士发布了她的小黑裙（Little black dress，通常缩写为 LBD）——简洁而奢华的小黑裙，成功地塑造了亦刚亦柔的独特女性气质。这便赋予了女性一种全新的自由，来展现传统既定规范外的另一种女性美：

一是版式美，“我想为女士们设计舒适的衣服，即使在驾车时，依然能保持独特的女性韵味。”

二是颜色美，“女人一心想着所有的色彩，而常会忽略了无色彩。我常说黑色包容一切，白色亦然。它们的美无懈可击，绝对和谐。在舞会上，身穿黑色或白色的女子永远都是焦点。”

香奈儿女士摒弃了当时花花绿绿、繁复累赘的女装潮流，不断在面料、设计细节与制作技巧上求新求变，使得小黑裙这款独特的时尚杰作一直是“现代经典”的同义词。它享有百搭易穿、永不失手的声誉，因此顺理成章地成为女士们衣橱里的必备品，也是服饰史上影响最深远的设计之一。

1955 年 2 月，香奈儿女士推出标志性的 2.55 菱格纹手袋，并以诞生的年月为其命名。她将皮革与金色链带相结合，发明了一种全新风格的柔韧肩带，既结实又轻巧，同时还可以将女性的双手解放出来。一时间，它成了每一位时尚名媛梦寐以求的时尚单品。

卡尔 · 拉格斐

1971 年 1 月 10 日，香奈儿女士在巴黎丽兹酒店（Hotel Ritz）的客房中去世，享年 88 岁。她一生都没有结婚，她创造了伟大的时尚帝国，同时追求自己想要的生活，其本身就是女性自主的最佳典范，也是最懂得感情乐趣的新时代女性。

香奈儿的传奇并未随着香奈儿女士的离去而终结，很幸运的是，它迎来了"时装界的凯撒大帝"——他传承了香奈儿女士优雅的现代精神，在时尚精品、香水与美容品、腕表与高级珠宝等各个领域，不断续写新的美丽篇章。他就是行业尊称"老佛爷"的卡尔 · 拉格斐（Karl Lagerfeld，以下简称卡尔）。

卡尔生于 1933 年，出生于德国汉堡市，业内尊称他为"时装界的凯撒大帝"，或是"老佛爷"。1954 年，他获得法国羊毛局的时尚设计大奖的外套组冠军；次年被时尚设计大奖的评委皮埃尔 · 巴尔曼（Pierre Balmain）选中为助理，在其品牌下学习。

1965 年，卡尔成为芬迪（Fendi）的设计师。此前，他已先后服务过 5 个服装品牌与设计师，包括蔻依（Chloé）等知名品牌。效力芬迪期间，卡尔贡献了"双 F"标志，并用戏剧化的设计把芬迪推到高级时装界的一线地位。

由此，他获得了香奈儿向他抛出的橄榄枝，而他真正为全世界所知，正是从他接手香奈儿开始。

1983年，香奈儿集团主席阿兰·维德摩尔（Alain Wertheime）找到了当时还在蔻依的卡尔，劝说他担任香奈儿的艺术总监。卡尔身边的所有人都觉得这是一个坏主意，但他喜欢挑战。在接受媒体采访时，他曾这样表示："每个人都对我说，别理会，这个品牌已经死了，永远不会再回来了，但我觉得，这是一个挑战。"

就这样，卡尔加入了香奈儿集团。

他一到位后就开始发力，重新组合了香奈儿的经典元素，双C标志、山茶花元素……甚至挖掘香奈儿女士故事里有，但她本人都没有运用过的元素，比如麦穗、狮子、她的本名……卡尔为当时已经没落的品牌形象注入了新的活力：

他在经典包2.55中，加入了很显身份标识的双C扣，成就了甚至比2.55还要火的"Classic Flap Bag"；

经典香水NO.5的八角形瓶盖，被卡尔延伸成了香奈儿第一款手表的样式，这款"Première"腕表至今仍是经典；

除了给香奈儿延伸出了腕表，他还扩充了眼镜、精致的手包、皮革配饰等周边新产品；

而香奈儿女士的本名："Gabrielle"，卡尔也据此创造出了两款经典："Gabrielle"包和"Gabrielle"香水；

他甚至还把香奈儿的经典元素珍珠和香奈儿女士的星座——狮子座结合起来，在2010年秋冬高定秀上，制作了一个巨大无比的"狮子踩珍珠"的雕塑，令整个时尚圈震惊！

对于香奈儿来说，卡尔是灵魂人物。集团主席阿兰·维德摩尔曾如此评价他："卡尔·拉格斐以其创意才华、慷慨精神和敏锐过人的直觉领先于时代，极大地促进香奈儿品牌在全球范围内大获成功。"

作为香奈儿的艺术总监，卡尔在全球开拓中也很重视中国市场。1993

年，这是他在香奈儿工作的第十个年头，香奈儿首度打开中国内地市场，在上海淮海中路的华亭伊势丹百货开设了第一家化妆品专柜，成为较早进入中国内地市场的奢侈品牌之一。

但到了1999年，香奈儿才逐渐在国内声名鹊起。当年，其第一家中国内地精品店在北京王府饭店开幕。自此，这个品牌特立独行的气质给国人留下了不可磨灭的印象。

2001年2月，香奈儿（中国）公司在上海注册。7个月后，卡尔在上海龙华机场上演了香奈儿在中国的首场时装秀，并在随后的几年里陆续上演系列表演。这一系列举措取得了显著的成功，使得国人对这个品牌趋之若鹜。

随后，瑞士典范的伯爵（Piaget）也来到中国。

瑞士的制表工业举世闻名，品质更是傲视全球，而享有“珠宝计时器”之美誉的伯爵表，率先将高级制表与高级珠宝完美融合，在珠宝和制表两大领域独占鳌头——珠宝腕表雍容华贵，将传统文化与先锋精神相结合。

从著名的9P超薄手动上链机芯，到世界上最纤薄的600P陀飞轮机芯，均充分体现伯爵超凡卓越的腕表和珠宝工艺，继往开来的创新精神，对黄金钻石等珍贵材质的钟爱之情，以及不断创造奇迹和惊喜的能力。

它的故事，源自1874年，一个名为“仙子坡”的位于瑞士汝拉山区的小村庄。

这一年，19岁的乔治·爱德华·伯爵（Georges–Édouard Piaget，以下简称伯爵先生）在家中农场设立第一家个人工作坊，开始制作高精度机芯及其部件。他的格言“永远比要求的做得更好”（Always do better than necessary）体现出他的远大志向与自我超越的理想，成为日后品牌立足并成功的基石。

最开始，伯爵先生专门为一些瑞士著名的腕表品牌制作性能优越的优质机芯。随着制表事业的蒸蒸日上，工作坊迅速地发展成为家族企业。出自伯爵先生之手的腕表机芯，皆是以无出其右的精湛工艺制作而成，备受各界肯定，为品牌制表工作坊博得极高的声望。

1911 年，提摩太·伯爵（Timothée Piaget）从父亲手中接掌家业，秉持其父对腕表的热情以及对质量的一贯坚持，推动家族企业从机芯制造商转型为高级怀表及腕表制造商。

为让家族企业能够永持久营，在第三代传人杰若德（Gérald）与华伦太·伯爵（Valentin Piaget）两人的掌舵下，伯爵于 1943 年被正式注册为品牌名称，并在家族企业中自行制作、正式推出及销售冠上“Piaget”标志的腕表。

伯爵在世界各地开疆拓土，知名度与日俱增，展现出脱胎换骨的全新气象。各方订单纷至沓来，每一位客户都想要拥有属于自己的伯爵腕表。尽管制表工坊的设备经过现代化改造，但却不足以应付当时的需求。于是，崭新的厂房于 1945 年在仙子坡落成启用，并决定另辟蹊径，开始投入超薄机芯的研发工作。

华伦太在前人的基础上，将超薄工艺推向新的高度，从此成为品牌的标志。1957 年，9P 手动上链机械机芯在巴塞尔博览会引起轰动——突破世界超薄纪录的巨作（2 毫米厚），从此奠定伯爵作为瑞士超薄腕表代表的地位。1960 年，微型摆陀的构思令伯爵得以推出当时全世界最纤薄的自动机芯——12P 机芯（2.3 毫米厚）。这些机芯杰作令伯爵成为优雅男士腕表的大师品牌。

1963 年，在华伦太对品牌设计师的“我们要做从未有人做过的事”之要求下，伯爵推出首款表盘镶嵌装饰宝石的时计作品，获得热切关注。“21 世纪系列”的手镯腕表和坠饰腕表更是令世人惊叹不已。

伯爵以其非凡风格获得诸多名流的喜爱，包括杰奎琳·肯尼迪（Jacqueline Kennedy，美国第 35 任总统约翰·肯尼迪的夫人）、伊丽莎白·泰勒（Elizabeth Taylor，第 33 届奥斯卡最佳女主角）和索菲亚·罗兰（Sophia Loren，1992 年获得奥斯卡终身成就奖）。

过人的创意与精湛的工艺，令伯爵堪称真正的艺术品，也因此与诸多艺术家开展合作，收获丰硕。伯爵很快成为“雅士名流”的心仪伙伴，为宾客创造出潇洒而优雅的时光。例如 1979 年，“Piaget Polo”腕表诞生，将品牌与“运动之王”马球密切联系在一起——品牌第四代传人 Yves G. Piaget 在全球各地举办活动，不断丰富伯爵的内涵与形象。

1990 年，伯爵以全新作品诠释自由精神，推出创意十足的“Possession”系列，这是一个活泼而欢愉的珠宝系列。1998 年，作为极致优雅气质与低调美学的象征，伯爵将其超薄腕表系列命名为 Altiplano。从此，这一系列与高级珠宝成为品牌超凡艺术的标志。

1993 年，伯爵正式进入中国。时任卡地亚亚太区总裁麦振杰（Philippe Léopold-Metzger，后为伯爵国际首席执行长）毫不掩饰对中国市场的惊讶，“我亲眼看着上海，从一个非常中国的城市，俨然蜕变成一个国际性的大都市，见证了一个奇迹！”

1996 年，奢侈品的经销网络还不像现在一样完善。直至 2002 年 12 月，伯爵在北京的王府饭店开出了中国第一家专卖店；在随后 3 年的时间内，在中国已有 5 家专卖店，上海 1 家、北京 2 家、哈尔滨和广州各有 1 家——伯爵的开店宗旨是：只选顶级地段，宁精勿滥。而当时在整个中国，它还有 22 个销售网点。

麦振杰称：“伯爵售出的是平均售价最高的手表，我们售价 100 万美元以上的腕表，有很多被中国人买走，其中 60% 是珠宝表。”他还透露：“我所有的朋友都有这样的认识——不了解中国，根本谈不上国际化。伯爵会把中国看成最大的市场。”

最后，德国型格的雨果博斯（Hugo Boss）1994 年进入中国。

2004 年 9 月 24 日晚，当雨果博斯为庆祝其进驻中国 10 周年而举办隆重庆典时，聚集在上海浦东滨江大道上热情的人们纷纷翘首以盼。黄浦江畔特别搭建的一座漂亮的白色帐篷，正是此次庆典的华丽场地。

为了铭记这一时刻，品牌方打造了一个众星云集的盛大时尚派对，各界的诸多名人、VIP 和当地以及国际媒体的代表纷纷应邀而来。其中，最吸引人眼球的要数来自迈凯轮 F1 车队的车手们。这支曾有过无数辉煌战绩的车队同雨果博斯有着超过 20 年的合作——他们的到来赋予了另一个层面的内涵：动感、激情、魅力的完美融合，象征着雨果博斯一向所倡导的品牌理念。

雨果博斯集团十分重视对中国市场的开拓，对中国市场始终怀有充分的信心，并显示了长远的战略眼光——集团主席及首席执行官 Bruno Saelzer 生说："中国市场一直是我们全球战略中最令人鼓舞的一部分。到 2004 年底，在上海、北京、广州等 30 个中国的主要城市中，我们将总共拥有 60 家店铺。"

如此快速的发展，到底是得益于中国庞大的市场，还是品牌自身的魅力？

雨果博斯于 1923 年由雨果博斯（Hugo Boss）先生在德国麦琴根（Metzingen）一手创建，初始以生产工作服、防水服装、雨衣及制服起家。起初，其设计及形象非常男性化，以风格沉稳的男装为主要产品。到了 1972 年，正式跨足时装。其品牌一直崇尚的经营哲学是："为成功人士塑造专业形象。"

雨果博斯旗下有两大系列：一是"HUGO"，以别具创意的设计为特色；另一则是"BOSS"，以简洁现代的设计和高质细节而闻名。如果说"HUGO"是挥洒自我的青涩少年，那么"BOSS"则是事业有成的成熟中年。

1994 年，雨果博斯以特许经营的方式进入中国内地市场，但其首家品牌专卖店直到 2006 年才正式亮相上海外滩，一些竞争品牌在 20 世纪 90 年代就在中国有了自己独立经营的店面，相比之下，雨果博斯真可谓"起了个大早，赶了个晚集"。

"这跟我们长期与特许经营商合作有关，这束缚了我们的发展。我们积极拿回所有权后，才能自主地扩大、改造品牌的店面，甚至将它们搬到更大的地方，必要时用两三层楼来展示雨果博斯的产品。"英晟楦如此说道。[①]

英晟楦（Gareth David Incledon）是雨果博斯中国区总经理，据他透露，在大城市的重要地段开设大型的门店一直是品牌在欧美取得成功的原因之一，也是其奢侈品牌地位的象征。但在中国，这一举措却严重落后了。

---

① 齐鹏：《奢侈品行业的"激进派"》，《数字商业时代》，2013 年第 03 期

对于一个奢侈品牌来说，将区域市场交由经销商管理会出现诸多问题，尤其在品牌高端形象的维护与传递方面，因为从门店设计到店铺服务都不在品牌方的直接管控之内。因此不少奢侈品牌都只在进入新市场的初期同当地经销商合作，而一旦时机成熟，就会将代理权收回，改为直营。

除了门店数量被诟病之外——其后雨果博斯又犯了过犹不及之大忌，在频繁开店的背后，凸显了其品牌资产被稀释、高端形象正在坍塌的风险——它还面临着产品及形象老化的危机。由于其进入中国市场较早，代理商店铺开得较为广泛，且款式和版型较为保守，被当时的公务人士一时奉为心头好之后，就难以被年轻一代的消费者接受了。

为了吸引中国的年轻一代的新消费者，雨果博斯开始“为中国而改变”，不但按照中国人身型调整尺寸，而且设计出色彩鲜艳的服装，以迎合中国消费者的喜好。

“中国消费者喜欢追逐那些贴着‘意大利制造’‘法国制造’标签的商品，如果我们想要打造成为中国本土的奢侈品牌，则需要考虑不同的方式，把中国审美文化与欧洲的高品质制造工艺结合起来。”英晟楦说道，“我们设计并生产了很多适合中国人体型的产品，比如即将推出的‘Asian fit’系列。”

事实上，雨果博斯与其他德国品牌一样，非常注重产品质量。但据英晟楦介绍，雨果博斯是一个拥有欧洲文化传承的时尚品牌，虽然在质量上是按照德国的要求来做，它的创造性却来自其他地区。

“我们的设计并不是非常德国化的，这一点区别于其他一些品牌风格的法国化或者意大利化。我们想传递的就是现代感，并以此满足全球顾客的时尚需求。我们的主创团队会到世界各地采集灵感。所以，雨果博斯顽强的生命力体现在它的变革和创新中。”

“如果一个品牌想保持领先，就必须不断创新，不断超越自己。”而创新，不仅改变着新中国这个庞大国度的走向，也在某种程度上决定了众多进入中国市场的西方奢侈品牌的命运。

在即将到来的下一年度，一个对奢侈品行业意义非凡的大事件发生了。

1994

人民币结算刺激奢侈品消费

1993年12月30日一大清早，数十位外国驻华大使、大使夫人以及来华的外商们蜂拥进北京的一家免税店，焦急地把他们看到的货架上的一切东西都拿来尽量塞满他们的购物包。[①]

这次疯狂的购物并非是为了迎接新年的到来，而是因为前一天晚上央行的一纸公告——中国人民银行宣布从1994年1月1日开始停止发行外汇兑换券（简称外汇券）。尽管央行的通告非常清楚地说明现存的外汇券仍然可以暂时流通，但外汇券的拥有者们还是觉得越快花完手中的外汇券心里越踏实。

这家位于北京建国门附近的免税店毗邻使馆区和许多外商办公的写字楼。在30日这一天，营业额比平时多了9倍。该店一名姓董的经理在当天接受《中国日报》记者的采访时说："生意比圣诞节的时候都红火，看来我们元

① 《外汇券》，百度百科

旦的假都不能放了。”

给驻华大使及来华的外商们带来切身影响的这一则公告，全称为《中国人民银行关于外汇兑换券停止流通和限期兑换的公告》，部分内容摘抄如下：

自1994年1月1日我国停止发行外汇兑换券后，目前还有少量外汇兑换券在市场流通。为了便于境内机构和境外来华人员在结算、支付中统一使用人民币，现就外汇兑换券停止流通和限期兑换公告如下：

一、在1994年12月31日之前，外汇兑换券仍可以流通使用，或按本公告的规定兑换成外汇或人民币。

二、从1995年1月1日起，外汇兑换券停止在市场上流通，境内机构、外商投资企业以及来华的外国人、华侨、港澳台同胞和境内居民个人均不得再用外汇兑换券标价、收付、结算。

这则只有简明扼要的十条条款的公告，却给奢侈品行业带来了巨大的影响。它意味着从1995年1月1日起，国家取消外汇券，所有奢侈品开始以人民币统一零售，中国市场的奢侈品牌发展迎来了真正意义上的春天。

作为时尚行业资深从业者，现任LVMH集团大中华区总裁吴越，把1993年定义为中国时尚产业“硬件环境”整治的关键一年。①

“1993年之前，奢侈品牌虽然进入了中国市场，但基本还是限于友谊商店和五星级酒店大堂商铺。当时很多中国人还在千方百计追求出国，中国的经济发展仍处在奋力搞三资企业时期。刚从短缺经济走出来的中国，零售行业硬件还不具备必需的质量，这对于希望开拓零售市场的国际奢侈品牌来说，可谓‘皮之不存，毛将焉附’。”

不仅如此，当时的奢侈品还全部以“外汇券”形式进行销售，没有外汇的国内顾客显然无法光顾奢侈品柜台。1993年6月，上海伊势丹百货开业，

① 艾米尼：《LV的奢华中国梦》，新华社《瞭望东方》周刊，2008年11月

首次推出收取人民币的高端零售措施，全面引进高端进口化妆品牌，引起了市场的轰动和兴奋。接着，北京、上海和广州等地一些主要百货店才开始改变装修，以提升零售环境。

何为外汇券？它的形成及历史意义又是怎样的？

1980 年 4 月 1 日，中国开始发行外汇券；1995 年 1 月 1 日，外汇券最终退出市场。在这 15 年间，中国实行了非常独特的双货币制度——人民币和外汇券同时在市场上流通。

在改革开放初期，来华访问的外国人、归国的华侨和港澳台同胞日益增多，而中国的市场供应还非常紧张，国内居民的日常用品（如粮油、肉、布等）还实行定量供应。为满足来华的外国人及归侨的需要，中国兴建了一批宾馆和商店。然而，当时国内是禁止外币流通的。

为了便于他们在这些场所购买物品和支付费用，同时又使他们区别于国内居民，国务院于 1980 年 4 月 1 日授权中国银行发行外汇兑换券。外籍人士须将所持外币在中国银行或指定的外汇代兑点兑换成外汇券，并在指定范围内与人民币等值使用。离开中国内地时，他们可以选择将外汇券换回硬通货或留着以备下次来华时使用。很多外国人当时都管外汇券叫“旅游货币”。

外汇券有 100 元、50 元、10 元、5 元、1 元、5 角、1 角七种面值，与人民币等值，背面是具有代表性的中国风景名胜画面，如三峡、长城、天坛等。

当时，外汇券是特权货币。正如美国爱荷华大学的新闻学教授 Starck 在《画龙点睛》一书中描写的那样：“如果钱能说话，外汇券的声音比人民币大 50%。”Kenneth Starck 于 1986 年来到中国，在社会科学院的研究生院教授英语新闻专业的写作课程。他对外汇券的使用深有体会：有了外汇券，人们在中国就可以买到进口商品，可以在特殊的地方消费，还可以换美元，这些都是人民币所没有的功能。

外汇券只能在特定的地方使用，如宾馆、友谊商店、免税店等，也只有在这些地方，人们才能买到当时被视为奢侈品的高档货——人头马的洋酒、万宝路香烟、彩电、瑞士手表。一些有中国特色的手工艺品和丝绸等也能在友谊商店买到。

但渐渐地，拥有外汇券就不是外国人的专利了。有一些内地居民从他们的海外亲戚朋友那里能得到一些外汇券。一旦拥有外汇券，他们立刻成为他们的同事、邻居和朋友眼红的对象，因为外汇券就是出入友谊商店的特殊通行证。

外汇券的这种特权引起了很多担忧，甚至是外国人的担忧。1980 年 9 月 11 日，《人民日报》发表了美国麻省理工学院理查·罗伯逊的来信：“我是一个对现代中国的成就深为钦佩的人，现在向你们写这封信。最近我在中国做了为期两周的访问，刚刚回到美国。所到之处，中国人民的生气勃勃给我留下了极其深刻的印象。我相信到了 2000 年，四个现代化一定可以实现。但是我必须承认，对外国人的优待和对中国公民的歧视这种不平等的待遇使我深感不安。我指的是对非中国公民发行的外汇兑换券。凭这种外汇兑换券，外国人可以在特殊的旅馆住宿，在特殊的餐馆就餐，在特殊的商店购买东西——所有这些特殊的地方一律不接待中国公民。此外，那些专为外国人设立的特殊的等候室等也似乎是不必要的。作为一个外国人，我对这些特殊待遇感到不安，这些特殊待遇会助长并加深优越感和自卑感。我强烈主张对此给予重新考虑。”

但是，内地居民仍然试图用各种办法来获得外汇券。自 20 世纪 80 年代起，越来越多的中国居民开始走出国门，出国留学或探亲，他们需要外汇券来换美元，甚至连学生们考托福的报名费也需要用美元来交。

对外汇券和美元的强烈需求直接催生了整整一代倒汇者——俗称“黄牛”。20 世纪 80 年代至 90 年代初期，外国人在北京或者其他中国主要旅游城市听到的最多的招呼也许是“换钱吗？换钱吗？”“黄牛”们在内地居民对外汇券的渴望和外国人对人民币的需求中找到了商机。有了人民币，外国人就可以在任何商店和餐馆消费；而人民币和外汇券的价差使倒汇成为利润丰厚的职业——尽管这是非法的。

1994年以前，中国的汇率制度也是双轨的。由于改革开放前，中国的物价长期由国家计划规定，许多商品的价格偏低且比价失调，导致商品出口亏损。

为了加强经济核算、适应外贸体制改革的需要，国务院从1981年起，开始实行两种汇价制度：一种是由国家外汇管理局制定的官方汇率，即1美元可兑换5.7元人民币；另一种则是外汇市场汇率，1美元可兑换8.7元人民币。

为了规范货币市场，中国人民银行宣布从1994年元旦开始停止发行外汇券。虽然央行清楚地说明，现存的外汇券仍然可以暂时流通，但拿着外汇券的中国老百姓还是觉得越快花完手里的外汇券，心里就越踏实。于是，就出现了上文所描述的北京各大外贸商店的抢购潮。

在外汇券时代，先富起来的那一批人对于奢侈品的消费无形中引领了一种社会潮流；而随着外汇券的终结，先富带动后富的消费热情，直接推动了奢侈品牌在中国之发展的突飞猛进——那时的中国整体仍处于物质匮乏年代，但已有一大批人感受到了“春江水暖”。

1994—1998

顶级奢侈品牌的莅临

1994年，意大利“明星御用皮鞋匠”萨尔瓦托勒·菲拉格慕（Ferragamo，以下简称菲拉格慕）来到中国。

菲拉格慕是意大利的一个显赫的制鞋家族，由萨尔瓦托勒·菲拉格慕（以下简称萨尔瓦托勒）先生创立。他的成功故事就像电影片段一样，堪称“屌丝逆袭”的绝佳范本。

萨尔瓦托勒于1898年出生在意大利南部的一个小镇博尼托（Bonito），家中共有14个兄弟姊妹（他排第十一），由于家庭环境贫困，9岁时便已辍学，开始当造鞋学徒帮忙添补家用。

在当时的意大利南部，鞋匠被视为最卑微的工作之一，但萨尔瓦托勒却充满理想，要把这个被人轻视的工艺发扬光大。13岁时，他就在博尼托开设店铺，并有两名助手，创制出第一双量身定做的女装皮鞋，从此开始缔造他时尚王国的第一步。

野心勃勃的萨尔瓦托勒深知在家乡中再没有学习机

会，1914 年，便跟随兄弟姊妹前往美国，在加州（California）的圣巴巴拉开办了一家补鞋店。那时的加州正值电影工业起飞的阶段，萨尔瓦托勒开始设计电影所用的鞋履，如牛仔靴、罗马和埃及式凉鞋，令一众明星开始留意到他的设计。

略有名气的萨尔瓦托勒并未因此满足，为了找出永远合脚的鞋履的制作秘诀，他去了洛杉矶大学修读人体解剖学，学会了身体的重量如何对脚掌造成压力的知识，于是他设计出加入铁片的鞋子以加强鞋子在拱位处的支撑力；他又旁听化学工程及数学，发掘护理皮肤及使用不同物料的新知识和新方法。

1923 年，随着电影业移师好莱坞（Hollywood），他便在当地开设“好莱坞靴子店”（Hollywood Boot Shop），与享负盛名的电影制片人合作，令其知名度大增。

1927 年，眼见意大利缺乏资深的鞋匠，于是萨尔瓦托勒决定返回故乡，正式创立同名品牌菲拉格慕（Salvatore Ferragamo），并在佛罗伦萨开设他的店铺，他的员工多达 60 人，在当时称得上是第一位大量生产手工鞋的人。然而，随着 1929 年华尔街股灾，他亦于 1933 年宣布破产，迫于无奈之下，唯有集中于发展家乡市场。阴差阳错的偶然之中，一代明星皮鞋匠逐步登上历史舞台。

“二战”期间（1939—1945 年），皮革受到限制，但这反而助长了萨尔瓦托勒的设计意念。他在 1936 年设计出凹陷、漂亮的水松木鞋跟，这是因为当年在铁片的短缺下，他不能继续用铁片加入鞋的拱位处。其实，这些鞋跟并不是什么新颖的概念，但他的设计却令这些款式流行起来，在“二战”时，深得女性的欢心。

1937 年，萨尔瓦托勒凭借软木楔形鞋跟获得时尚界历史上的第一项专利；首篇关于菲拉格慕的报道登上美国《时尚》杂志，令整个时尚界侧目。

1938 年，萨尔瓦托勒以 340 万里拉购下佛罗伦萨阿诺河畔的史宾利 - 弗朗尼宫（Palazzo Spini Feroni）——这是一幢建于 13 世纪的“古堡”，曾是佛罗伦萨最大的私人宫殿，而今成了菲拉格慕家族的祖业——并在该大楼开设了佛罗伦萨店，至今仍是品牌旗舰店，以及集团总部。

萨尔瓦托勒对做鞋的要求相当高，坚信产品成功之道在于良好品质。即使在工业不断机械化的时代，他的造鞋方法仍独树一帜——首先替客人量出脚掌的尺码，然后把鞋刻在一块木砖上。尽管在需求不断增长的情况下，萨尔瓦托勒被迫把生意扩充，但他仍然拒绝利用机器造鞋，于是他想出手工生产线的解决方法，即设置一条人手装配生产线，每名员工只负责一个工序。这样，他在业务扩充的同时仍不需依赖机械，务求精工。

1947 年，萨尔瓦托勒以其设计的透明玻璃鞋赢得被誉为“时装界奥斯卡”的“Naiman Marcus Award”大奖，成为第一个获得这个奖项的制鞋设计师。他得奖的作品设计细致，鞋跟处凹陷成 F 型，并铺上金色羊皮，鞋面则有透明的尼龙线，堪称创领风潮的时尚设计。

萨尔瓦托勒继续带领潮流，令极细而尖的高跟鞋成为华丽的脚上时装，创造出另一新时尚。1951 年，他完成了第一个时装表演。6 年之后，他出版了自传《梦想的鞋匠》(*The Shoemaker of Dreams*)，当时他已创作超过 20000 种设计，注册了 350 个专利。1960 年，62 岁的萨尔瓦托勒因癌症病逝，这成为菲拉格慕家族的一个大转折。

（比他年轻 24 岁的）妻子 Wanda Miletti（现任集团的荣誉主席）与 6 名子女共同接手了家族生意，遵循萨尔瓦托勒逝世前给妻子定的两个规矩——首先，6 个孩子成年后都要为公司效力；其次，公司以后不仅要做女鞋，还要做齐全系列：男鞋，男装、女装，皮包，围巾和饰品——将菲拉格慕扩展至男女时装、手袋、丝巾、领带、香水系列等，发展成一家“装饰男女，从头到脚”（Dressed From Head To Foot）的时装品牌。

菲拉格慕其后更发展至一个时装集团，在 1996 年取得法国时装品牌 Emanuel Ungaro 的控制权，1997 年又与宝格丽（Bvlgari）合作经营企业，发展香薰与化妆品。1998 年，菲拉格慕更与陆逊梯卡（Luxottica）合作推出眼镜系列，令菲拉格慕业务更多元化。

1998年，菲拉格慕举办了第一届世界青年鞋款设计选拔大赛，鼓励对鞋款设计有兴趣的年轻学生，并希望借着这个比赛，激励他们继续朝设计方向努力。

菲拉格慕热衷于为世界各地之明星制作鞋履。从葛丽泰·嘉宝（Greta Garbo）、奥黛丽·赫本（Audrey Hepburn）、玛丽莲·梦露（Marilyn Monroe）——萨尔瓦托勒单为梦露就设计了40双形式各异的高跟鞋，鞋跟高度精确为10.16厘米，他认为“女神”穿这一高度的高跟鞋时最性感——再到第一位亚洲女星章子怡及男星梁朝伟量身定制鞋款，菲拉格慕的名字一直长流不息，并且往往带领潮流将企业扩展至其他地区。

1989年，菲拉格慕专卖店入驻香港文华酒店（Mandarin Hotel），标志着品牌向东方拓展的开端。1994年，中国才刚开放不久，菲拉格慕便进入内地；20世纪90年代韩国经济最低迷的时候，进入了韩国；而1997年亚洲金融风暴时，更大胆进驻马来西亚。

萨尔瓦托勒的妻子及6位子女，以及第三代的23位孙子辈后代，正遵循他的愿景，为全球各界时尚人士不断缔造一段又一段的“仙履奇缘”。

1994年，一个位列时尚殿堂顶端、象征着法国时装文化之最高精神的品牌——克里斯汀·迪奥（Christian Dior，简称CD，以下称迪奥）在上海开设精品店。

作为炫丽的高级女装的代名词，迪奥选用高档、华丽、上乘的面料呈现出耀眼、光彩夺目的高雅女装，备受时装界关注。它继承着法国高级女装的传统，始终保持高级华丽的设计路线，做工精细，迎合上流社会成熟女性的审美品位，象征着法国时装文化的最高精神。

它与中国的深厚渊源，始于1947年。品牌创始人克里斯汀·迪奥（Christian Dior，以下简称迪奥先生）虽然从未出访中国，却为品牌推出的首个系列设计了一款名为Shanghai的短大衣，并用它来搭配一款东方尖顶帽。

这种对东方的迷恋之情还可通过迪奥先生童年老宅的装饰风格来体现——别墅门框的上方均点缀着精美的塔形挑蓬。他一直对中国充满向往，并将这份憧憬转化为创意，通过多个系列加以表达，创作出如北京（Pékin）、中国情结（Chinoiseries）、中国之夜（Nuit de Chine）、中国香港（Hong Kong）和中国蓝（Bleu de Chine）等款式。

他还通过作品向书法致敬。源自 1950 年成衣系列的“Verticale”连衣裙点缀以中国汉字为灵感的精美印花。上海女性在两次世界大战期间穿着的旗袍经过这位时装设计大师的全新解读，化身为亮粉色的惊艳（Surprise）套装，最终被后继设计师呈现在 1955 年秋冬季系列中。

1980 年，品牌与中国的情谊首次获得了实质性进展。迪奥在中国香港开设首家精品店；随后又于 1994 年开设上海精品店，正式进入迪奥先生所迷恋的东方之境。

迪奥先生被誉为 20 世纪最出色的设计师之一。正是他，使“二战”后的法式奢华风貌得以确立，并天才般地将“专利授权”模式引入时装界，且通过香水的推出而给整个奢侈品行业贡献了一个金字塔式的商业模式，开创业界先河。

“Dior”在法文代表上帝和财富，“Di（Dieu）”是“上帝”，“or”是“金子”。由此，金色也成了迪奥品牌最常见的代表色。纵观品牌发展史，也是一段金碧辉煌的荣誉史。

1905 年，迪奥先生出生于法国诺曼地格兰威尔一个富裕的企业家族中。他的舅舅是内阁部长，父亲莫里斯·迪奥是一名成功而富有的商人，母亲玛德林是上流社会优雅而富于智慧女性的代表[①]。这些家庭背景为他后来从事高档服装设计埋下了基因，尤其是母亲温柔典雅、气质高贵的形象，更是他源源不断的创作灵感源泉。

① 刘国华：《为什么说迪奥是挽救巴黎的全球奢侈品之王》，砺石商业评论，2019年5月

他从小就非常喜欢毕加索（Picasso）[1]、马蒂斯等大师的作品，这养成他对艺术和设计的品位及喜好。5岁那年，迪奥先生全家搬到了时尚之都巴黎。巴黎浓厚的艺术氛围深深影响着他，但是他对艺术的追求却遭受了父母的反对，父母都希望他成为一名外交官。

为此，迪奥先生不得不考取了巴黎政治学院。作为一种妥协，父母允许他可以继续在业余时间学习自己感兴趣的艺术类课程。在1927年服完义务兵役后，怀着对艺术的浓厚兴趣，他和朋友Jacques Bonjean合开了一家小艺廊。

1929年，经济危机爆发，加上父亲的决策失误，家族生意衰落。期间，迪奥先生的哥哥、母亲相继去世，家道中落。在他赴苏俄远行回来后，发现连和他合伙的朋友也破产了，只好结束艺廊的经营。

1934年，迪奥先生的身体健康状况不佳，他离开巴黎到西班牙静养。当时他感觉到隐藏在体内的创作欲望，开始学习织绣的技术。30岁那年，他回到了巴黎。由于工作不易，他不得不开始以绘画和设计服装草图为生，并且为一些流行刊物绘制服装画。

经过两年的奋斗，他吸引了设计师罗伯特·皮奎特（Robert Piguet）的注意，他的许多设计稿被启用，并在1938年被雇用为设计师，作为助理学习服装设计。1939年，第二次世界大战开始，他被征召到法国南部从军；当他1941年底回到巴黎时，原来的设计职位已被其他人占走了。

有才华的人终究不会被埋没，一段曲折且晦涩的经历过去，迪奥先生迎来了命运女神的青睐。

1946年，迪奥先生被安排与当时的纺织业巨头、法国首富马赛尔·博萨克（Marcel Boussac）会面。在首富的资助下，他在这一年拥有了属于自

---

① 巴勃罗·毕加索（Pablo Picasso），1881—1973年，西班牙画家、雕塑家，现代艺术的创始人，西方现代派绘画的主要代表。他被誉为当代西方最有创造性和影响最深远的艺术家，20世纪最伟大的艺术天才

己的时装屋，并在巴黎著名的高级时装街蒙田（Montaigne）大道开设了个人服装店，展开高级时装业务。

当时正值“二战”结束，人们尚未从战争的阴霾中走出。1947 年 2 月 12 日，迪奥先生举办了他的第一个高级时装展。90 套完全颠覆当时人们期待的礼服列队展出后，所有的观众都在欢呼，巴黎上流社会的小姐太太们更是为之疯狂！

迪奥先生将裙长提到离地 40 厘米，优雅地露出女性的脚踝；袖子长度通常到小臂中央，即所谓 3/4 袖，里面衬以长手套；圆润平滑的自然肩线，用乳罩整理的高挺的丰胸，连接着束细的纤腰；垫高的臀部，凸显女性线条；20 码（约 18.29 米）长布料加工而成的大裙摆，再加上夸张的帽檐——这些都令巴黎的时装界为之一振。

原《时尚》（*COSMOPOLITAN*）杂志艺术总监亚历山大 · 利伯曼（Alexander Liberman）曾说：“迪奥达到了创造某种以女子特征为主要构思的目标。”

这场首秀，唤醒了战后缺失的法式优雅。迪奥精致奢华的服饰，种种不同的细节，组合出极其纤美的女性气氛。如此幻梦一般的服装，让饱受战火摧残的女性，在华美的服装里找回了战前的温柔回忆。这种充满新鲜意象的轮廓也让巴黎再度执掌时尚潮流，让法国时装业再次享有国际时装领域的至尊地位。

这场革命性的时装首秀引起了业界的巨大震动。发布会后，迪奥服装插画登上《时尚》杂志封面。美国《时尚芭莎》（*Harper's BAZAAR*）杂志的天才主编卡梅尔 · 斯诺（Carmel Snow）将迪奥的设计风格命名为“新风貌”（New Look）。

由于 New Look，迪奥获得了时装界的“奥斯卡奖”以及美国的雷门 · 马可斯奖（Neiman Marcus Award）——这是该奖第一次颁发给一位法国人。从某种意义上来说，美国人接受了迪奥的设计，承认了法国巴黎的时装仍然处于世界时装业领头羊的地位。

但直到1956年，法兰西才意识到应该奖赏这位时装大师，授予他“荣誉勋位”勋章（Remise de la Legion d’honneur）——这是法国对在艺术界做出卓越贡献的艺术家的最高奖赏。

鲜为人知的是，后来被誉为“未来主义三大宗师”之一的皮尔·卡丹此时正在迪奥时装屋担任裁缝；而伊夫·圣·罗兰此时是迪奥先生的助理，才华横溢的他在20岁那年便设计了迪奥品牌1/3的时装。次年，因迪奥先生突然逝世，他临危受命担任设计总监，延续了品牌之生命。

“New Look”的轮廓与细节，和第二次世界大战之前流行的垫肩外套、直筒窄裙完全不同，也和在第二次世界大战期间因为物资缺乏，被设计师应用最少布料的军装风貌女装截然相异，它以绝对女性的美感，给予所有人新奇的视觉刺激。这组服装虽然强调女人味与浪漫风情，却又同时掌握了摩登的时代感与利落线条，引发了人们历劫战争之后对于太平盛世的联想。

由此，迪奥先生成功地塑造出一种完全属于他的时代特性，其普及性影响了同辈的设计师，最终树立起整个50年代之内敛高尚的品位。

迪奥先生不仅主张恢复女性优美的身体线条，并且主张“香水是一扇通往新世界的大门”。就在1947年，以“迪奥小姐”（Miss Dior）命名的第一瓶香水问世。他认为：“我所打扮的每一位女性都散发出朦胧诱人的雅性，香水是女性个性不可或缺的补充，只有它才能点缀我的衣裳，让它更加完美，它和时装一起使得女人们风情万种。”

“迪奥小姐”并不是时尚界的第一款香水——比如香奈儿早在1921年就创制了令时尚界着迷的“香奈儿5号”，第一次将时装和香水联系在了一起——但“迪奥小姐”的重大意义在于，它的畅销让整个奢侈品界和时装界意识到：香水是可以大卖的，而且由于香水可以批量生产，利润又高，可以给品牌带来源源不断的稳定高收入！

这为整个奢侈品行业贡献了一个全新的商业模式。高端奢侈品的定制虽然单价高，但总量总是有限的；而香水等配饰产品虽然单价不高，但可以大规模地售卖，以得到高额利润。“迪奥小姐”诞生之后，奢侈品行业经典的产品结构由此确定：最顶端做高级定制，卖给上流社会；其次做品牌的成衣和包等，卖给中产阶级；香水、配饰等一系列价格相对较低的单品，卖给中产偏下的大众们，满足他们追求大牌的梦想。这种经典的金字塔结构，让品牌在商业模式及运营上非常稳固。

1948 年，迪奥将精品店开到了美国纽约。美国作为当时的全球第一经济体，每个品牌都将进驻其市场作为国际化的标志。出于对美国市场的重视，迪奥先生每年都要去纽约两次，正是在这里，天才般的商业才华让他（继售卖香水之后）再一次为奢侈品行业贡献了一个全新的商业模式。

一个需要普及的奢侈品业界常识是：尽管很多奢侈品牌历史悠久，但其早期扩张的速度却非常缓慢。以业界第一品牌 LV 为例，从 1854 年创立到 1978 年这 120 多年间，全世界只有三家店（巴黎、伦敦、纽约）。奢侈品牌在早期基本是保持在一个相对“小而美”的状态（甚至是以家庭作坊的形式存在），与今天我们看到的庞大的奢侈品集团形象相去甚远。

迪奥先生在纽约运用美国时装业的分销系统，根据美国的成本结构、工作惯例以及工会组织等对公司做了必要的调整。他在纽约尝试与美国袜业公司签订合同，允许该企业生产打上“Dior”字样的丝袜——这种在今天看起来普通寻常的 OEM（Original Equipment Manufacturer，授权贴牌生产），在当年可谓开创业界先河——迪奥先生把自己的图纸卖给美国的百货公司和服装生产商，由他们来按照设计进行生产，而他只需要收取一定的专利费就可以了。

《时代周刊》封面：
迪奥先生和他的左撇子剪刀

这意味着，迪奥在时尚界第一次引入了“专利授权”制度。由此，没法时常光顾巴黎的美国上流阶层的女性，一样能很快买到迪奥的产品。这也极大地促进了公司的发展，到了1951年，迪奥的经营项目已经从原来的女装，扩展到了手袋、男式衬衣、手套、围巾、帽子、针织衫、运动装、内衣、眼镜等品类。

1957年10月23日晚，迪奥先生在意大利度假中突发心脏病离世，巨星陨落。他作为史上首位时装设计师和他著名的左撇子剪刀一起登上了美国《时尚》杂志的封面。

从“New Look”系列开始，极富创意的强调女性优美曲线的造型就一直是迪奥系列的亮点。

在设计中，迪奥先生总是将女性的身体放置在他所想象和创造的形态之中，创造出A形、Y形、H形、球形等各种女性服装造型。其中，H形的服装类似于20世纪20年代的直线造型；A形则是弱化肩部造型，有人将其形象地称为埃菲尔铁塔式造型；Y形重点在上身，经常用短的上衣夹克领或围巾等营造出V的形态，将人们的注意力集中在脖子和肩膀。

迪奥缔造了时尚神话，也演绎了半个多世纪的女性梦想——性感自信、激情活力、时尚魅惑！迪奥先生曾说：“我的渴望并不仅仅是让女性更加美丽，而且要让她们更加快乐……”这就是品牌的恒久魅力，而这份魅力，令全世界的时尚女性心动不已。

迪奥先生过世后，品牌尽管在设计上依然受到市场的认可，但是当初投资并管理公司的博萨克（Boussac）集团的经营却出现了问题。1984年，因经营不善，博萨克集团被时年35岁的伯纳德·阿诺特（Bernard Arnault）收购——这位后来被称为“精品界的拿破仑”的人看中的其实并不是博萨克，而是该集团旗下的迪奥。

阿诺特的商业智慧激活了迪奥的全新魅力，并迅速俘获了中国时尚女性的芳心。迪奥香水化妆品全球总裁Claude Martinez曾在上海国金中心的品牌精品店开幕时透露：“中国在迪奥香化全球市场中占据主导地位，这不仅仅是因为中国的地域辽阔，更因为未来就在这里！中国一直都在迅速地改变，而迪奥在继承1947年（新风貌）之革新精神的同时，也在推陈出新，从不止步。而且，从全球视野来看，中国可以说是最富有活力与远见的国家，这更加激励我们不断提升创造力。”

1996年，意大利殿堂级时尚品牌古驰（Gucci）让国人体会了奢侈品的摩登感。

从意大利的高级皮革店到引领全球时尚的超级品牌，从20世纪70年代家族纠纷声势一落千丈到20世纪90年代汤姆·福特（Tom Ford）担任创意总监后的再生崛起，古驰从云端到谷底，再从谷底到云端的故事，着实是一则传奇。

品牌创始人古驰奥·古驰（Guccio Gucci，以下简称古驰奥）1881年出生于佛罗伦萨。因小时候家庭兄弟间关系很差（这或许是20世纪70年代家族二、三代传人间纠纷不断的前兆），经常大打出手，终于有一天他无法忍受而离家出走了。

1898年，古驰奥离开意大利，来到了英国伦敦，在Savoy饭店担任门童。宾馆里常有上流人士进进出出，他就给这些客人搬运皮包和行李箱，久而久之，竟然对皮革制品产生了兴趣。他经常留心观察贵族们爱用的高级皮具，耳濡目染之下，他自然而然地了解到上流社会的品位，练就了高超的审美眼光。

1921年，古驰奥回到老家佛罗伦萨，开了一家名为“Gucci”的专卖皮革和马具的店。这就是品牌的开端。得益于英国打工的经历，积累了无数次与上流阶层顾客打交道的经验，古驰奥非常清楚他们喜欢什么款式。这家专为贵族打造高档优雅皮具的门店迅速名声大噪。随着业务的扩展，新的店面在罗马著名的Via Condotti开幕。

古驰真正地闻名世界是在“二战”爆发之际。当时由于物资匮乏，真皮难求，很多门店都关了。但危机也是转机，在这般困难的境遇下，古驰奥没有放弃，品牌的很多经典标志就是在这一时期形成的。

比如，他打破了包只能用真皮制作的偏见，于 1947 年推出竹节包，一经问世就成为热销单品。古驰奥通过加热竹子，把直挺挺的竹竿做成了弯的，再把弯竹子做成包的手柄。这是业界首次将竹子运用到包的设计上。时至今日，竹节式设计依然能够适应潮流变化，成为很多产品的点睛之笔。

从 20 世纪 40 年代末到 60 年代，古驰奥接连推出了带竹柄的皮包、镶金属袢的软鞋、印花丝巾等一系列的产品，独特设计和优良材料让它成为典雅和奢华的象征，为当时的杰奎琳·肯尼迪、苏菲亚·罗兰及温莎公爵夫人等淑女名流所推崇，使用古驰已经代表着一种社会地位的象征。

值得一提的是，古驰在箱包行业已发展成为与法国的路易威登齐名的品牌，同时也成为其他制造商抄袭、模仿的对象。古驰奥为了保障品质，既让商品拥有辨识度，也与其他品牌相区隔，遂将品牌名字印在自身产品上。这在世界时尚史上是首见的创举，竟被各大奢侈品牌仿效。古驰无意中成为产品品牌化的始祖。

1939 年，古驰奥的 4 个儿子相继加入公司，标志着古驰由个人事业转变为家族企业；第一家海外分店于 1953 年在纽约曼哈顿第 58 大道开幕，标志着古驰一跃成为国际名牌——就在品牌声誉如日中天之时，这一年，古驰奥去世，享年 72 岁。

转眼到了 20 世纪 60 年代，随着伦敦、巴黎和佛罗里达棕榈滩分店的成立，这个代表时尚与品位的意大利名牌在世界最主要市场站稳了脚跟，产品线除了服装外，还新增了皮包、皮鞋、手表、家饰品、宠物用品、丝巾与领带等。60 年代末，“GG”正式成为古驰的品牌标识。

业务急速成长的古驰并未从此一帆风顺。进入 20 世纪 70 年代后，疲于应付仿冒的问题以及家族内部利益的争斗，使整个企业陷入困顿的泥沼。1993 年，家族第三代接班人 Maurizio Gucci 将家族持有的公司股份抛售——1995 年，他在上班途中遭遇前妻雇佣的杀手枪杀，古驰帝国迎来了第一次濒临破产的滑铁卢。

而拯救古驰于水火之中的，便是打破其日复一日的名媛观，并为品牌注入新时代“性感”理念的创意总监汤姆·福特（Tom Ford）。

他曾说：“谈起古驰的历史，绝不能略过电影明星和宴会名流不提，而我想创造这段历史的20世纪90年代版本。”1995年，临危受命的汤姆·福特选用当红名模以极简主义却无比撩人的形象在台上展现他为古驰设计的性感秋季时装系列，天鹅绒与绸缎系列轰动了整个时装界。

这场秀获得空前的成功，在全球引发了古驰的购买狂潮。麦当娜（Madonna）、海伦·亨特一次次主动地为品牌带货站台，最当红的歌星、影星都争相将古驰最新款穿上自己的演唱会和领奖台。汤姆·福特全然改变古驰过去的华丽风格，注入性感的基因，让古驰成为今日最性感的品牌之代名词。

大获成功之后的古驰，与很多奢侈品品牌保持家族传统经营模式不同，开始走向集团化经营道路。

1998年，古驰被European Press Foundation评选为欧洲年度杰出公司。随后，古驰得到PPR（Pinault–Printemps–Redoute，现全球第三大奢侈品集团Kering开云之前身）的协助发展，PPR投资2.9亿美元换取古驰42%的股份，从此古驰开始了集团化发展进程。

古驰集团先是收购了圣罗兰（YSL）、梵克雅宝（Van Cleef & Arpels）、奥斯卡·德拉伦塔（Oscar de la Renta）、芬迪（Fendi）及杰尼亚（Ermenegildo Zegna）等品牌香水系列的专营权。1999年，古驰集团购入了意大利皮鞋公司Sergio Rossi 70%的控制权。2000年5月，古驰集团收购了全球历史最悠久的珠宝、钟表及香水品牌宝诗龙（Boucheron）；同年12月，古驰集团收购英国时装品牌亚历山大·麦昆（Alexander McQueen）51%的股份和美国名表生产商Bédat & Co。2001年，古驰集团与意大利著名皮具公司葆蝶家（Bottega Veneta）签订收购协议，正式收购该公司66.7%（其后增至78.5%）的控股权；同年，古驰集团与斯特拉·麦卡特尼（Stella McCartney）宣布达成协议，共同发展以Stella McCartney为名的全球性品牌，并以销售女性服装及配饰为主；2001 年 7 月，古驰集团与法国时装名牌巴黎世家（Balenciaga）达成协议，收购该品牌 91% 的股权。

就这样，古驰一步步实现了自己的集团化经营。但在集团的众多品牌中，其核心古驰仍扮演着领导的角色。2001 至 2004 年间，PPR（Kering 前身）还加大了对古驰集团（Gucci Group）的资金注入。

如果说 1994 年被委任创意总监的汤姆·福特让性感的古驰创造了一个无敌的神话，那么，2005 年被委任女装成衣设计总监的 Frida Giannini 则让古驰更接近于它本身。“汤姆 10 年前创造了一个无敌的神话，但他的个人风格越来越难以同古驰相结合，反之亦然。我现在的目的之一就是要让这个品牌更接近古驰本身。”

“我想要保持‘性感’的特点，但不会以那么夸张的方式。我会将‘夸张’二字从古驰的词汇表上一笔勾销！”这是 Frida Giannini 的时装理念。“从豪华轿车中跨出来的女人、派对女王，这些想象中的女性形象，在我看来并不是真正购买古驰的女人希望获得的形象，那种更自信、充满乐趣和好奇心的女人更容易把我打动。”

Frida Giannini 确信自己的新理念，古驰的基本设计元素被注入时代气息和活力。“Frida 令古驰的佩饰得到了新生。”时任古驰 CEO 马克·李（Mark Lee）表示，古驰产品在全球取得了佳绩。

在 2007 年的一次中国媒体的采访中，马克·李透露，“古驰现在是世界上最成功和最赚钱的奢侈品公司之一。亚太地区是古驰集团销售增长最快的地区，这个地区的增长在古驰集团的总利润中的比额从 2005 年春的 20.7%，增加到 2007 年前半年的 24%。这些增长数字里有不少份额来自于中国地区，虽然中国对于我们来说并非新市场——我们来到中国已有超过 10 年的时间，而在过去 3 年里，我们的专门店数目也从 2004 年末的 4 间增长到 2007 年底的 16 间，这些店不仅位于中国最大的城市，还出现在像杭州、成都、青岛、苏州这样的城市里。目前，中国是我们发展得最快的市场，我们的销量在 2006 年增长了 69%，在 2007 年的第二季度则上升了 118%。”

发展得最快的中国市场，为古驰登顶世界上最成功和最赚钱的奢侈品公司立下了汗马功劳。

1996 年，屹立在全球奢侈品牌巅峰的法国爱马仕（Hermès）在北京开了第一家专卖店。

从 1837 年在巴黎开设首家马具店以来的 180 多年间，爱马仕一直以精美的手工和贵族式的设计风格立足于经典服饰品牌的巅峰。它奢侈、保守、尊贵，整个品牌由整体到细节，再到它的专卖店，都弥漫着浓郁的以马文化为中心的深厚底蕴。

让所有的产品至精至美、无可挑剔，是爱马仕的一贯宗旨。大多数产品都是手工精心制作的，无外乎有人称爱马仕的产品为“思想深邃、品位高尚、内涵丰富、工艺精湛”的艺术品。

爱马仕前全球首席执行官 Patrick Thomas（爱马仕第六代领导者，首位非家族成员 CEO，任职于 1989—2014 年）曾如此诠释爱马仕的品牌 DNA，“工艺、创意、时尚，我们不是一个奢侈品牌，我们是一个手工艺的品牌。因为不用任何商标或者符号，人家就会知道，这是爱马仕的皮夹，因为这样的质地和工艺，只有爱马仕做得到，我们是材料的专家。”

若是有人问起爱马仕家族成员如何理解时尚，他们的回答永远都是：“流行和时尚从不属于爱马仕。我们只是坚持选用最好的传统、材质和手工，让经典与时间结盟。”每一款产品在秉承精致手工艺的同时，更专注于探索创意的无限可能。

时尚瞬息万变，但爱马仕从不做流行的盲从者，它树立潮流的法宝是始终坚守自己的品牌哲学——对最优质材料的精雕细琢，对经典美物的情有独钟和对创新精神的不懈追求。

这一品牌哲学，源于 1837 年品牌创始人蒂埃里·爱马仕（Thierry Hermès，以下简称蒂埃里）。

在 19 世纪时的巴黎，大部分居民都饲养马匹。那一年，36 岁的蒂埃里看到了马具销售的广阔市场，在巴黎Grands Boulevards开设了首家马鞍及马具专卖店。从一开始，他就确立了严格的品牌标准：原料上乘，手工精湛。

马具工作坊为马车制作各种配件，在当时巴黎城里最漂亮的四轮马车上，都可以看到爱马仕马具的踪影。匠人们就像艺术家一样对每件产品精雕细刻，留下了许多传世之作。很快，爱马仕就成为贵族人士的最爱。

1867年，万国博览会在巴黎举行，爱马仕因“不断致力于提升产品品质，力求达到完美境界”而赢得了一级荣誉奖项，同时，也确立了其基本价值观：尊重过去，醉心未来。近两个世纪以来，对精致素材和简约表现的热衷，对伟大纯手工技术的挚爱以及那种不断求新的活力，在爱马仕代代相传。

1880年，查理·爱马仕（Charles-Emile Hermès，以下简称查理）继承父业，将旗舰店搬迁至巴黎繁华的福宝大道24号（24，Faubourg Saint-Honore，至今仍是爱马仕集团总部），毗邻总统府。查理积极拓展产品种类，1892年，一个备有肩带的马鞍袋正式面世，这正是爱马仕箱包的雏形。在儿子阿道夫及埃米尔的协助下，查理成功拓展了欧洲、北美、俄罗斯、南美洲以及亚洲市场，为20世纪创造了一个辉煌的开端，并持续积极发展高级马具事业。

1914年，第一次世界大战爆发，查理之子埃米尔·爱马仕（Emile-Maurice Hermès，以下简称埃米尔）被派往美国负责替法国骑兵部队订购皮革，他深深领会到大量生产及各类交通科技的发展必会令旅行皮具制品的需求更加蓬勃。

20世纪20年代，埃米尔成为品牌的第三代掌门人。他意识到汽车的出现——1886年1月29日，两位德国人卡尔·奔驰（Karl Friedrich Benz）和戈特利布·戴姆乐（Gottlieb Daimler）获得世界上第一辆汽车的专利权，标志着世界上第一辆汽车诞生——将改变人们的生活方式，于是将马鞍针缝制法运用于其他皮革制品。

例如，爱马仕为威尔士王子设计的拉链式高尔夫夹克衫，成为20世纪皮革服装中最早的成功设计，引起一时轰动；1923年，第一个装有拉链的皮包“Bugatti”上市，成为第一个将皮革产品与拉链结合的品牌，从而开启了品牌的时尚之路。

除了已有的产品外，一系列皮包、行李及旅游用品、运动及汽车配件、丝巾、皮带、手套、珠宝首饰及腕表，全都展现了爱马仕对完美品质的承诺，也传承了创始人“尊重过去，醉心未来”的理念。

埃米尔对于艺术品十分热衷，拥有无数的私人收藏——这些珍品保存在爱马仕博物馆，至今还是许多设计师朝圣的圣殿。20世纪20年代，爱马仕将产品拓展至手提袋、旅行袋、手套、皮带、珠宝、笔记本以及手表、丝巾等产品。艺术对其产品设计产生了巨大的影响，使爱马仕的产品保持着法国人的浪漫与艺术格调。

作为四个女儿的父亲，埃米尔很快就有了三个女婿（其中一女儿早逝）：Robert Dumas，Jean-Rene Guerrand 以及 Francis Puech，他将他们培养成了卓有成效且专长互补的伙伴。接着，公司在主要的法国度假胜地开设了分店，并且于1924年入驻美国。卓越的产品吸引着世界各地的游客来到法国都必定要光临爱马仕。

1937年，原本为骑士上衣的丝织品启发了丝巾的创作灵感，在品牌100周年诞辰之际，爱马仕丝巾正式面世。埃米尔的热爱促成了一个收藏品系列的诞生，并由后人陆续收集，使其更趋丰富。当中不论是画作、书籍或艺术物件，都成为设计师撷取灵感的对象。

1951年，埃米尔逝世，他的女婿罗伯特·迪马（Robert Dumas，以下简称罗伯特）继位，成为品牌的第四代领导者。在埃米尔提倡的“不朽创意”之精神指导下，他与埃米尔的另一位爱婿（其妹夫）Jean-Rene Guerrand 精诚合作，积极参与新产品的创作，陆续推出了香水、西装、鞋饰、瓷器等产品，使爱马仕成为横跨全方位生活的品位代表。

罗伯特设计了很多经典名作。他对丝巾的浓厚兴趣，更是将爱马仕推上了“丝巾大师”之地位。而令他在品牌发展史上留名，并奠定了品牌国际级成功地位的，是其打造的至今仍是爱马仕旗舰级经典产品的——凯莉包（Hermès Kelly）。

葛丽丝·凯莉（Grace Kelly），好莱坞历史上的超级巨星，在最美丽的年华里，她遇见了摩洛哥王子：雷尼尔三世。1956 年 4 月，雷尼尔王储迎娶凯莉，数以千万计的观众守在电视机前目睹了这场童话般的世纪婚礼。

婚后凯莉王妃怀孕了，为了保持完美形象，她向爱马仕定制了一个大尺寸的鳄鱼皮方形包（原型为 1892 年推出的 Hight Bag，限量发行品），用以遮掩微微隆起的腹部。美国《生活》（*Life*）杂志拍到一幅封面照，照片上的凯莉王妃拎着大尺码的爱马仕手袋，半掩着她已怀孕的身躯，流露出她闪亮妩媚的女性美。

这张叫人难忘的封面照，使这款特别定制的爱马仕提包成为焦点。于是罗伯特灵机一动，征得摩洛哥王室的同意，将这款手袋正式以葛丽丝·凯莉婚前的姓氏命名为凯莉包。凯莉王妃的魅力确定了凯莉包的风格：高贵，优雅，经典。

凯莉包最能体现爱马仕的手工精作精神——所有原料都是从全球的拍卖会上采购而来的没有疤痕和破绽的顶级皮革，但即使这样，经验老到的工匠们依然要用最苛刻的标准从中优中选优，在一次次的皮纹检查中，只要发现中线稍微不直，就立刻降级到生产皮夹的部门。直到选到三张色泽、纹路、手感等皆相似的皮料，一个凯莉包的选料阶段才算完成。

如今，凯莉包的材质多达 33 种，颜色超过 209 种，需要一个工匠花费 18~24 小时制作完成。秉承严苛的选料标准，以及精湛的手工精作，使凯莉包成为全球时尚女士梦寐以求的艺术品。

1978 年，罗伯特·迪马之子让－路易·迪马（Jean–Louis Dumas，以下简称让）就任集团主席兼行政总裁，成为品牌的第五代领导者。他开发了手表和桌饰系列等新商品，甚至包括直升机外观装潢和环保游艇设计，赋予了爱马仕新的素材与气息。

而让作为第五代领导者的最大功绩，是创造了品牌的另一旗舰级作品——铂金包（Hermès Birkin），其风格与凯莉包的高贵优雅明显不同，铂金包充满了感性、休闲、洒脱。这与它的起源人物有关——法国女星简·柏金（Jane Birkin），20 世纪 70 年代法国最有感召力的偶像之一。

1984 年，简·柏金在航班上偶遇一位男士，当时她包里的东西散落一地，于是旁边的这位男士跟她说："你应该背一个有口袋的包。"简·柏金回答他说："等到爱马仕生产出来，我就会买了。"这位男士回答她："我就是爱马仕，我会为你制作一个带有口袋的包。"

基于这个巧合，风靡全球的铂金包就应运而生了。这款包相对于凯莉包更大更深（平均需要一个工匠花费 48 小时才能制作完成），形式更为休闲、洒脱。就像注入了简·柏金那无拘无束的灵魂——包永远敞开着。里面的物品仿佛多得要掉出来，但这正是铂金女郎们所不在意的，她们相信哪怕只是穿着最普通的 T 恤和牛仔裤，只要有这款包，就永远都是人群的焦点所在。

在爱马仕所有产品中，最著名、最畅销的当属精美绝伦的丝巾——自 1937 年为纪念一百周年店庆推出第一款丝巾以来，它一直是许多上流社会男士馈赠女士礼物的首选。爱马仕就是"丝巾国度之王"，独一无二，成为时尚界的不朽传奇。

爱马仕丝巾的诞生，汇集了无数精巧绝伦的工艺——从材质看，所用丝绸并不是普通真丝，而是从一种特殊的蝴蝶蚕茧所得；在工艺方面，从选题开始，经由设计、配色、制版、着色、手工卷边等工序，前后需时超过 24 个月；而图案也非常考究，迄今为止已有超过 75000 种不同的图案配色。

每一条丝巾背后都有一个故事，这些故事来自全球各地设计师的奇思妙想。与其说爱马仕丝巾是配饰，不如说是穿在身上的艺术品，完全可以当作名画来欣赏。

而自从 1996 年进入中国起，这家跨越两个世纪的品牌开启了更多的故事。

在它进入中国的 12 年之后，《财富》（中文版）专访时任爱马仕中国区总裁雷荣发[①]（在中国香港出生的英籍华人，第二次任职期间为2006—2013年），他透露："爱马仕在中国发展非常快，近3年每年都以三位数增长。虽然2008年经济形势很严峻，但我们每个月还是有三位数的增长。从2007年开始，爱马仕加快了在中国的开店速度，差不多每年开4~5家店。这个开店速度在全世界也是最快的。目前中国已经成为爱马仕全球最重要的市场之一，估计在未来3~5年内，中国会成为我们在全球前5位的市场，与日本、美国、法国这些奢侈品市场大国并列。"

如此庞大而又发展迅速的市场，也吸引了更多奢侈品牌的到来。

---

① 李全伟:《爱马仕在中国保持三位数增长—访爱马仕中国区总裁雷莱发》,《财富》(中文版)，2009年11月

延伸阅读

《中国，黄金国？》①——爱马仕总裁回忆录

“你好，中国！”爱马仕如是说，这个国家开始接纳我们这些品牌的时代到了。

就这样，爱马仕在中国北京的紫禁城展示了它的形象，由博学多才的巴黎吉美博物馆馆长让·保罗·戴罗什策划，在故宫永寿宫举办了一场展览。

通过爱马仕与吉美博物馆准备的这些独具匠心的展品，中国人发现了爱马仕与马——这一中国自古以来的好朋友之间千丝万缕的联系。

当狄耶里·爱马仕（Thierry Hermes）在1837年到达马德莱娜的街区，开办他的鞍具作坊时，他未曾料到有朝一日中国人也会于爱马仕身上看到一位天然的伙伴。爱马仕一直热爱马匹、马鞍，以及鞍具制作。爱马仕喜欢缓步、小跑以及飞奔，每种步伐都受到尊重，每个人都理解要按马的节奏来。爱马仕借着马进入了中国，以巴塔巴斯的方式。这并非偶然！

的确，中国奢侈品市场的增长是爆炸性的，但中国同时也表现出另一种色彩：后生可畏。

中国为几乎全世界制造产品，而欧洲的纺织业在中国制造的重压下已经

① 作者为克里斯蒂安·布朗卡特（Christian Blanckaert），1996—2009年担任爱马仕集团CEO，本书是作者2009年从爱马仕离任后以日记体呈现的回忆录，《奢侈：爱马仕总裁回忆录》，广西师范大学出版社，2014年

崩溃了。

中国人学得很快，模仿、练习，同时对于奢侈品业无数的觊觎王位者来说还是氧气和利润之源，他们有能力成为我们的竞争者、我们的敌手。

我们是该对这个无限的市场和它所引发的焦虑衡量一番了。弗郎索瓦·于连[①]（Francois Jullien）向我们传授了中国思想，并重温了欧洲思想，让我们了解到中国的各种哲学，尤其是孔子的儒家思想。于连令我们注意到这个社会主义国家通过改革所获得的惊人成功。

实际上，中国是个稳定、有组织、有管控的国家，市场经济占主导地位，同时又带有极度的犬儒主义，这令那些甘冒风险的企业家们受益。

所有城市对于奢侈品牌来说都是开放的，而像北京、上海、广州这样的大都市，其潜力是无法估量的……

已有三十来个城市具备了我们品牌开设店铺的条件：大连、成都、杭州、天津、昆明、深圳、沈阳、西安、武汉、南京等——都能让客户信服，并将最出人意料的东西卖给中国人。

明天，或者10年以后，对于我们来说中国市场是否会完全等同于日本市场的重要性？

人们是否可以设想，中国人很快会成为法国奢侈品业最头等的客户？

官方预测宣布每年的增长率是9%，富裕人群的市场正在井喷。2007年已经有2亿中国人能够负担得起我们的产品。

我们的中国客户，他们在20到40岁之间，比世界上其他国家客户通常的平均年龄年轻得多。他们四处旅行，主要是男人们买东西，女性只有25%……

欧洲人、美国人，或者俄国人都已很懂我们产品的价值和特点，而中国人还在盲目消费，奢侈品对于他们来说尚属社会地位和商业成功的一种

---

① 弗郎索瓦·于连（Francois Jullien），法国当代哲学家、汉学家，多年来致力于通过中西文化互为中介的比较，重新思考中国及西方文化传统

象征。

“新富起来的人”想要向亲戚朋友炫耀，并在寻求一种承认中自我陶醉。中国是这样一个地方——在这里，对成功的追求是精神上最重要的东西。父母准备为他们的孩子付出一切。每个人都在向别人以及世人证明，他们是最棒的。在中国，成功就是要让人知道，让人看到。

市场开放了，奢侈品进来了，成了风景的一部分。中国人观察着，等待着，吃惊不已地看着国际品牌们互相打得不亦乐乎，无羞耻、无诚信、无法则地抢夺最首要的位置，占据最令人垂涎的空间。

他们也准备来扮演主角。

中国会是客户，但它也会是竞争者。

在北京、上海以及别处的艺术院校，学生们观察、练习、创制款式。他们在看，也在行动。

中国将成为奢侈品市场的关键角色。中国人不仅拥有制造技艺，他们还懂得创新和革新。

中国竞争者将会令人生畏。几年之后，中国人将会收购欧洲、美国的品牌，而且还将创造出新的品牌。

即使今天还很难想象中国的奢侈品牌，但我完全能遇见这一可能性，不认为内地在未来与我们比肩竞争的能力只是一种狂妄自大，或是头脑不清。我们面对的是奢侈品业最危险的角色，因为中国懂得什么都看，什么都做，什么都能弄明白。中国有时间。中国人拥有永恒。中国模式会一直令我们害怕，也会一直给我们以激励。

一个大市场？肯定的！

一种大危险？还要大！

一个黄金国？对！

一场梦魇？当然！

中国之马在飞奔，比巴塔巴斯想象中还要快，但有时候，在人们未曾预料之时，它会后腿直立起来。

而骑士可能就会摔下来，遍体鳞伤。

1998年，意大利的国宝级品牌乔治·阿玛尼（Giorgio Armani，以下简称阿玛尼）令国人将对穿着的要求提升到了一个新的高度。

优雅含蓄、大方简洁、做工考究，这个意大利式极简主义的典范品牌，独有“不喧哗、不夸张、不炫耀”的时装精髓，它推行拿捏精准、细腻和无尽的优雅，受到时装界的好评，“当你不知道穿什么的时候，穿阿玛尼就不会错！”

“我的设计遵循三个黄金原则：一是去掉任何不必要的东西；二是注重舒适；三是最华丽的东西实际上是最简单的。”这是（同名品牌创始人）乔治·阿玛尼先生的设计原则。

有同行这么评价他与他的服装：“他的女装款式的设计，的确有独到之处，无懈可击。他是时代的天才。”不是男女性别的截然划分，不是日装和晚装的严密分界，阿玛尼先生特立的风格、个性的色彩和文化冲突与交流造就的时髦，使他自20世纪80年代起就一直被认为是最有影响力的时装设计师。

1934年7月11日，阿玛尼先生出生在意大利米兰附近一座名叫皮亚琴察的小镇子上。少年时的他在当地公共学校读书期间，狂热地迷上了戏剧和电影。此后，为了顺从家人意愿，他只得放弃爱好，被迫进入米兰大学医学院。不过，由于晕血，他在医学院学习两年后还是中断了学业。

1957年，当他服兵役后，便到当时著名的拉瑞那斯堪特（La Rinascente）百货公司担当橱窗设计师（window dresser）。那段时间，他从印度、日本和美国购买优质产品，并通过举办展览，将外国文化介绍给意大利消费者，从此开始了他对流行时尚的接触。

1964年，从未受过正规培训的阿玛尼先生为尼诺·切瑞蒂（Nino Cerruti，被誉为“意大利时装之父”，1881年创立同名品牌 Cerruti）设计了一个男装系列。在好友塞尔焦·加莱奥蒂[①]（Sergio Galeotti）的鼓励下，他成为一名自由时装设计师和时装顾问，并在意大利时装界崭露头角。

1973 年，他在佛罗伦萨比蒂宫白厅举行的意大利时装会上推出的飞行员夹克大受好评。这种夹克把皮革当作普通布料使用，创新性地颠覆了当时的设计理念，并让他获得了“夹克衫之王”的美誉。

同年，塞尔焦·加莱奥蒂放弃了自己的建筑师本行，卖掉了他的汽车，微笑着对阿玛尼先生说：“用这些钱租两间房子，创立属于你的牌子吧！”两年之后的 1975 年 7 月 24 日，Giorgio Armani SpA（乔治·阿玛尼集团）公司及同名品牌正式诞生，主推高级男女时装。阿玛尼先生主理设计，塞尔焦负责经营管理。

公司成立之后，阿玛尼推出无线条、无结构的男式夹克，在时装界掀起了一场革命。它的设计轻松自然，在看似不经意的剪裁下隐约凸显人体的美感——以简单的轮廓、宽松的线条，改变了传统男性硬挺拘束的风格。既扬弃了 60 年代紧束男性身躯的乏味套装，也不同于当时流行的嬉皮风格。

随后，阿玛尼又推出了一款松散的女式夹克，采用传统男装的布料，与男夹克一样简单柔软，并透露些许男性威严，显示出强烈的中性风格。并且，阿玛尼先生与法国时装大师保罗·波列（Paul Poiret，他把妇女从紧身胸衣里解放出来，确定了欧洲现代服装的基调）和可可·香奈儿（Coco Chanel）一样，对女装款式进行了前所未有的大胆颠覆，从而使阿玛尼时装成为高级职业女性的最爱。值得一提的是，他的妹妹 Rosanna Armani 是意大利超模，她运用自己的影响力，令阿玛尼备受关注。

经过了六七十年代“嬉皮士”“朋克”的纷杂混乱、变幻莫测，当时的

---

① 塞尔焦·加莱奥蒂，男，建筑师。1966年与阿玛尼先生相识，二人成为事业上相互信任的伙伴。1985 年，因病去世，享年 40 岁。拥有顽强意志的阿玛尼先生，至今仍一人掌管公司，多年以后，当谈到今生的遗憾时，他说：“我最大的遗憾就是不能阻止加莱奥蒂死去。”

人们对光怪陆离的打扮方式心存倦意，而阿玛尼那种高雅简洁、庄重洒脱的服装风格，十足的意大利大家风范，恰好满足了人们新的时装需求，从而深受欢迎。

1980年，剪裁精巧的阿玛尼男女“权力套装（power suit）”问世，“权力套装”成为国际经济繁荣时代的一个象征——这种设计的灵感来自黄金时期的好莱坞，特点是宽肩和大翻领。同年，李察·基尔（Richard Tiffany Gere，曾获金球奖喜剧与音乐类最佳男主角奖）在《美国舞男》（*American Gigolo*）中，身着全套“权力套装”亮相。随着这部影片的大获成功，阿玛尼品牌给许多观众留下了深刻印象。

此后，阿玛尼先生开始了与影视明星的长期合作，甚至为此设计了大量戏剧和舞蹈服装。1982年，他成为自20世纪40年代克里斯汀·迪奥（Christian Dior）之后，第二个荣登美国《时代》杂志封面的时装设计师。

随着阿玛尼名气日盛、生意大好，开设第二条线——副线（second line），是再自然不过的事。1981年，“Emporio Armani”正式成立，并于米兰开设首间专门店。“Emporio”为意大利文，意思是“百货公司”。

从其名字可想象到“Emporio Armani”就是一间阿玛尼的百货公司，货品种类林林总总：有男装女装、鞋履、香水以及眼镜饰物等等。该品牌针对年轻人群，为爱阿玛尼但不喜欢穿成熟的主线（main line）的年轻人，提供了他们喜爱的生活百货——同样地设计精湛、质量优良，但价格却比主线便宜不少。

从一个产品，到一个帝国，集创意总监、集团CEO于一身的阿玛尼先生，开启了疯狂的“开挂模式”。至高峰时期，Giorgio Armani SpA旗下共拥有高级定制系列（Giorgio Armani Privé）、高级成衣系列（Giorgio Armani）、前卫都市系列（Emporio Armani）、都市成熟男女系列（Armani Collezioni）、年轻潮流系列（A|X Armani Exchange）、亲民牛仔系列（AJ Armani Jeans）、

童装系列（Armani Junior）、家居系列（Armani Casa）等数个品牌线[①]，甚至还将自己的商业帝国触角延伸到酒店、餐厅、夜店等。一个庞大的商业集团，在阿玛尼先生的指挥之下，有条不紊地运转着。

在商业帝国的缔造过程中，身为服装设计师的阿玛尼先生展现了其高超而智慧的商业天赋。在其品牌发展过程中，同行提炼并逐步模仿了他的四大绝招——

绝招一：名人营销。阿玛尼品牌并非一开始就位列顶尖品牌的行列。转折是在 1980 年，当年阿玛尼先生设计的“权力套装”（power suit）问世，为了将此设计向高端人群推广，他将此套服装提供给《美国舞男》的男主角李察·基尔。随着影片的大获成功，阿玛尼品牌也在好莱坞这个明星云集的城市受到追捧。

阿玛尼先生是第一位认识到名人市场潜力的现代服装设计师，但他从来不给未成名的明星设计服装。他的顾客主要是希望获得尊重的成名大腕，如莱昂纳多·迪卡普里奥（Leonardo DiCaprio，奥斯卡、金球奖最佳男主，成名作《泰坦尼克号》）、朱迪·福斯特（Jodie Foster，奥斯卡最佳女主，代表作《沉默的羔羊》）、格伦·克洛斯（Glenn Close，艾美奖、金球奖得主，代表作《致命诱惑》）、马克·沃尔伯格（Mark Wahlberg，奥斯卡、金球奖入围者，代表作《无间行者》）、瑞奇·马丁（Ricky Martin，美国最受欢迎的拉丁男歌星，代表作为 1998 世界杯主题曲“*The Cup of Life*”）等。

而近几年世界足坛明星也逐一走近了阿玛尼，贝克汉姆（英国）、罗纳尔多（巴西）、维埃里（意大利）、皮耶罗（意大利）、菲戈（葡萄牙）以及舍普琴科（乌克兰）等世界级足球巨星都是常客。

绝招二：收购与重组。1991 年，阿玛尼先生在洛杉矶设立了办事处，

① 因业务种类复杂，业务线之间的间隔不明确，让消费者难以形成忠诚的品牌认同，集团内部严重内耗，2017 年初做出调整，服装类只留下主线 Giorgio Armani、副线 Emporio Armani（含 EA7）和 A|X Armani Exchange

向名人出租服装，专门满足他们在服饰方面的奇思异想。为了稳固并发展品牌在高端市场取得的成就，设计师出身的阿玛尼先生在经营上做了很多举措。这些举措对在品牌管理、营销方式上面临困惑的其他同行也是一个借鉴——通过收购特许经营商和贴牌工厂，加强阿玛尼公司对制造和分销的控制。他坚持一条收购原则，那就是不收购其他品牌，以免无法融合或损坏阿玛尼品牌。

绝招三：加强终端控制。阿玛尼专卖店自 1975 年落户意大利米兰，1989 年进入伦敦市场，1991 年进入美国，1998 年来到中国，逐步在全球建立了上千家的各类专卖店，让消费者近距离地感受阿玛尼的品牌魅力。

绝招四：拓宽品牌线。自 1981 年试验性地推出“Emporio Armani”，首开品牌延伸的风气。随后，其他国际大牌纷纷仿效。阿玛尼先生意识到品牌拓展范围不够广，品牌生命力也就不能旺盛长久，只有从不同层面构筑产品金字塔，才能使品牌丰满有力。当然，品牌线广而不精也会适得其反。

2004 年 4 月 17 日，上海外滩三号的阿玛尼旗舰店（共计 1100 平方米）正式开门迎客，这是品牌迈进中国内地市场最有力的一步。同时，阿玛尼先生于14 日至21 日访问了北京、上海和中国香港，这是他的第一次中国之旅。

在这次历史性的旅程中，阿玛尼通过一场独家时装秀庆祝上海外滩的旗舰店开张；三天后在中国香港“Armani/Chater House”一周年庆典上举办第二场时装秀——这家面积达 3000 平方米的旗舰店，是仅次于米兰阿玛尼店的世界第二大旗舰店。

阿玛尼先生对首次中国之行评价道：“中国的文化和习俗总能成为我设计的灵感，对于这样一个世界上最具影响力的国家，这是一次迟到的访问。今天的上海已经成为当今世界最受关注的城市，我非常高兴能够在这样一个享有极高声望及重要地位的城市开设旗舰店。自从 1998 年阿玛尼集团在北京开设第一家零售店开始，2002 年我们在中国香港开设了 Armani/Chater House，现在我们又开设了位于上海外滩的 Armani/Three on the Bund 旗舰店，阿玛尼集团已经成功地在中国最重要的三个大城市建立了重要的零售点。这说明了我们将在中国这个快速增长的市场长期发展，并计划为旗下每个主要品牌和产品线建立广泛的分销和零售渠道。作为计划的一部分，我们希望在2008年前建立一个由20~30家独立店铺组成的网络，该网络将遍布中国最主要的城市。”

1998年，全球奢侈品集团巨头之一的Richemont SA（CFR.S）历峰集团收购了被誉为“中国第一个现代奢侈品牌”——“Shanghai Tang”（“上海滩”之粤语音译）的控股权（2008年完全收购）。

这个源自中国香港、创建于1994年的奢华品牌，最有名的产品是改良式现代旗袍、唐装、马褂。在“东风西渐”的大势下，打着“东方遇见西方”设计主题的“上海滩”为20世纪的东方风情添上现代元素，设计与包装别有东方情调。

它的创始人，是中国香港慈善家、商业巨子邓永锵（David Tang）。1954年，他出生在中国香港慈善世家，为九龙汽车有限公司联合创始人邓肇坚的长孙；13岁赴英国读书，就读于最著名寄宿学校Perse school，随后于伦敦大学取得哲学学士荣誉学位，后又在英国剑桥大学拿了法律硕士和哲学博士学位。

1983年，邓永锵受北京大学的聘请，来到北大教授哲学和英国文学，成为第一位在北京大学任教的中国香港人。其实，他来教书也有自己的目的。“我就是要广交朋友，你们这些人将来都是国家栋梁。北大每个月给我600元人民币的工资不高，我要的是给我一个宿舍，有落脚之处，跟人打交道。”

除此之外，他还是专栏作家，在著名的英国《金融时报》（*Financial Times*）开辟专栏，从社交礼仪，到文法造句，样样精通。后来他还将这些文章攒起来出了本书，叫《现代生活规则》（“Rules for Modern Life”），专门讲述现代社会社交礼仪，文风非常诙谐幽默。

富有的家室渊源与优异的教育背景，赋予了邓永锵得天独厚的社交优势。他不仅和撒切尔夫人（Margaret Hilda Thatcher，英国历史上首位女首相）、美国前总统克林顿（William Jefferson Clinton）等英美名流颇为亲近，而且多次和戴安娜王妃（Diana Spencer）、查尔斯王子等王室成员同框，2008年被英国女王授予爵级司令勋章（KBE），不少媒体称他为“英国王室的好朋友”。

凭借卓越的上流社会资源禀赋，“上海滩”的起步可谓高举高打。

一方面，是品质卓越的产品线。“上海滩”产品之设计理念是复兴中式传统并融合时代流行。从坐落于港岛的一间绚丽怀旧的艺术装修风格的门店开始，“上海滩”逐渐发展为充满中式时尚的现代生活方式品牌，门店遍布上海、纽约、巴黎、伦敦、东京、马德里等大城市。

来自东西方的国际设计师工作班底，致力于为顾客创造摩登、舒适、精致且富含中国元素的服饰系列，同时提供各种精美配饰和家装饰品。此外，“上海滩”更坚持用料上乘，从中国丝绸到蒙古羊毛绒，服饰中多采用各种华贵的天然面料。

另一方面，是星光闪耀的客户群。“上海滩”拥有众多名流客户群，皇室成员如查尔斯王子、戴安娜，政界人士如希拉里、撒切尔夫人，名模如娜奥米·坎贝尔（Naomi Campbell）、凯特·莫斯（Kate Moss），演艺界明星如安吉丽娜·朱莉（Angelina Jolie）、尼古拉斯·凯奇（Nicolas Cage）等，都是“上海滩”的忠实追随者。

众多的西方时尚人士都以拥有至少一件“上海滩”的经典上装——黑色丝绒面配以鲜艳真丝衬里的唐装（Tang Jacket），为时尚的符号。

为了更好地推广中式奢华生活方式，热情开朗的他还于1995年在北京创建了“中国会”（China Club）。

北京西绒线胡同51号，从外面看就是一座普通古宅。路过的人可能想象不到，在这扇安静的大门后面，完全是另一个世界。这里曾经是京城四大顶级会所之一的“中国会”，与长安俱乐部、京城俱乐部及美洲俱乐部齐名。而“中国会”，是最神秘的。

这个宅子最早是清朝的一个王府，新中国成立后被改造成四川饭店，被改造成“中国会”时，邓永锵花了 800 万美元做设计和装修，他寻回了很多王府旧物，房间里摆放的是古董真迹，就连院子里的花木山石也都十分考究。

“中国会”的建立，依赖的就是邓永锵强大的人脉圈子。英国前首相撒切尔夫人、法国前总统希拉克、美国前国务卿鲍威尔等，都曾是“中国会”的座上宾。除了北京，中国香港和新加坡的城市也有“中国会”，占据着当地上流社会之社交中心的地位（注：随着国家政策规定的出台，2015 年 10 月，北京“中国会”正式关闭）。

作为首个真正意义上拥有全球视野的中国奢侈品品牌，“上海滩”的创立，在东方风情与西方客户之间搭建了一座巧妙的桥梁。通过精湛工艺将一个伟大的千年文明国度的文化根基用风格格调和语义编码以当代的方式体现出来，这不仅俘获了众多西方国度时尚消费者的芳心，更是新一代华人充满自豪感地重新探索自身历史并将强烈的当代感融入其中的自信表现。

而历峰集团将“上海滩”收入囊中，或许不仅仅只是一门生意的考量，它在商业层面所折射出来的意义，或许是业界巨头对一个正在崛起的巨大市场的深度探索与超前布局。

1999

一场新中国的世界级亮相

1999年是世纪之交，新中国成立50周年。9月27–29日，中国上海国际会议中心，以“中国：未来的50年”为主题的第五届《财富》全球论坛揭幕。

由美国时代华纳（Time Warner）集团旗下的《财富》（*Fortune Magazine*）杂志创办的《财富》论坛是全球工商界领袖的高层次聚会。论坛创立于1995年，每16至18个月在全球选一个具有吸引力的“热门”地点举行一次，邀请全球跨国公司的主席、首席执行官、世界知名的政治家、政府官员和经济学者参加，共同探讨全球经济所面临的问题。

由于总能敏锐地察觉到世界经济的脉搏及动向，《财富》全球论坛被视为“把握世界经济走向最清晰和最直接的窗口”，与1954年推出的《财富》全球500强排行榜并称为《财富》杂志的两张超级“名片”。

《财富》全球论坛首次将一个国家的经济社会发展前景作为主题，这显示出中国未来的发展走向举世瞩目。这次由上海市政府承办的论坛规模大于以往任何一届，共有60多家跨国公司的300多名总裁、首席执行官、高层主管参加；中国有200多家企业与会，一批中外政要和专家学者也莅临演讲。与会的800多名代表讨论的议题包括中国国有企业改革、市场开放、知识产权保护、环境保护与可持续发展、电信业发展、科技教育、风险投资、证券市场发展等。

1999年是亚洲金融危机爆发的第三年，尽管中国加入WTO（世界贸易组织，World Trade Organization之简称）的谈判正艰难推进，但中国的发展依然一枝独秀——人民币没有贬值、金融体系保持稳定而经济保持高速增长。全球的工商界大佬纷纷来到中国探路：一方面是了解中国改革开放20年的成就，并了解未来10年、20年乃至更长时期中国的发展潜力；另一方面是希望跟中国的企业、市场进行交流并做出发展判断。

这是一个全球经济整合背景下发生的世界与中国的故事。这一届的《财富》论坛释放了21世纪最大的命题之一："中国重新看世界，以及世界重新看中国"。而与此呼应的是，《财富》全球论坛的主办方，事先制作了一个15秒的广告片，在美国各大电视台反复播放——它有一句响亮的广告词："欲独霸世界，先逐鹿中国！"

这场论坛的举办向世界宣示：中国的改革开放政策不会变，中国积极参与经济全球化的进程不会改变。这消除了国际社会对于中国的担心，也增强了外资进入中国的信心。

时任中国国家主席江泽民在开幕晚宴的致辞中强调："在即将跨入21世纪的时刻，展望未来50年的前景，我们充满信心。中国人民将继续坚定不移地走改革开放的道路。我们的目标是，到下个世纪中叶基本实现现代化，把我国建成富强民主文明的社会主义现代化国家，实现中华民族的伟大复兴。"

江泽民表示："今晚与会的各位企业家，都是你们所在行业的佼佼者，具有丰富的成功经验和战略眼光。你们把眼光投向中国，中国欢迎你们。中国的现代化建设需要你们的参与，中国的经济发展也将为你们提供巨大的机遇。我希望，中国的企业要学习外国企业的先进经验，走出去，在经济全球化的浪潮中经风雨见世面，增强自身的竞争力。中国政府将为来华投资的外国企业提供良好的条件，创造更好的环境。”

著名经济学家胡鞍钢（时任中国科学院与清华大学联合成立的国情研究中心主任）认为：“世界最大的资本主义国家的媒体自己花钱为世界最大的社会主义同时也是发展中国家做了有史以来最好的一次广告！这表明，中国在过去20年的改革发展取得了成功。我们把它称为‘成功的追赶模式’（catch up model）。首先，西方对中国成功的模式是认同的、认可的；其次，中国已经成为世界上最大的新兴市场。跨国公司要在成熟市场之外寻找新兴市场，作为它们未来发展的战略性市场，而中国就是他们最好的选择。”

这次论坛的举办，也引来了众多对中国的热议。

曾于20世纪70年代秘密访华，寻求美国与中国沟通渠道的美国前国务卿基辛格（Henry Alfred Kissinger）饱含深情地说道：“如果在70年代，有人预言中国会发展成现在这个样子，我会断然说‘不可能！’那时的上海，只有一家供外国人住的酒店，浦东也还只是一片农村。没想到在短短的20多年后，中国人就创造了奇迹，这充分显示了他们的胆识和勇气。”

在论坛演讲后的记者会上，中外记者纷纷就当时不甚明朗的中美关系发问。基辛格从容不迫地道出了自己的看法：“有人说我亲‘中’。我承认，我喜欢中国人，钦佩他们所取得的成就，也尊重他们的文化。”“中美两国建立战略性合作伙伴关系符合两国的根本利益，两国之间其实也不存在着根本的利害冲突。很多时候大家有不同的看法，主要是由文化差异造成的，这就需要两国领导人加强沟通。”

对于中国加入WTO问题，基辛格不无遗憾地指出，美国国内的一些政治因素，使本来可容易解决的事情变得复杂化了。他希望美国领导人明白，中国尽早加入世界贸易组织，对亚洲和世界的经济发展及和平稳定是“非常、非常”重要的。

新加坡内阁资政李光耀则在一个午餐会上发表以“中国经济巨人”为主

题的演讲时，把五十年后的中国描述成为一艘巨型的经济航空母舰，他指出："中国是世界上发展最快的国家，它的经济增长率在50年前是无法想象的。任何要预测中国未来五十年发展的人都不能忽视这一点。现在的中国人民正在享受着从未有过的自由和那样多的生活选择。"

《财富》全球论坛举办后，跨国公司落户上海的速度骤然加快。据有关方面统计，从1999年开始的一年多时间里，名列世界500强的跨国公司中，在上海投资、设立地区总部或者研发机构的就有70多家。

一位台商说："论坛后上海的投资门槛一下子就拉高了。原来一个上千万美金的项目可以在上海备受瞩目，在此之后，没有上亿美金的项目，你只能做一个普通的投资人——官员出席仪式、项目特批等这样的优惠条件想都不要想。"

之前，在相当长的一段时间内，浦东开发进行得并不顺利。不少公司的地产项目都经历了难产，最著名的是正大集团在浦东黄金地段的正大广场，从投资开发到最后落成长达10年，进展缓慢的关键原因便是基础建设不足，导致投资商缺乏信心。

到了1999年，内、外环高架，杨浦、南浦和卢浦大桥，地铁二号钱，浦东机场，世纪大道与浦东大道，金茂大厦等一系列大工程都已经或者接近完工。《财富》全球论坛的举办，给这座城市乃至这个国家带来了巨大的关注与信心；而这场论坛，也给21世纪的中国带来了一系列宏大或是微妙的改变——中国加入WTO，北京申奥成功，上海举办APEC会议（亚洲太平洋经济合作组织，Asia-Pacific Economic Cooperation之缩写），上海开始申办世博会……

"欲独霸世界，先逐鹿中国！"随之闻风而来的，是一大批跃跃欲试的奢侈品牌。在这个即将成为全球最大的奢侈品市场的国度，它们又将上演怎样的精彩故事？

2000—2002

业界标杆品牌涌入中国

2000 年，意大利奢华品牌范思哲（Versace）带着蛇妖美杜莎（Medusa）的致命吸引力，正式来到中国。

这个创立于 1978 年的年轻品牌，如天才般地横空出世，创造了一个独特的时尚帝国，它的时尚产品统领了生活的每个领域。其鲜明的设计风格，独特的美感，极强的先锋艺术表征，让它风靡全球。

范思哲的品牌标志是神话中的蛇妖美杜莎，代表着致命的吸引力。它的形象象征着范思哲超越了有着国粹之称的意大利歌剧的华丽魅惑，它出类拔萃地引领时尚先锋潮流的艺术特征更是倾倒了无数的狂热追捧者。它独特新颖的设计理念和家族式的品牌文化的奠基，让它从创建以来就在业界创造了经久不衰的发展传奇。

它的创建人名叫詹尼·范思哲（Gianni Versace），一位与同时代的乔治·阿玛尼（Giorgio Armani，同名品牌创始人）、瓦伦蒂诺（Valentino，同名品牌创始人，品牌中译“华伦天奴”）比肩的国宝级服装设计天才。

范思哲先生1946年12月2日出生于意大利雷焦卡拉布里亚（Reggio di Calabria，意大利南部港口城市）的一个小镇。母亲是一位出色的裁缝，曾经开过一间名为“巴黎时装店”的店铺。她可以不用任何纸样，只在布上标一些记号便可裁剪成衣。范思哲的家与母亲的作坊只有一墙之隔，他们三兄妹就是在这么一个充满服装气氛的环境下长大的。

童年的范思哲先生喜欢学做裙装以自娱。他曾回忆：“我就是在妈妈的熏陶下，从小培养出对缝制时装的兴趣。”9岁时，在母亲的帮助下他就设计了有生以来第一套礼服，一种用丝绒做的单肩礼服。上中学之后，他对于学校的课程并不感兴趣，中途辍学继续帮助母亲制作服装。

但小镇对成长中的他来说，舞台已经太小了。1972年，26岁的范思哲先生来到米兰学习建筑设计。

随后的一个偶然机会，他为佛罗伦萨一家时装生产商设计的针织服装系列畅销，使他们的生意额猛增了四倍！作为奖励，他获得了一辆名车。这次空前的成功使他放弃了所学的建筑业，成为他创业史上的第一个契机。于是，初尝胜利的范思哲先生一发不可收拾地全身心投入到了时装事业中。

1978年，范思哲先生推出他的首个女装成衣系列，并将第一间时装店筹备就绪，邀请学习商业管理专业的哥哥桑托·范思哲（Santo Versace）来帮助管理，范思哲品牌（公司）正式成立。1981年，他研发出第一瓶香水，邀请仍在佛罗伦萨读大学的妹妹多娜泰拉·范思哲（Donatella Versace）来做帮手。至此，范思哲的时装王国开始成形。

20世纪80年代，热爱音乐的范思哲先生看到摇滚音乐在青年中的影响正不断扩大，便抓住这一契机，与摇滚乐明星联合，推出了摇滚服，这是他事业的一个大转折。家乡的风景和文化传统为他成长为服装设计大师提供了坚实的基础——故乡有罗马、希腊古文化的遗址，社会风气中古典文化的影响很深，他将青少年时代所受到的艺术熏陶融入到了他的作品中。

他将希腊神话中的蛇发女妖美杜莎（Medusa）确定为品牌标志：美女的头发由一条条蛇组成，发尖是蛇的头。她代表着致命的吸引力，她以美貌诱人，见到她的人即刻化为石头。这种震慑力正是范思哲先生的追求，而这一品牌在随后的发展中，也一次次地展现了这种致命的吸引力。

1989 年，范思哲先生成立了一个培养“顶级模特”的部门。他把那些身材高挑、气质出众、极具潜力和符合品牌调性的模特收入麾下，经过精心培养，让她们在时装秀场的舞台上绽放光彩，并且把她们一手捧成能与电视电影明星地位相当的超级明星。

“在他之前，意大利没有时装，世界上没有超模。”这是业界对范思哲先生的赞誉。此前，各大品牌开时装秀时，通常只聘请一些临时模特走秀，但他改变了这一状况，为当时的时尚界输送了不少顶级超模。比如，被称为“超模界乔丹”的美国第一超模辛迪·克劳馥（Cindy Crawford）、掀起简约主义与病态美学的凯特·摩丝（Kate Moss）、第一位登上《时代》封面的黑人模特娜奥米·坎贝尔（Naomi Campbell）、20 世纪 90 年代“五大超模”之一的克莉丝蒂·杜灵顿（Christy Turlington）。超模将范思哲的衣服穿出了高级感，更确定了品牌在时尚圈的地位。

同年，他在巴黎开设高级定制时装店，推出“ Afelier Versace ”系列。这是他不满足称霸意大利而毅然决定打入法国高档时装界的第一步，此举顿时引发了意大利时装进军巴黎的风潮，而这一品牌也达到了设计巅峰。

范思哲的服装远没有看起来那么硬挺，以金属物品及闪光物装饰的女裤、皮革女装创造了一种介于女斗士与女妖之间的女性形象。绣花金属网眼结构织造是一种迪考（Deco）艺术的再现，丰富多样的包缠则使人联想起北非风情。

斜裁是范思哲设计有力而华贵的秘诀，宝石般的色彩，流畅的线条，通过斜裁而产生的不对称领有着无穷的魅力。采用豪华的面料，借助斜裁方式，在生硬的几何线条与柔和的身体曲线间巧妙过渡。

在男装上，范思哲服装也以皮革缠绕成衣，创造一种大胆、雄伟甚而有点放荡的廓形，而在尺寸上则略有宽松，使人感觉舒适，仍然使用倾斜及不对称的技巧。宽肩膀、微妙的细部处理暗示着某种科学幻想，业界称其为

“未来派设计”。线条对于范思哲服装是非常重要的，套装、裙子、大衣等都以线条为标志，性感地表达女性的身体。

1992 年，事业已渐入佳境的范思哲先生在美国迈阿密海滩度假——这是他最爱的城市，“迈阿密是最适合我的地方，一切都那么放松和自由。”他以 300 万美元的价格买下了一栋别墅以及与其相邻的地皮，并增加投资 3300 万美元增建了面积约 560 平方米的南侧建筑。豪宅俯瞰大海，设有 35 个房间，包括 10 间卧室和 11 个卫生间。每一间都有独特主题，用色大胆，墙壁、天花板、走廊等都贴有大量珍贵壁画和马赛克装饰，有非常典型的范思哲风格。庭院里还放有不少雕像，专门建的游泳池长 16 米，镶有马赛克和 24K 金瓷砖。

但这座令他放松的奢华行宫，却成了他生命的终结点。1997 年 7 月 15 日，范思哲先生在此别墅门前遭枪击身亡。杀死他的，是美国史上臭名昭著的连环杀人犯安德鲁·库南安（Andrew Cunanan）。此前，库南安已是一个身负三条人命的 FBI 通缉犯，但在此枪杀案八天之后，他在一艘游艇上吞枪自尽了，其杀害范思哲先生的真正目的也随之尘封。[①]

枪杀案震惊业界，一代设计大师溘然而去。挽救范思哲品牌帝国的，是其妹妹多娜泰拉·范思哲（Donatella Versace）。

事实上，早在 1993 年，范思哲先生就被查出患有耳道癌。回想起曾经有一位姐姐病故，使得他担心自己无法战胜病魔，所以患癌期间他便早早地立好了遗嘱。在范思哲先生的遗愿中，公司股份的 20% 留给妹妹多娜泰拉，30% 留给哥哥桑托，剩下的 50% 留给妹妹当时年仅 11 岁的女儿 Allegra。

多娜泰拉后来曾在采访中透露，“詹尼（哥哥）是我女儿的粉丝，经常管她叫‘我的小公主’，但他的遗愿却给我女儿带来了巨大的困扰，11 岁的

---

① 美剧《美国罪案故事：范思哲谋杀案》还原了这一事件。剧中范思哲的家，就是在现实中遇害的迈阿密豪宅拍摄，尽力还原了真实的场景。电视剧用倒叙手法，从范思哲遇刺逐步回忆，从他的辉煌时刻，讲到他的童年，让观者再度追忆大师短暂却灿烂的一生

孩子就要见诸报端头条——我不希望任何孩子这样。由于他将公司半数的股份转给了我女儿，那也意味着，在她成年之前，我必须被迫一直对公司负责。如果没有这个遗愿，我可能会在他去世后离开公司。”

就这样，1997 年成了范思哲品牌的转折点。

在范思哲最辉煌鼎盛的时候，1996 年整个集团的销售额便高达近 11 亿美元，并计划上市集资大展拳脚，一度（被认为）是全球市值最高的服装公司。然而随着范思哲先生被枪杀，其上市计划便一直搁置，在随后几年内还深陷亏损状态。

多娜泰拉担任了集团的创作总监，但推出的产品人气难与昔日范思哲先生时代比拟——毕竟他是天才艺术家，曾被媒体赞誉为“上帝派来凡间的设计师”；而多娜泰拉一直努力地做一个称职的设计师，坚守着范思哲的传统风格：鲜艳的色彩、图案和极端女性化的性感，并不乏摇滚乐的精神。

但不管她如何努力，即使强烈的色彩、性感的剪裁充分展现了范思哲的风格，甚至她领导下的范思哲广告也一如往昔般明星与超模云集，然而她就是欠缺像哥哥那样的一颗艺术之心与一双上帝之手。她的范思哲女郎看上去像是一个时髦的大都会女性或派对女王，并以她自己的性感女神形象为蓝本。

幸好，多娜泰拉依然不屈不挠地将家族事业进行下去。在她的带领下，范思哲“将奢侈风铺向整个生活”，在时装类拥有高级定制（Versace Afelier Couture）、高级时装（Versace）、高级成衣（Versace Collection）、综合系列，包括 Sports、Golf 等系列（Versace Jeans Couture）、年轻品牌（Versus）、童装品牌（Young Versace）等众多产品线；此外，还拥有家居类范思哲家居、香水类、腕表珠宝类等产品线。

值得一提的是，范思哲可以说是全球首家开设酒店的时装品牌！为了让客户有机会全面体验品牌所彰显的极尽高贵的生活时尚，享受独一无二的假期，首间 Palazzo Versace Luxury Hotels 酒店于 2000 年 9 月在澳大利亚黄金海岸隆重开幕。

酒店耗资2.5亿美元，混合了欧洲宫殿的华丽与罗马时代的古典建筑风格，恰如其主体“more is more”，极尽奢华之能事，以全球首家超五星级酒店的定位亮相，吸引着品牌崇拜者源源不断地来此一睹流金溢彩的装潢。

入住 Palazzo Versace，重点在于体验范思哲先生的生活态度，他在生前对以宏伟豪华见长的新古典建筑情有独钟。因此，酒店本身仿佛就是一件出自名师的华丽时装，从椅垫到床单、从杯盘到灯具、从瓷砖到浴缸……全都洋溢着范思哲赖以成名的花样繁复的装饰主义风格。无论灯座、床罩、椅垫甚至于浴室玻璃门，皆印有范思哲标志性的蛇妖美杜莎，全然秉承了范思哲先生毕生所追求的美学品位。

2000年9月，范思哲首次进驻中国，不仅为中国女性带来全新的时尚概念，更令中国现代女性的生活更加多姿多彩。

而在6年之后，多娜泰拉在时任集团CEO Giancarlo Di Risio先生的陪同下，方才首次到访中国，并在北京、上海、中国香港进行巡回访问。

这次中国之行令她难掩兴奋，“我记得范思哲的第一个产品发布会是在北京饭店，这是一个历史性的发布。我刚抵达北京后就游览了天安门和故宫等著名景点，对中国博大精深的文化由衷地敬佩。这次中国之行，增强了我们开拓中国市场的决心。目前范思哲在北京、上海、中国香港、广州、南京等地共有5家店，2007年是我们在中国加大市场投放的一年，预计再增加投资9个店，达到14家直属专门店的规模。”

为什么会忽然加大对华的销售战略？多娜泰拉显得踌躇满志：“对任何一个品牌来说，市场都是非常重要的，尤其在亚洲范围内，中国的市场是最大的。再过5年，中国将成为亚洲最大的奢侈品市场。尽管奢侈品的营销在中国市场还不是很成熟，但想要引导消费者行为，就要看清一个大形势。”

2000年，江诗丹顿（Vacheron Constantin）在北京王府井大街新东安市场开设了它在中国的第一家专卖店。这个世界上（现存）最古老的钟表制造厂创造了一个独特的钟表世界；而它的到来，也让中国消费者见识了一个全新的钟表世界。

历史悠久的江诗丹顿，有着跨越三个世纪的制表经验，本着“最小批量，最优质量，最高卖价”的经营战略。如今，江诗丹顿在瑞士日内瓦（Geneva）的工厂钟表年产量不超过20000只。自1840年起，每只手表的生产图纸、记录、销售日期及机芯表壳编号等资料，都完整无缺地保留在公司的档案柜中。

超群的技术，严格的测试，精湛的工艺与完美的造型结合在一起，江诗丹顿创造出一个又一个令人赞叹不已、极富收藏价值的经典传奇之作。在漫长的制表岁月中经久不衰，成为名贵典雅的象征。

它的故事，源自遥远的1755年；而它与中华民族的故事，同样源远流长。

1755年9月17日，24岁的才华横溢的钟表匠琼－马尔科·瓦舍龙（Jean–Marc Vacheron，以下简称琼－马尔科）在日内瓦市中心创立自己的首间钟表工作室。

琼－马尔科对人类文化充满好奇与热诚，秉承开放态度不断钻研制表工艺，因而成为一位卓越的独立钟表匠——“阁楼工匠”（Cabinotiers，位于阁楼工作坊的工艺师，代表了行业最高水准）。他所创制的精美时计（钟表），令他蜚声国际；同时，他不断发掘其他有潜质的钟表匠，将自己对追求完美艺术之锲而不舍的精神与技术传授给他们。

1785年，琼－马尔科之子Abraham Vacheron接管了制表工坊，继而，他又效法父亲，在1810年，将制表技术及家族企业都传授给自己的儿子Jacques Barthélémi Vacheron。“富三代”接班，往往决定了家族企业的最终走向，很幸运的是，Jacques将它打造出了现代企业的雏形。

19世纪上半叶，得益于两位天才人物的加入，这家家族企业开始步入伟大之列。

1819年，经验丰富的商人弗朗索瓦·江诗丹顿（François Constantin）加入公司，并将公司名更改为“Vacheron Constantin”（两人姓氏之合称）。

江诗丹顿开始追求完美的技术细节与精美的外观设计之间的和谐统一。凭着其对市场敏锐的触角和坚定的信念，弗朗索瓦将钟表卖到了欧洲的每一个角落，不断为设计精巧及优质的钟表时计开辟新市场。

而 1839 年机械工程师 Georges–Auguste Leschot 的加入（担任公司技术总监），则令江诗丹顿的技术创新产生了革命性的飞跃，并自此改写了整个钟表界的历史。

他不仅是一位机械天才，更拥有非凡远见和丰富的想象力。他设计出首个可以重复及大量生产多种钟表零件的仪器——“pantograph”，为整个瑞士制表业带来突破性的效率变革。在此之前，钟表机芯均由人手独立制作的零件组成，而每个零件的手工因为有所不同，导致机芯零件之间不可互相替换。Georges 的这项革命性的发明改变了整个制表工序——他开创了零部件生产的标准化，由此大大缩短了制表时间，提高了制表效率。

1880 年，江诗丹顿正式将“马耳他十字”标志注册成为公司商标。“马耳他十字”原是机芯内的发条盒盖上方的小零件，它的作用是防止发条匣被过度上链从而使时计运作更加准确。它的寓意，正呼应了弗朗索瓦充满理想和激情的格言——“全力以赴，精益求精”（Do better if possible，and it is always possible）。

1901 年，江诗丹顿首次获得卓尔不群的日内瓦印记。日内瓦印记（Poinçon de Genève）诞生于 1886 年，旨在确保时计的原产地、优质工艺、耐久性及钟表专业技艺拥有卓越水平。随着时间的推移，日内瓦印记不断修订并增强其严苛基准，迎合日新月异的技术标准。获得日内瓦印记认证，意味着江诗丹顿跻身极少数具有完全资格的钟表制造商之列，向卓越品质之路迈进！

在随后的岁月里，从陀飞轮、双地时区、月相、动力储存、计时码表和镂空机芯等卓越制表工艺，到珐琅彩绘、珠宝镶嵌、手工雕花零件等巧夺天工的精湛手艺，无一不彰显着江诗丹顿在高级钟表界卓越的先驱地位。江诗丹顿缔造了众多兼具精致美学设计与完美机械构造的时计杰作！

而它与中华民族的渊源，则是另一段佳话。

江诗丹顿成立的1755年，正是清乾隆二十年。当时执政的乾隆皇帝，像他爷爷康熙一样，也是一位狂热的钟表爱好者，收藏了许多从西方进口而来的各类钟表。由于当时的中国采用十二时辰制的时间体系，西方钟表并不适合于计算中国的历法时间，因此皇室贵族的成员只是将钟表看作是奇巧有趣的玩意，随身携带作把玩之用。

虽然在江诗丹顿的文献中没有记录品牌与中国展开贸易往来的确切时间，但是在著名制表历史学家Alfred Chapuis 1919年出版的《中国腕表》（*Chinese Watches*）一书中，明确记载了江诗丹顿与中国市场的渊源最早可追溯至19世纪。

1845年，江诗丹顿与中国市场的一次商业合作被首次载入史籍，当时江诗丹顿向中国运送一批样表。两个月后，公司接到一封由广东寄来的信——乾隆二十二年（1757年），清政府以为“天朝物产丰盈，无所不有，无须与外国互通有无”，遂下令关闭沿海其他口岸，只留广州一个口岸对外通商，并以《防夷规条》限制外国人在华的活动——信上除了标明时间1845年10月30日外，还明确说明：“目前这里还没有钟表市场”。

接获此消息后，江诗丹顿并未推迟开拓庞大中国市场的计划，而是依然与中国保持着商贸关系，将一些优质的钟表输入中国。

第二年，江诗丹顿向广东的Duval先生运送了33对腕表（中国传统的把玩物件都是以“对”呈现的），目的是协助他对本地及中国潜在钟表市场的发展契机进行评估。从Duval先生由广东寄来的信中可以了解到当时中国的一些传统习俗，以及他对腕表设计的一些建议，比如配上中国式的数字及时间计算方法。今天，在江诗丹顿的历史资料库中依稀能找到含有中国元素的腕表资料，包括以中国水墨画为设计蓝本的表盘资料。

同样是在1846年，道光皇帝时期，虽然在中国的土地上爆发了第一次鸦片战争，但奢靡的清朝皇室依然向江诗丹顿订购了珐琅怀表，其中一只是镶以天然珍珠的黄金表款，出色的珐琅绘画表现了两只白鸽在多种彩色花卉中的场景，令人叹为观止。1862 年，清朝的第八任皇帝——同治登基，3 年之后，清朝皇室又一次向江诗丹顿订购了一只镶嵌钻石的蓝色珐琅怀表，而此时的江诗丹顿已经发展了 110 年。[①]

时光快进至 2004 年 9 月，江诗丹顿参加了由历峰集团（所属集团）在北京紫禁城太庙内举办的“钟表奇迹”展览会。那里曾经是大清王朝祭祀祖宗的宫殿，故历峰集团特别邀请爱新觉罗·溥任（中国末代皇帝溥仪的胞弟）题写了“钟表奇迹”四个字。江诗丹顿前行政总裁 Mr.Claude-Daniel Proellochs 将一只具有日内瓦印记的“Patrimony”超薄机械腕表赠送给了溥任。

2006 年 8 月，江诗丹顿在北京中华世纪坛举办了“江诗丹顿中国古董钟表巡展”，这是该品牌在全球首次举办规模如此盛大的古董钟表展示活动，陈列在最佳中心位置的是 15 枚“以中国元素为灵感设计或者专为当时的中国皇族而特别定制”的钟表。

时任江诗丹顿产品开发部总监 Christian Selmoni 介绍，他也很难辨别清楚这些古董表的设计中哪些是明确的中国风格，哪些是来自日本等其他亚洲国家的设计元素。不过，江诗丹顿博物馆里一些定制一对钟表的古老订单，至少能够清楚地证明江诗丹顿和中国市场之间久远的关系。

自 2000 年 10 月在北京开设第一家专卖店（新东安市场）开始，江诗丹顿以每年新增一家的速度，陆续在大连、上海、中国香港、宁波、鞍山、成都、杭州等地开设专卖店，并于 2008 年 1 月开设其在北京的第二家专卖店——东方广场新天地专卖店。

这是其在中国的第九家、全球的第十七家专卖店，江诗丹顿在中国的专卖店数量占据了其全球专卖店总数的半壁江山，足见江诗丹顿对中国市场的信心。而这份信心，不仅来源于道光时期的源远流长，更来自当下中国市场的强劲消费力。

---

① 刘文丽：《江诗丹顿与中国的不解情缘》，《理财周报》，2012 年 10 月

售价从10万元起步的昂贵腕表，在城镇居民年人均可支配收入仅为6280元的2000年，是如何使江诗丹顿发展起来的？

事实上，江诗丹顿进入中国后，针对中国文化和价值观进行了研究。它看到了中国文化中推崇物质极致之美的审美情趣，也看到了不利于其发展的思想观念——比如勤俭节约的传统美德。由于历史原因，国人对奢侈品总有很多负面看法，勤俭节约的观念根深蒂固，奢靡之风绝不可取。

于是，江诗丹顿开展了“低调地华丽”策略。江诗丹顿的产品目录册上印着“光而不耀”——出自《老子·德经·第五十八章》。江诗丹顿的解释十分精彩：“我们之所以会选用‘光而不耀’，正是由于江诗丹顿的企业文化、制表理念与中国古代思想家老子的这句话非常接近。江诗丹顿的创始人不但是优秀的制表师，同时更是杰出的思想家、哲学家。江诗丹顿的产品虽然是顶级的，但它却是一个谦逊的、低调的品牌，我们希望通过自己的作品体现出一种文化的内涵以及精益求精的制表精神，并非是作炫耀之用。”于是，江诗丹顿在彰显和低调中找到了平衡点，深得中国消费者之心。

同时，江诗丹顿在设计上也融入了中国文化。比如在2004年，恰逢郑和下西洋600周年，江诗丹顿以此为创作灵感，糅合了最精湛和最富创意的高级制表技术缔造了Patrimony探险家系列的“郑和”款，珐琅釉彩表盘上的郑和七次下西洋航行路线图气势恢宏，重现了郑和走向世界、不畏艰险、勇于探索的开拓精神，纪念了中国人在世界航海历史上的贡献。

江诗丹顿对中国历史表现出的尊重赢得了国人的好感，而这份好感，也源源不断地为江诗丹顿刷新了勇创新高的销售业绩。

2000年，湾流（Gulfstream）飞入中国——作为世界上生产豪华、大型公务机的著名厂商，它的到来，是否为时过早？

在更早的1996年10月4日，湾流就在北京举行了记者招待会，公司副总裁布赖恩·摩斯（Brian Moses）在会上介绍了公司的发展，并宣布了湾流公司进军中国市场的策略性计划。

它的全称为湾流宇航公司（Gulfstream Aerospace），1999年由美国通用动力公司（General Dynamics）完全收购，其主要产品为“湾流”系列飞机。它的历史并不漫长——1958年，公司前身格鲁曼飞机公司（Grumman）推出专为商务应用设计的第一架公务机“湾流Ⅰ”；1966年，“湾流Ⅱ”创立了大型座舱公务机市场。1973年，阿伦·保尔森（Allen Paulson）以200万美元从格鲁曼公司购买了湾流飞机的生产线并接管了湾流各项计划，湾流公司正式诞生。随后湾流公司先后研制生产了“湾流”Ⅲ、Ⅳ、Ⅴ型公务机。

2001年6月，通用动力公司控股银河宇航公司（前身为以色列飞机工业公司，1997年在美国支持下成立）后，将该公司的银河（GALAXY）、阿斯特拉（ASTRA）公务机加入湾流系列并重新命名为湾流100/200，加大了湾流公务机的规模。

2002年9月，湾流对旗下公务机系列名称进行调整，用阿拉伯数字取代罗马数字，对湾流Ⅳ和湾流Ⅴ系列分别重新命名为G300、G400、G500、G550；随后，湾流公司对旗下公务机系列进行全面的改进设计，使用先进的电子设备和高性能发动机，加宽机身，提高客舱舒适度，在G100/200基础上研制生产G150/G250新型中程公务机；在G300/400基础上研制生产G350/G450新型中远程公务机；在G500/550基础上研制生产G650新型超远型公务机。

至此，一个被广泛应用于民用、商业、政府机构、私人、军用等各个领域的超级飞机制造公司正式成型。据统计，美国《财富》（*FORTUNE*）全球500强中有超过1/4的公司使用湾流公务机。

如果说“时间就是金钱”，那么湾流的存在，会让你重新理解财富的定义——接近音速飞行的飞机，其速度是其他传统的商务机所望尘莫及的；拥有本级别飞机中最大、最舒适的座舱，令每一次飞行都是一次享受；甚至还配备了厨房、独立通风的洗手间、全套厨房和吧台，以及多种娱乐设计，包括卫星电话、无线互联网，为乘客提供丰富多彩的飞行环境。

在沉稳中创新，在专业上执着，时间的积累和沉淀成就了湾流现今的地位。更快的飞行速度、更远的飞行距离、更大的舒适座舱、更多的娱乐功能、更好的生活设施，使湾流几乎成了豪华私人飞机的代名词，它不仅仅是业内称呼的“空中地产”，更是世人眼中奢华的“移动行宫”。

而2000年的中国经济，又是一番怎样的景象呢？据国家统计局数据显示，当年国内生产总值为10.03万亿元，人均国内生产总值为7942元；城镇居民年人均可支配收入为6280元。

这些动辄数百万甚至数千万美元价值的私人飞机，会有多少国人能消费得起？我们换个视角，从另一个榜单来解读。

1999年，一位在全球五大会计师事务所之一的安达信（2002年因安然事件倒闭）上海分公司工作的名为“胡润”的英国年轻人，利用业余时间和假期，查阅了100多份报纸杂志及上市公司的公告报表，凭着兴趣与职业特长，经历了几个月的折腾，排出了新中国第一份与国际接轨的财富排行榜。

为了让更多人知道这样一份榜单，胡润给《金融时报》（*Financial Times*）、《经济学人》（*The Economist*）、《商业周刊》（*Businessweek*）、《福布斯》（*Forbes*）等全球知名的专业财经媒体发去了传真，希望可以刊登此榜单。当时的西方媒体从未刊登过来自中国的财富排名榜——以共产国际为最高理想的社会主义国家，怎么会有大资本家呢？但最终，《福布斯》答应了胡润的请求。

就这样，胡润敢为人先地以实证调查的方式，力求精确地概括中国富人的财富状况，并将之作为整个中国经济发展和财富积累的缩影；他成为“以排行榜的结构与方式描述富人”的第一人，在中国掀动社会各界对富人的广泛关注。他无意中架设起了一座中国人对一个群体（富豪）认知的独特桥梁，甚至是世界对中国这一特殊群体的认知桥梁。

在首次发布的1999年榜单中，原国家副主席、中华全国工商联主席、中信集团创始人荣毅仁（时年83岁）以80亿元的财富位列榜首，而当年榜单（50人）的入围门槛为人民币5000万元；到了2000年，荣毅仁以150亿元的身家蝉联榜首，而榜单（50人）的入围门槛则提升至了3.5亿元；至

2001 年，来自四川的刘永行、刘永好兄弟（新希望集团联合创始人）以 83 亿元的财富位列榜首，榜单规模扩大至 100 人（首次百富榜），但入围门槛却攀升至了 5 亿元人民币！

令人咂舌的财富积累速度，不但印证着中国这一庞大国度的迅速崛起，更因不断涌现的数量急剧扩大的财富人群而吸引着西方各大奢侈品牌的关注！而位列价格排行榜顶端的私人飞机制造商们，更是开始了对中国市场的提前布局。

提到中国私人飞机的发展史，不得不提一位代表人物——被誉为“中国第一私人飞机顾问”的杨笑侬。这位生于 1971 年的长沙人，创造了新中国私人飞机史上的两个“第一”——1997 年，中国第一次实现了公司购买私人飞机；2004 年，中国第一架真正意义上的私人飞机上天。

1990 年 7 月，从中国民航学院航空电子工程专业毕业后被分配至南航集团湖南公司的杨笑侬，由于所做的工作牵涉飞机的各个部位，渐渐地，他对飞机上的每一个零部件都摸得非常清楚。因专业知识扎实过硬，他随后担任组长，主持翻译波音 737-500 型飞机电子维修训练手册，并兼任电子改装学习班教员，获得了一般人很难拿到的中国民航飞机维修 AV 执照。

时光快进至 1996 年 8 月，中国民航总局允许进行“私人飞行执照”培训。1997 年，首度放开对公民申请私人飞行驾照的限制，民航总局首次允许公民考取私人飞机驾照。这意味着一个新时代的来临！

远大集团[①] 总裁张跃考取国内首张私人飞机驾照后，（1997 年）从国外购得塞斯那（Cessna）喷气式公务机和贝尔（Bell）206 直升机各一架，但滞留广州两个多月，无法飞到长沙。原因是进口飞机须通过民航总局等部门的审批才能入关。按照规定，“除了购机许可以外，飞机飞行之前要办理国

① 远大集团总部位于湖南长沙，这里诞生了中国第一台直燃式非电空调、全球第一台发电尾气非电空调、洁净新风机、工厂化可持续建筑等数十项影响世界的科技发明，2002 年位列中国民营企业纳税额第一

籍登记证、适航证、电台执照，以及飞行员、维修人员的机型执照，维修单位许可证”等，而远大集团根本不知道该如何办理这些手续。

毛遂自荐的杨笑侬出现了。从事航空管理的他深知，尽管国家放开了公民申请私人飞行驾照的限制，但要让私人飞机顺利翱翔于蓝天，还要经过驾驶员培训、飞行驾照的申请和考核、资格申办、飞行线路申请等大量繁复的手续，另外还要具备飞机的日常保养和维护能力——仅仅只是看起来最简单的购买飞机，即使是从事航空工作的专业人士，也大多并不知道其方法和行情。

头脑敏锐的杨笑侬立即意识到，这将是一个绝好的商机。如果自己辞职出来，专门给那些想购买私人飞机的富豪们当“私人飞机顾问”，指导他们如何操作，提供相关服务的同时从中赚取佣金，岂不是一桩好生意？

仅仅花了半个多月，杨笑侬就帮远大集团拿到了两架飞机的批文。张跃购买飞机的举动，一度引起国内外媒体的轰动。只有西方大资本家才有资格享用的私人飞机竟然被古老而落后的社会主义国家的商人购买了，这一强烈反差所带来的冲击，令西方各界惊诧不已。

随后，27 岁的杨笑侬被任命为远大集团航空部部长，负责人员培训、飞行调度和日常养护等工作。在远大集团工作期间，他又先后帮公司买了 5 架飞机。此外，他还帮海尔、春兰等公司买过飞机。

到了 2003 年，上海商人李林海找到杨笑侬，透露自己从小就渴望飞上蓝天，很想买一架直升机，却又不知如何操作，遂将买飞机的事全权委托给他。

既然深得客户信任，杨笑侬马上按程序向有关部门写了申请报告。但在当时，以私人名义（张跃是以公司名义）申请购买飞机在国内从未有过。面对他的报告，民航部门无法做出答复，为此还专门派人到国外进行了考察，最终在 11 月回函表示同意。

他当时购买的是罗宾逊（Robinson）R-44 四座直升机，这是一款全球畅销的机型，交易总价为 400 万元人民币。杨笑侬委托专门机构进行拆卸，用集装箱将飞机从洛杉矶运回上海。

但他要做的事远没有结束：先到中国海关办理注册，缴纳2%的关税及17%的增值税；完成这些手续后，把飞机组装好，再到民航部门申请适航证、电台执照、国籍登记证（这三证相当于国人的身份证，若没有，则为“黑户”）。

花了半年多时间办理完这一系列复杂的程序，飞机终于出现在了李林海面前。看着这架已经属于自己的直升机，李林海有一种说不出的喜悦……2004年5月16日15时30分，他轻轻一拉操纵杆，10余米长的螺旋桨快速转动起来。几分钟后，这架1吨重的黑色直升机，就在天空中划出了自己的轨迹。

一群空中“交警”在仪器前紧盯着这架直升机的走向，他们通过无线电波指挥飞机从上海龙华机场起飞。“林海7063，我雷达看到，可以起飞，航向直飞，保持高度！”这是李林海生命里的第一次，也是中国私人航空史上（低空飞行）的第一次。

2006年，杨笑侬成立了长沙通联航空技术有限公司（更早之前创建了中国通用航空网），并成为美国公务航空协会终身会员，专门为企业和个人客户提供飞机咨询和采购服务。他认为中国私人飞机行业发展缓慢的一个原因是专业人士太少，所以他通过网站等渠道撰写了大量关于私人飞机的文章，包括飞机选购（主要有两大类型：一类是大型喷气公务机，品牌包括湾流、空中客车、庞巴迪等；另一类是直升机，例如罗宾逊、贝尔等）、成交价格、证照申请、飞行事宜、维护保养、飞行员培训考核等内容。

但与找他咨询的老板越来越多形成鲜明对比的是，通过他代购的飞机数量却不见涨。由于审批繁琐和严格管制，私人飞机在中国发展得非常缓慢。

尽管在2003年5月1日，国务院、中央军委颁布《通用航空飞行管制条例》，首次允许私人飞机上天，但现实并不如想象美好——2006年，义乌“相框大王”王斌花费1800万元买了一架直升机，本意是为做生意更方便。

“但一年里只在义乌和东阳上空飞过几圈。审批手续繁杂，飞机飞不起来，每年还得缴纳 400 万元托管费。”于是，他选择了低价转让。

繁琐的审批程序贯穿购机、申请“三证”、建小型机场、空中管制等各方面，而且飞机每次飞行前，都必须向有关空管部门申请飞行计划和空域的许可。“审批很繁琐及费时，这就失去了购买飞机所追求的自由意义。”杨笑依透露，“从购买到每次使用，各环节都要审批，且涉及政府和军队，像这样的行业，全国可能仅此一个。”

但这些难题并未阻挡行业的顽强发展。2003 年，飞机零部件供应商霍尼韦尔（Honeywell）预测，未来两年新型商用飞机的全球需求将不断增长，预计到 2006 年或 2007 年创下历史最高点，交货量达到 850 架左右。

而在这些乐观的预测中，中国是最被看好的市场之一。湾流宇航公司国际销售高级区域副总裁罗杰·斯伯里（Roger Sperry）在2000年就到过中国，那时中国的公务航空市场都还未曾出现，而随后中国市场的发展却让他叹为观止。

据数据反馈，2008 年前中国只有 5 架湾流飞机，而在接下来的 5 年内，中国共有 60 多架湾流飞机投入运行，可见其市场发展速度之快！湾流此前对中国进行的大量投资是有效的——它不仅在北京设立了一个销售办事处和一个备件仓库，还与海航集团合作在北京首都机场开办了以湾流北京命名的、全国首个公务机维修服务中心。

而除了湾流之外，波音、空客、庞巴迪等飞机制造公司也纷纷来华开拓市场。有行业研究报告称，中国包括私人飞机在内的通用航空业有着巨大的发展空间，将形成人民币 1 万亿元以上的巨大市场容量；且大部分飞机制造公司都乐观预计，中国将成为 21 世纪世界上最大的私人飞机消费国。

2001 年，蒂芙尼（Tiffany）在北京王府饭店开启了其在中国的第一家门店。作为美国设计的象征，它以钻石和银制品著称于世，被誉为“珠宝界的皇后”，以爱与美、浪漫和梦想为主题而风靡了近两个世纪；以充满官能的美和柔软纤细的感性满足了世界上所有女性的幻想和欲望。

蒂芙尼的历史得追溯至1837年，查尔斯·路易斯·蒂芙尼（Charles Lewis Tiffany）和他的合作伙伴约翰·扬（John Young）在纽约百老汇大街上开设了第一家饰品店 Tiffany & Young。最初它只是一家很小的文具饰品店（开业第一天的总营业额是4.98美元），但查尔斯先生可不这么认为——他酷爱钻石和珠宝，对这些大自然与人类的艺术品十分痴迷，他的理想就是将蒂芙尼打造成世界级的珠宝品牌。

当时，美国作为一个新兴国家（建国于1776年），人民刚刚富足，他们崇尚古老的欧洲文明——在当时，欧洲宫廷的王室珠宝品质优良，乃珠宝界中的精品。日渐富裕的美国人渴望拥有象征上流社会的王室珠宝作为对自己价值的肯定，以此来表明自己新的经济和社会地位；但与此同时，他们又渴望在各个领域建立起属于美国人自己的标志，从而得到世界的肯定。

正是对这种社会心态的精准把握，查尔斯先生广开门路，大范围搜集和学习欧洲贵族的珠宝产品及设计，并加入了自己的独特设计理念，从而迈开了他伟大梦想的第一步。

出乎所有人意料的是，蒂芙尼在它创办的第一年里，便迅速在美国本土走红。它的银制餐具和饰品很快被美国的上流阶层接受。

1845年，蒂芙尼首次发行了商品目录（Blue Book），这是美国历史上第一本直邮目录（DM）。目录仅收录极少数真正顶级的高级珠宝杰作，而这些代表了当年极致优雅和美轮美奂的设计作品，成为珠宝收藏家和鉴赏家梦寐以求的珍品。

1848年，当时的法国国王路易·菲利普（Louis Philippe，当年逊位的末代国王）被迫退位，查尔斯先生从逃亡的皇室贵族手里购得多件珍贵宝石，带回美国后成为第一批在美国面世的顶级名钻。举国精英阶层首次得以在国内购买大件珠宝首饰，蒂芙尼由此成为选购钻石的知名场所。

1851年，蒂芙尼是美国首家制定925纯银标准的公司，该标准随后被美国正式通过并采用；1866年，蒂芙尼推出美国第一款计时码表——“the

Tiffany Timer"，并于两年后开始设计制造黄金时尚珠宝，为美国人带来奢华体验。

1870 年，巴黎世界博览会，蒂芙尼崭露头角便获得全球瞩目，为美国夺得首次颁予法国以外国家的银器制造冠军；紧接着，它由第二代接班人路易斯·康福特·蒂芙尼（Louis Comfort Tiffany，查尔斯的儿子）领军积极参与各大世界盛会，并夺下了多项金牌。

路易斯还成为蒂芙尼历史上第一位官方设计总监，且还是新艺术运动中富有影响力的重要人物，他的色彩缤纷而崇尚自然的美学至今仍是蒂芙尼设计师的重要灵感来源。

1878 年，查尔斯先生在南非甘巴利矿石场以 18000 美元买下了一颗重达 287 克拉的黄钻，这是全世界最大最完美的黄钻石。后来，经宝石专家 George Frederick Kunz 监督切割——能折射任意角度的光线，使这枚黄钻彻底释放它如火焰般浓炽的光芒，最终成品为罕见的 90 刻面钻石，重 128 克拉，被命名为"蒂芙尼钻石"（Tiffany Diamond）。这完美传达了蒂芙尼一直秉承的原则——"不为重量，只为璀璨。"

1885 年，蒂芙尼重新设计了美国国玺，它出现在现今的美元钞票上，让每个人都能在钱夹里携带蒂芙尼的设计。

1886 年，蒂芙尼推出了传奇性的钻石系列——Setting 系列钻戒。它的六爪铂金设计将钻石镶在戒环上，最大限度地衬托出了钻石，使其光芒得以全方位折射。"六爪镶嵌法"面世后，立刻成为订婚钻戒镶嵌的国际标准。同一年，蒂芙尼在伦敦的 Old Bond 街开设了一家分店，正式开拓欧洲市场。由此，蒂芙尼逐渐成为能与欧洲名贵珠宝抗衡的美国品牌。

1887 年春天，查尔斯先生收购了大量的法国皇室珠宝（French Crown Jewels），轰动全球。

到 19 世纪末，蒂芙尼的实力已经与欧洲名贵珠宝商不相上下。查尔斯先生被誉为"钻石之王"，这个美誉一直流传至今，铸就蒂芙尼无可撼动的钻石权威地位。

不同于欧洲珠宝的繁复与华贵，蒂芙尼处处象征着美国精神。查尔斯先生早年就为品牌定下了一条信念：“大自然是我们最伟大的设计师。”由此，蒂芙尼以具有大自然般原始的美，加上极简风格的设计，瞬间便唤醒了人们心底最原始、最纯净的爱意与美好。它的顾客中有大量各界名流，包括英国维多利亚女王、意大利国王以及丹麦、比利时、希腊和美国众多名声显赫的百万富翁。

1940 年，蒂芙尼旗舰店于纽约第五大道与 57 街交界处开业，并将这一区域带动为纽约的高端购物胜地，至今仍是众多消费者心目中的品牌圣殿。

真正让蒂芙尼广为人知的，是 1961 年的电影《蒂芙尼的早餐》（*Breakfast at Tiffany's*）。著名影星奥黛丽·赫本（Audrey Hepburn）扮演性格怪僻的一心想过上上流社会生活的农家少女霍莉·戈莱特。有一个场景是在第五大道蒂芙尼商店橱窗前吃炸面包圈、喝咖啡，剧中人还有一句台词：“在那儿吃早餐不会不愉快。”“蒂芙尼很宁静和高贵。”赫本让蒂芙尼变成了一个每个少女都向往的梦幻之地。影片上映后，蒂芙尼一时间闻名遐迩，商店纷纷接到预定早餐的电话。

1987 年，为了庆祝公司成立 150 周年，蒂芙尼分别在美国历史博物馆、纽约大都会艺术博物馆、波士顿艺术博物馆和芝加哥自然历史博物馆举行银饰和珠宝回顾展。站在全新的历史节点，蒂芙尼更加快了全球布局的步伐。

回顾蒂芙尼的发展历程，它有两个开创业界先河的创举值得被记录。

第一个创举，是自 1845 年起，每年一次的“Blue Book”高级珠宝年度目录发行，成为珠宝收藏家和鉴赏家热切期盼的年度盛事——之所以命名为“Blue Book”，是因为令人怦然心动的“传奇之蓝”蒂芙尼蓝，最早便是使用在该年度目录的封面之上。

时至今日，这本年度目录甄选当年最为精致优雅和美轮美奂的高级珠宝杰作，每年一度为世人呈献蒂芙尼高级珠宝系列，所有“Blue Book”高级珠宝作品均由技艺精湛的珠宝大师在位于纽约第五大道蒂芙尼旗舰店顶层的高级珠宝制作工坊全手工制作。每件“Blue Book”珠宝仅此一件，绝无仅有。

“Blue Book”每一年追求的目标就是去寻找稀有的、美丽的、独特的、有价值的宝石来提升高级珠宝作品的品质，且有三个主题贯穿始终：

第一个主题是“钻石”。钻石饰品一直是蒂芙尼在全球最具权威的代表作品。

蒂芙尼刚创立的那个时代，逐渐富裕的美国人民希望过上更美好、更高品质的生活，而查尔斯先生带回的欧洲名贵珠宝让大家见识了高品质的概念，所以美国人民开始认同蒂芙尼，并希望蒂芙尼给他们带来高品质生活的帮助及引导。钻石作为一种高品质生活的象征，成为“Blue Book”的永恒亮点。

第二个主题是“质量与工艺”。“Blue Book”每一年度的作品，绝对是代表了当年珠宝制作工艺的最高水准。

比如最负盛名的“六爪镶嵌法”，将钻石的闪烁光采提升至极点，开创了珠宝镶嵌的新纪元，至今仍广受推崇。而当年对巨型黄钻石的切割，更是精益求精——当时传统的钻石切割工艺中都是以大为美，但查尔斯先生却一反常态，“我们的钻石要以美作为切割的标准，不要为了单纯的重量而做。”最终，287 克拉的巨钻最后成品只有 128 克拉，只为了追求能折射任何角度的光线，以呈现最璀璨的效果。

第三个主题是“彩色宝石”。蒂芙尼不遗余力地探索这个星球上最独特的、稀有的宝石，并将这些宝石呈现给世人。为此，全球各地都有为蒂芙尼采购的众多宝石买家，一旦找到美妙的宝石，设计师就会根据每个宝石独具特色的光辉设计出最符合宝石特性的作品。“展现宝石最美的一面”是蒂芙尼一直秉承的理念。

第二个创举，是定制了令人心驰神往的蒂芙尼蓝（Tiffany Blue）。

世界上的颜色何其多，但能让人只看到一个颜色就能想到某个品牌的，应该只有这个蒂芙尼蓝——能与之相提并论的，或许只有爱马仕橙（色），同样创立于 1837 年的爱马仕，直到 20 世纪 50 年代才将橙色定为品牌专色，但这种橙色在时尚界并不鲜见。

而这个蒂芙尼的标志色，原本是知更鸟蛋蓝（Robin egg blue）的一种，颜色比普通的知更鸟蛋蓝要稍微淡一点，看起来更清爽、更素雅。醒目别致的蒂芙尼蓝，最初被用于1845年首次发行的年度高级珠宝目录册的封面，由品牌创始人查尔斯先生精心挑选。

它也被称为知更鸟蛋蓝色或勿忘我蓝色。最初之所以选择它，可能是因为19世纪绿松石的广泛流行。绿松石在维多利亚时期深受新娘的喜爱，她们常以鸽子形状的绿松石胸针作为婚礼的伴手礼。

拥有迷人色彩的绿松石在维多利亚时期（1837—1901年）是新娘的至爱。谚语有曰，新娘在结婚典礼上要穿四样东西，"一样是旧的，一样是新的，一样是借的，还有一样得是蓝色的。"（something old，something new，something borrowed，something blue。）人们看到蓝色，首先想到的是"幸福"，这也是查尔斯先生选择了较浅的知更鸟蛋蓝作为公司标准色的原因。

蒂芙尼蓝堪称史上最成功的颜色营销，经过一百多年历史的沉淀，这抹蓝色已经紧紧地与蒂芙尼联系在了一起。但直到1998年，公司才将Tiffany Blue进行了商业注册，并通过潘通配色系统（PMS）将其标准化，以确保无论在世界何处看到它，无论它以何种介质呈现，无论是在购物袋上还是广告中，都能立即被认出。这款为了蒂芙尼打造的定制颜色被称为"1837 Blue"，以蒂芙尼成立的年份命名。

著名的色彩营销理论①认为，在短短的7秒里，消费者就会产生对产品的第一印象；而在这其中，色彩的作用占到67%。

将蒂芙尼蓝运用到极致的，是它只送不卖的礼盒——蒂芙尼蓝盒子，"只有顾客才有资格拥有这份蓝"，这条准则是由品牌创始人查尔斯先生所规定

---

① 美国营销界总结出"7秒定律"，即消费者会7秒内决定是否有购买商品的意愿。如果企业对商品的视觉设计敷衍了事，失去的不仅仅是一份关注，更将失去一次商机。而在这短短7秒内，色彩的决定因素为67%，这就是20世纪80年代出现的"色彩营销"

的，至今都未曾改变。

在商品零售领域，没有哪个品牌的包装能像蒂芙尼的蓝色小方盒那样具有辨识度。设计简洁的一个扎着白丝带的蓝盒子，何以成为一个时尚单品？这真是时尚界的一个有趣话题。

这一抹蓝色以其独特的魅力使全世界为它倾倒，并成为蒂芙尼品牌意识的具象表达——人们对蒂芙尼蓝有天然的好感，并将它与婚礼、幸福、魅力等褒义词相连。而蒂芙尼的情感诉求是："它将一生永随。"这也意味着当人们购买蒂芙尼后，不仅仅是买了一件让自己变美的装饰品，更是买了一件给自己某种力量或情感内涵的"陪伴品"。

但当蒂芙尼最初进入中国时，蒂芙尼蓝并未充分展现它的魅力。

原蒂芙尼公司董事长兼首席执行官 Michael J. Kowalski 曾在《华尔街日报》(*The Wall Street Journal*) 的采访中透露："在找到合适的营销方法之前，我们的确走过不少弯路。"

"当我们（2001 年）首次进入中国市场时，我们在呈现品牌方面也同样谨小慎微，但却出现了问题。人们完全看不到我们的品牌标识。他们不明白这家店是干什么的。在如何沟通品牌信息方面，我们必须更加直接，不要太精细。在讲述品牌故事时，我们需要做得更好，在消费者眼中树立一个更深沉、更丰富、更强有力的品牌形象。我们意识到，尽管我们的品牌在消费者中赢得了广泛知名度，但我们仍需非常努力，进一步加大消费者对品牌的深度了解。人们对我们的品牌传承了解有限，不知道钻石是我们的核心业务，也不知道我们自己切割钻石。"

如今蒂芙尼学会更加直白地呈现品牌，比如加大专卖店门口的 LOGO 体积。这和美国第五大道旗舰店的风格完全不同——在那里，只有大门两侧的花岗岩门面上刻有蒂芙尼的字样，长 60 厘米，宽 15 厘米，且这是旗舰店唯一出现 LOGO 的地方。

另一个被证明行之有效的营销方法，则是大规模使用标志性的蒂芙尼蓝。无论是专卖店的外观还是手提袋，这种颜色都被一再强调。

现任集团 CEO Alessandro Bogliolo 则表示，“中国是蒂芙尼新进市场中最重要的市场，也是我希望投入更多的市场。与其他国家和地区相比，中国消费者接触蒂芙尼的时间并不长，但他们渴望了解奢侈品牌的历史、传承和价值。因此，加大投入中国市场是重中之重，并且会取得回报。”

2002 年，源自英国的超豪华房车及 GT 车制造商宾利（Bentley）驶入中国市场。历经近百年时间的洗礼，它依然历久弥新，熠熠生辉，呈现给国人尊贵、典雅、动力、舒适与精工细做的最完美结合。

“造一台快的车，好的车，同级别中最出类拔萃的车。”（To build a fast car，a good car，the best in its class.）秉承这一追求极致卓越的造车理念，宾利成为全球瞩目的高性能超豪华运动旅行座驾之标杆。

在超百年的汽车工业历史上——1886 年 1 月 29 日，两位德国人卡尔·奔驰（Karl Friedrich Benz）和戈特利布·戴姆乐（Gottlieb Daimler）获得世界上第一辆汽车的专利权，标志着世界上第一辆汽车诞生——“至臻奢华”与“超凡性能”一直被视为相互对立的两面，但凭借超凡性能、精湛工艺和上乘选材，宾利的存在打破了这一成见。

这个堪称全球汽车工业界最传奇的故事，源自它的创始人华特·欧文·宾利（Walter Owen Bentley，以下尊称宾利先生）。

宾利先生于 1888 年 9 月 16 日出生在英国伦敦，是九个兄弟姐妹中年纪最小的。他从小就对所有的机械着迷，9 岁时，他买了一辆二手自行车，并拆卸开来仔细观察其工作原理。而他真正无比热爱的还是火车。16 岁离开学校后，他便开始成为大北方铁路公司（Great Northern Railway）的学徒，并实现了童年梦想——在蒸汽机车上工作，把煤投入燃烧室以创造源源不断的蒸汽压力。

在铁路公司工作期间，宾利先生就买了一辆 Quadrant 摩托车，和他的两个兄弟一起以满腔热情投入赛车运动，并选择在警方超速监视区尚未运行的清晨时段练习赛车技术。1907 年，他参加了伦敦—爱丁堡预选赛，虽然车辆在爱丁堡郊外发生故障，但他想办法修好了车并按时抵达终点，从而获得角逐金牌的资格；1908 年在伦敦—普利茅斯和伦敦—兰德的最终预选赛中，他又获得了数枚金牌。随着他对赛车运动的愈发热爱，其在改进发动机性能方面变得越来越熟练，经他成功改装后的“Speed”车型“Rex”甚至被“Rex”官方团队采用。

1909 年，他结束了学徒生涯，从赛车场上获得了灵感，萌生出制造一种注重性能且重量更轻的汽车的想法。但是当时人们对汽车的认识仅仅限于交通工具，为数不多的小规模赛车运动只不过是满足一小群人追求速度的欲望，因此他的这种想法在还处于汽车发展初级阶段的 20 世纪初期无疑显得极为前卫与另类。

1912 年，宾利先生开始与一位兄弟经营生意，从法国进口由 Doriot, Flandrin & Parant（简称 DFP）生产的汽车。在第二年访问这家厂商的法国办公室时，他发现了一块铝制镇纸，并思考是否能利用这种轻质材料制成比钢或铸铁更好的活塞。为了提高活塞强度，防止其在高温下熔化，他尝试在铸造厂生产一种新的合金，并最终采用 88% 铝和 12% 铜的配比来制造。终于，由他设计加装新活塞的 DFP 赛车在布鲁克兰赛道获得冠军，并创造出 89.7 英里 / 时（约 144 千米 / 时）的新纪录。事实证明，他的这一重要发现是他在未来几年屡获成功的关键。

当第一次世界大战（1914—1918 年）爆发时，宾利先生暂时收起创建汽车公司的热情，决定利用自己的优势来为国家效力。身为皇家海军航空服务队的上尉，他用铝制活塞制造了一款战斗机引擎，这款引擎比以前的版本都更为强大和可靠，以此取代了容易在战斗中因过热而失灵的旧引擎。第一款旋子引擎 BR.1 让索普维斯“骆驼”战斗机成为“一战”中最成功的英国战斗机。

鉴于其对战争的重要贡献，他在 1919 年的新年荣誉榜中被授予大英帝国成员勋章（MBE），此外还获得了发明奖委员会颁发的 8000 英镑奖金。正是这笔奖金，为他创立属于自己的汽车公司奠定了经济基础。

1919年7月10日，他正式成立了以自己名字命名的“Bentley&Bentley”汽车公司（以下简称宾利公司）。

创立之初，宾利先生的设计理念就是“创造卓越、极速之车中极品”（官方表述为“兼具至臻奢华和超凡性能的座驾”）。这一理念贯穿到了公司生产的所有汽车中，其价值也一次次在赛车运动中得到证实。而其参赛动机也相当简单直接——赛车是证明和测试自己设计的最廉价、最有效的方法，而且也是发展自己技术的机会，同时它也是最有效的汽车广告。

其实，他最初是反对出战勒芒耐力赛①的，然而历史最终证明，勒芒耐力赛在宾利的传奇历史上具有不可或缺的重要作用。“我认为整件事情都很疯狂。”宾利先生曾说，“我们并不是以连续24小时过度驾驶汽车为设计初衷的。”

然而在1923年，当弗兰克·克莱蒙特（Frank Clement）和约翰·达夫（John Duff）驾驶宾利3升车型获得勒芒第四名，并创下最快单圈速度之后，他消除了自己的成见。随后宾利以七年五冠的惊人赛绩，迅速成为勒芒耐力赛的霸主，也成为各大新闻头版头条的常客。

8升车型堪称由宾利先生亲手打造的超豪华运动旅行座驾的鼎力之作。这也是他为宾利汽车公司设计的最后一款车型。它于1930年上市，在当时属于体积超大、配置超豪华的车型。虽然动力和扭矩与直列式六缸发动机相同，但公司宣称，无论车主选择哪种车身搭载这款8升发动机，都能轻松达到100英里/时（约161千米/时）时速。

更令他骄傲的是，“我一直想生产一辆即使速度达到100英里/时也不会产生任何噪音的汽车，现在我觉得我们已经做到了。”他在接受《尚流》杂志（*The Tatler*）采访时回顾宾利8升，“我从未见过有任何一辆车，能将

---

① “勒芒24小时耐力赛”，3位车手为一个车组，驾驶一台赛车，完成连续24个小时的竞赛。它与世界一级方程式锦标赛（F1）、世界汽车拉力锦标赛（WRC）并称为世界最著名和最艰苦的三大汽车赛事。自从1923年举行以来，除了“二战”前后的几年以外，该赛事从未间断过

超凡出尘的性能表现与平稳低调的降噪设计如此至臻地融合在一起。”

然而，8 升车型问世之际恰逢因华尔街崩盘而引发的全球经济大萧条。由于市场对汽车的需求放缓，公司陷入财务困境，导致所有权发生变化。最终，8 升车型仅在 1930 至 1932 年期间生产了 100 台。

1931 年，宾利公司的负债高达 10 万英镑（在当时已属相当大的数目），无法继续生产，英国中央公平信托股份有限公司以 12.5 万英镑成为它的新主人——而令人意外的是，该公司实际上是代表罗尔斯·罗伊斯汽车公司（Rolls Royce，中译“劳斯莱斯”）收购的。就这样，宾利成为昔日竞争对手的旗下子品牌，宾利先生则成为它的雇员。

同年，新的宾利汽车股份有限公司成立。在随后的一段时间里，“劳斯莱斯”和“宾利”两个车名实际上是同一种车，从此赛车血统的宾利逐渐成为劳斯莱斯风格的超豪华轿车。

1933 年，第一辆由宾利设计，由劳斯莱斯负责生产的汽车面世，命名为“3.5 升”。这款车明显带有劳斯莱斯的风格，造型是 20 世纪 30 年代非常流行的款式，但运动性能并不出色。

第二次世界大战后，宾利迎来了新的发展机遇。1946 年，命名为“MK6”的左置方向盘车型问世，这是宾利出品的第一款左置方向盘车型，预示着公司已经将眼光投向了国外市场（英联邦国家是右置方向盘，实行车辆左侧通行的原则）。

1946 年，汽车生产线迁往英国克鲁郡（Crewe），此时劳斯莱斯和宾利已被划分为了两大独立品牌。就在这一年，公司推出了由设计师伊万·艾文登设计的宾利 Mark V 轿车，它在市场上大获成功，仅在 1952 年其销售量即高达 5200 辆，成为宾利史上最畅销的车型。

在宾利“委身”期间，其面世的数款汽车基本就是换标的劳斯莱斯，赛车血统逐渐散去。直至 20 世纪 90 年代，劳斯莱斯开始重视这一品牌——因为他们发现宾利更有市场，其销售额占到了整个公司销售总额的 52%。因此，20 世纪 90 年代也是宾利在其旗下时推出新车最多的一个年代。

时光流至1998年6月，宝马公司（BMW）在争购劳斯莱斯汽车公司的投标中败给了大众公司（Volkswagen）。于是，一番争斗之后，宝马公司花4000万英镑购买了劳斯莱斯的商标和标志，并约定从2003年起开始生产劳斯莱斯品牌轿车；而大众则从2003年起，仍旧在英国克鲁厂房生产宾利品牌轿车。

关于这一段商业纷争，即便到现在，外界仍很难全然客观地评述——劳斯莱斯接手宾利的这67年里，对于宾利来说到底是利大于弊还是弊大于利？因为在劳斯莱斯生产的这么多年中，宾利过半的车型都是复刻了它的产品，并没有过多自主创新，甚至还流失了其与生俱来的运动血统；但当年若不是劳斯莱斯出手收购，宾利将极有可能如同其他许多曾于20世纪初红极一时的跑车品牌一样，陨落于车坛历史长河之中。

幸运的是，进入大众公司之后，带着英伦血统的手工制造工厂完全被宾利继承，所以在举世瞩目的2002年英国女王伊丽莎白登基50周年庆典上，英国皇室选定了宾利品牌（为女王打造了全世界独一无二的State Limousine），而不是传统的劳斯莱斯，并将宾利确定为皇室唯一专用御驾品牌。

回顾历史，除了它在赛场上的辉煌，人们提起宾利，更多地还会谈到它一脉相承的传统：精湛的手工艺和度身定制的个性化服务。

手工精制是宾利的传统，也是保证其贵族血统的重要手段。自1931年创立以来，宾利汽车至今仍在英国克鲁郡由经验丰富的工匠以手工拼装。这些工匠的造车手艺亦是代代相传，经千锤百炼令品质完美无瑕。与现代工业化的汽车生产流水线相比，其生产线每分钟只移动6英寸，每辆车要花上16~20星期才能完成。

正因为大部分造车工序采用手工生产和加工——从车体焊接、涂装，动力系统及传动系统组装，内装真皮缝制以及原木加工等，如此现代化的汽车产品竟然是由经验丰富的工匠们一点点焊接成，一颗颗螺丝扳起来，一毫米一毫米地手工校正完成，这才造就了这个有着“人生所追求的终极汽车品牌”之美誉的世界顶级豪华轿车品牌。

宾利内饰选料之豪华，加装之精细，堪称全球汽车之冠，每一个细节都力臻完美。这当中最考究的，莫过于手工缝制的真皮内饰以及木质饰板。内饰所用的皮料全部选用斯堪的纳维亚半岛的牛皮，通常一辆四门车消耗的牛皮多达 27 张，缝制工时超过 150 小时，仅方向盘蒙皮就需要一个熟练工人花费 15 个工时来缝制。

当 2002 年宾利刚进入中国市场时，就曾以价格之高引起轰动——一辆汽车卖到了 888 万元的天价！这是个什么概念呢？据国家统计局统计，2002 年全国城镇居民年人均可支配收入才 7702.8 元。而这一辆车，撇开上税、保险、养车的费用不谈，光售价就相当于一个城镇居民 1153 年的收入！

随着中国经济的飞速发展，逐渐形成了一个富豪阶层，成为奢侈品的主要购买者。跟其他进入中国的奢侈品牌一样，宾利为了维护其贵族的品牌形象，对购买者的身份非常在意，因而每一次活动都力求尽善尽美。

宾利低调的行事风格，与其品牌的特性有关。每一次活动都要确保私密性，不邀请任何媒体参加。在选择刊登广告的平面媒体时，对于杂志的品位也有相当高的要求，如果不合适，就算媒体主动免费刊登，公司也不能同意。销售员也从来不主动推销，只会平等而详尽地介绍品牌历史及车型特点，但其服务非常到位。

高昂的售价并未阻挡住中国先富起来的那一批消费人群的热情。在正式进入中国市场 3 年之后的 2005 年，宾利取得了售出将近 100 台汽车的佳绩！

时任宾利中国总经理郑飚先生接受采访时透露：“在中国内地售出的所有车型中，雅致系列（品牌历史上最强有力及最快的旗舰车型，停产后其地位由慕尚系列替代）有近 30 台，其中加长版占系列总销量的 50% 以上，居全球销量之首。这也使中国内地市场连续第三年夺得雅致系列 RL 加长版全球销量的桂冠！”

2002—2003

全球最大钟表集团在华设立地区总部

2002 年，履新上任的斯沃琪集团（Swatch Group）中国区总裁陈素贞，出于为集团的 18 个手表品牌找到中国消费者的思考，将集团中国区总部从中国香港迁至上海。

这位毕业于中国台湾淡江大学工商管理专业的优雅女士，职业履历非常精彩——她曾在强生公司（Johnson & Johnson）工作 8 年，积累了丰富的消费品营销经验；在美国运通公司（American Express）6 年，在中国台湾市场推出了美国运通信用卡、消费金融等业务；曾担任远传电讯公司（美国 AT&T 公司与中国台湾远东集团的合资公司）市场营销副总裁，建立了中国台湾最好的通讯业营销队伍之一；并于 2000 年 6 月加入网易公司（NASDAQ: NTES）任首席运营官；直至 2002 年加入斯沃琪集团。

有着多行业、跨地区工作履历的陈素贞，对商业市场的发展趋势有着天然的敏感性。在那个中国奢侈品消费市场仍处于萌芽状态的年代，她的搬迁之举到底是冲动的商业规划，还是超前的市场布局？而这个被她搬迁中国区总部的斯沃琪集团，又是一家怎样的公司？

它的故事，要从一场商战革命与一个人说起。

作为现代机械腕表界的地区霸主及发源地，瑞士日内瓦（Geneva）雄霸了两个多世纪后，却在20世纪60—70年代被来自日本的西铁城（Citizen）等后起之秀打得落花流水。这些日本品牌生产了大量的物美价廉的石英表，渐成钟表市场的新主流，并对瑞士的机械腕表产生了革命性的打击。

石英表（quartz watch）是腕表种类之一，将石英晶体运用在钟表上是一种现代发明。而颇具讽刺意义的是，世界上第一个石英表是在瑞士于1967年7月制成的，但瑞士人并未意识到它的革命性作用。1969年，日本精工（Seiko）以领先全球的技术，推出世界上第一只可供量产的石英腕表，命名为“Quartz Astron”。

与机械表相比，对于日常使用来说，石英表具有四大天然优势：

一、走时十分准确，一般要求月差在15秒以内。而机械表因为日常使用中的影响因素太多，所以走时精度不够稳定，甚至售价几十万元的机械表都不如一只几百块的石英表走时精准。

二、装配非常简便。机芯中采用集成电路，结构较机械表机芯简单许多，且非常轻巧；而机械表内部则是由很多机械部件构成，内在构造非常复杂，特别是一些比较厚重的机械表重量要比石英表重很多。

三、使用方便，佩戴无须上发条，一块电池一般可用2~3年，甚至有些石英表用锂电池，使用寿命可长达7~8年。而机械表的使用寿命主要取决于养护工作，一般保养得当的机械表用上10年甚至更长时间都不成问题，但繁复的保养并非人人都会，且费用较贵。

四、售价便宜。因为制作工艺的不同，机械表的价值更多地体现在工艺上面，复杂的机械结构需要耗费大量的人力物力，而石英表就简单很多了。

正是得益于以上优势，来自日本的石英表以排山倒海之势，席卷了全球的钟表市场。而瑞士制表业却是另一番景象——在20世纪80年代初期，瑞士表厂的数量就由20世纪70年代的1600多家减少至600多家，出口额比高峰时期下降了70%，从业人员由90万下降至30万。瑞士钟表业迎来了“至暗时刻”。当时流传一种言论，认为瑞士机械表即将成为历史，将全面被石英表取代。

石英表的冲击，以及两次石油危机、瑞郎升值等不利因素，给瑞士钟表业带来了极度不利的影响。机械表真的要退出历史舞台了吗?

但并不是所有的瑞士品牌都这么悲观，比如劳力士（Rolex）时任总裁安德烈·海尼格（Andre J. Heiniger），他认为石英表很快就会变得非常平庸，而机械表的魅力永存。实际上，劳力士在任何阶段的主流产品始终是机械表，即使在石英危机时期，也只是生产过少量石英表而已。而宝珀（Blancpain）更是打出了响亮的口号：只做机械表。

而真正挽救了瑞士钟表业的人物，正是尼古拉斯·海耶克（Mr.Nicolas G. Hayek，以下简称海耶克）。

20世纪80年代初期的瑞士钟表业已处于全面崩溃的阶段，大面积的表厂濒临破产，政府甚至开始做产业调整规划，放弃钟表业，所以找到了瑞士当时最著名的会计事务所，让其对这些表厂进行破产清算。而这家会计事务所的老板便是海耶克先生。

海耶克先生的事务所服务于各大表厂，由此他对这一行有着自己的思考——他认为这一切的原因和表本身没有任何关系，而是管理者没有把这套复杂的系统运作好。他深刻地意识到，一旦做了清算，瑞士钟表业很可能从此退出历史舞台。

他燃起了斗志，决定改变这一切。但因为他不是钟表圈的人，没有人相信他这么一个“门外汉”能拯救瑞士的钟表业。最终，海耶克先生还是做了艰难的决定：不管付出多大代价，采取一切可能的措施挽救瑞士钟表业！

进行一番详细调研后，海耶克先生逐步形成了拯救瑞士钟表业的解决方案。他发现了产品、政策和分销方面的问题，以及急需改变过时的领导思路。“例如，钟表集团Asuag，拥有超过100家独立公司，一些是大公司，一些是小公司，一些是现代公司，一些是落后公司。”

1981 年，瑞士政府出面组织，由当时的瑞士银行和瑞士联合银行等 7 家银行联合出资，以 10 亿瑞士法郎收购了两家最大的钟表企业——Asuag 和 SSIH 的 98% 股权，历经四年时间的重组后，于 1985 年建立了真正意义上的钟表集团——斯沃琪集团（总部设在瑞士比尔市）。海耶克先生的任务，就是带领这个集团去阻击日本钟表，以挽回瑞士钟表业的地位。

为更好地施展抱负，海耶克先生携手一批瑞士投资家成为集团的控股方。1986 年，海耶克先生就任斯沃琪集团董事长兼首席执行官。一个属于他的时代正式到来！

在他的带领下，瑞士制表业重新走向辉煌，瑞士机械表重返全球钟表业品牌金字塔的顶端，并受到全球各地高端人士的追捧。历经多年发展，Swatch 集团旗下拥有众多腕表品牌，其中较为知名的包括以下品牌——

斯沃琪（Swatch）：由海耶克先生于 1983 年创立，定位于“世界名表中的青春力量”。名字中的“S”不仅代表产地瑞士（Swiss），而且含有“Second-watch”即第二块表之意，表示人们可以像拥有时装一样，同时拥有两块或两块以上的手表。它不仅是一种新型的优质手表，同时还带来一种全新的观念：手表不再只是一种昂贵的奢侈品和单纯的计时工具，而是一种“戴在手腕上的时装”。

宝玑（Breguet）：创始于 1775 年，自创立时起一直致力于为皇室成员以及各个领域的杰出人物提供作品和服务。宝玑在业界享有“现代制表之父”、最纯粹的高级制表师品牌之美誉，因为它发明了业界超过 70% 的技术，其最具代表性的三大复杂功能的发明有陀飞轮、万年历和三问音簧。每一块机械腕表上都有宝玑的影子，如果把属于宝玑的技术部分拿走，没有任何一个品牌的机械腕表能够正常运行。

宝珀（Blancpain）：由贾汗 - 雅克·宝珀先生（Jehan-Jacques Blancpain）始创于 1735 年，被誉为“经典时计的缔造者”。宝珀是业内少有的从 A 到 Z（钟表业专业术语的汇总，每个字母代表一个技术或工艺）完全自主设计、研发、制造的钟表品牌，以至臻制表为基石，倡导精致优雅的生活方式，将情感、艺术和文化浓缩融合为人类生活中至关重要的美好追求。宝珀是瑞士高级机械制表的典范。

雅克德罗（Jaquet Droz）：创自1738年，以精致制表和珐琅技艺备受赞誉，尤其擅长以珐琅烧制面盘为设计元素，展示古典美学与现代技艺交融的完美作品。它是瑞士钟表业最早期“特立独行”的杰出代表，所制作的钟表艺术珍品在欧洲宫廷及皇家广受赞誉，在清朝时期已获得大清皇族们欣赏。

格拉苏蒂原创（Glashütte Original）：源自1845年，诠释了现代德国制表工艺。在格拉苏蒂原创制表厂，传统的工艺和现代技术相结合，凭借出色的天赋、对制表的激情和深厚的工艺底蕴制造出集高质量标准和经典优雅于一体的名贵时计。

欧米茄（Omega）：自1848年诞生起，其先锋精神一直引领着设计、创新和每一个值得历史铭记的时刻。欧米茄向来以精准度而闻名，其在近半个世纪著名的精准度测试中的精准纪录，建立了欧米茄精准的地位与声誉。把精准计时作为核心，欧米茄始终走在制表行业的前沿，并通过革命性的技术树立行业标杆。

浪琴（Longines）：于1832年在瑞士索伊米亚创立，以飞翼沙漏为标志的浪琴表以优雅著称于世。拥有逾180多年的悠久历史与精湛工艺，在运动计时领域亦拥有显赫传统与卓越经验。

雷达（Rado）：自1917年在瑞士林诺创立起，雷达表始终具备开拓进取的精神，时至今日，仍秉持“若能想象，即能创造；若能创造，即能实现”的品牌哲学，以其创新设计及其革命性材质的使用而著称（比如标志性的整体陶瓷系列腕表），旨在打造不易磨损的腕表。

天梭（Tissot）：“瑞士制造”是天梭心中从不曾磨灭的烙印，品牌LOGO中的“+”和瑞士国旗相同，这是品质的象征，展现了品牌自1853年来不断传承的可靠质量。秉承“创新源于传统”的理念，天梭的产品皆性能出众，彰显非凡魅力。

雪铁纳（Certina）：始创于1888年的瑞士格伦，创始人兄弟俩在品牌创立之初便把“卓越品质”和“经久耐用”作为品牌的核心原则。作为一个运动手表品牌，雪铁纳自20世纪70年代起，就投身于许多尖端运动中，也承载了许多杰出运动员的成功故事。

美度（Mido）：自1918年诞生，美度致力于将开拓创新、设计美学与卓越的功能性相结合，始终坚持从著名建筑中汲取设计灵感来源，并集合领先制表艺术、卓越的全自动机械机芯与高品质材质，已经成为瑞士制表业的标志性品牌。

汉米尔顿（Hamilton）：创立于1892年的汉米尔顿深深扎根于美国（总部位于宾夕法尼亚州，2003年迁至瑞士），以弘扬美国精神和瑞士精准工艺而著称。最初为铁路系统提供精准时计，随后制造航空时计。创新是汉米尔顿的一大关键词，首款电能驱动腕表、首款LED数字显示腕表等研发成果改变了制表业。

在斯沃琪集团及旗下众多腕表品牌的复兴之路上，海耶克先生发挥了决定性作用。他在20世纪80年代初制定的发展战略最终使瑞士钟表业重新走向辉煌，并于1984年后再次奠定全球领先地位。而斯沃琪集团则逐步成长为全球最大的钟表集团，其年度总销售额一度占据全球钟表市场的25%。

2010年6月28日，海耶克先生因心脏病突发而在其位于伯尔尼（瑞士的联邦政府所在地）的办公室中去世，终年82岁。

斯沃琪集团在一份官方声明中表示：“尼古拉斯·G·海耶克最令人铭记的是他拯救瑞士钟表行业以及对整个集团做出的突出贡献。海耶克非同寻常的眼光使他意识到，要想使钟表企业持续不败，最关键的就是无与伦比的质量。”

而海耶克先生在领导斯沃琪集团期间所创下的非凡成就则包括：

一、战略性推出斯沃琪时尚腕表，令业界震惊；

二、为瑞士钟表业提供腕表机芯和零部件，制定行业发展战略，助力瑞士钟表业在20世纪80年代实现复兴；

三、持续开发和提升宝玑、欧米茄、雷达、浪琴、天梭等品牌的腕表产品及品牌形象，使其不断树立瑞士钟表业的先锋典范；

四、(2001年起)实现年销售额逾40亿瑞士法郎，使斯沃琪集团在全球钟表业中长期保持头名位置；

五、促使宝玑(Breguet)品牌焕发新生，在担任该品牌的总裁期间，只用了不到4年的时间便使它重新回归顶级豪华钟表的行列。

时间转回2002年，新官上任的陈素贞(统管集团旗下十余个品牌在中国区的事务，并兼管斯沃琪品牌)也燃了“三把火”。

第一把火是“搬家”，将斯沃琪集团中国区总部从中国香港搬到了上海。她在接受内地媒体采访时，这样解释“搬家”的原因：“斯沃琪集团的一些业务在中国内地发展已有六七年时间，但主要都是代理商在做，内地只设有几个代表处。将中国总部搬到上海，一是希望能更近距离地了解中国消费者，二是希望更近距离地传播我们的品牌。”

第二把火是“逛街”，她亲自去斯沃琪的各个店面、各个商场的斯沃琪柜台了解销售情况。“我到上海后，70%的时间都是在巡店，一共走了20多个城市，我与销售员聊天，了解什么款式卖得好、什么人来购买，我还与消费者聊天，观察他们的打扮，了解他们喜欢什么。”

巡店过程中，她发现了一些好现象，比如购买斯沃琪手表的顾客，大多都受过高等教育，他们注重仪表，喜欢社交活动，需要衬托品位的产品。而这正符合斯沃琪手表的目标消费群定位与产品定位；但是，她也发现了该改进的地方，比如斯沃琪手表的品牌定位是“拥有年轻的心”，从8岁到80岁的人都可以消费，但她发现中国人传统观念中认为这样的定位只适合年轻人。

第三把火是“洗脸”。由于斯沃琪集团以前在中国没有大量的市场投入，很多商家无从得知该品牌的实力，所以斯沃琪的柜台在百货商场中往往得不到最佳的位置，各地经销商的埋怨也很多。而且，由于没有统一设计，店面显得有些杂乱无章。

良好的购物环境既是品牌身份的体现，更是提升销售业绩的必要条件。因此，她引进了国外的店面设计体系，将斯沃琪门店的整体形象统一规划，并大手笔地推广品牌，各地百货商场纷纷改变了以前的偏见，都将其最佳的销售位置让给了斯沃琪，销量因此也提升了许多。

如果说前“三把火”都是基础性工作，那么接下来的这一件事就是基础之上的品牌传播。陈素贞分析，很多人知道斯沃琪，只是出于对一个国外品牌概念的模糊了解，而当时品牌在中国根本就没有任何的市场推广。这就出现了她巡店时发现的现象——国外常见的70岁老人佩戴斯沃琪手表的场景在中国内地几乎没有；她还发现斯沃琪的消费者大部分都是女性。

“这两种现象与斯沃琪品牌的内涵有很大差别，我认为问题出在品牌传播上，但是这并不是坏事，我可以采取行动加以改进。”陈素贞认为斯沃琪要在中国获得成功，就必须成为面向中国消费者的品牌，“我主导的活动很多，不仅有新品发布会、记者招待会，还有大型市场推广活动，比如说与体育活动结合、赞助体育赛事等。我要直接面向中国消费者，让品牌与他们更贴近。”

在陈素贞的领导及团队努力下，随后的5年里，斯沃琪集团旗下的18个品牌全部进入中国市场。在2007年的集团年报中，在描述宝玑、宝珀以及欧米茄等品牌在中国的销售增长时，大多使用了“巨大的”“惊人的”以及“创纪录”等形容词。正如其年报所称：“所有斯沃琪集团的品牌在2007年的销售均获得了相当的增长纪录，这些证明了整个集团在中国市场扩大投入以及扩展零售网络策略的成功。”

到了2003年，中国人均GDP达到1000美元——国家统计局数据显示，当年的人均GDP为10542元，城镇居民年可支配收入为8472元。研究表明，当人均GDP超过1000美元时，社会消费机构会发生全面升级，将由温饱型向发展型、享受型转变，曾经的奢侈品将变成必需品。

从人均可支配收入来看，全国已有近30个大中城市超过10000元人民币。虽然贫富的悬殊使中国依然处在收入较低的发展中国家之列，但拥有庞大的 14 亿人口作基数，中国仍是一个庞大的奢侈品消费市场。

消费结构的改变，使中国真正拉开了奢侈品消费的序幕，从此奢侈品开始进入快速增长阶段。国际奢侈品大牌也开始格外关注中国的消费力量及中国奢侈品市场。国际媒体如英国《金融时报》(*Financial Times*）和《金融家》(*Financial Journal*）杂志开始关注中国奢侈品市场。

伯纳德·阿诺特：横扫全球奢侈品业界的“拿破仑”

伯纳德·阿诺特

伯纳德·阿诺特（Bernard Arnault）被称为“精品界的拿破仑”，是世界上最大的“奢侈品王国”——LVMH（中文名为“路威酩轩”）集团的主席兼首席执行官、实际控制人，他还被称为“时尚圈最会投资的商人，投资圈最懂时尚的潮人”，一手缔造的LVMH集团是业内唯一一家涵盖奢侈品市场五大主要领域（共约70多个品牌）——葡萄酒和烈酒、时装和皮具、香水和化妆品、腕表和珠宝及高端零售的集团。在他的纵横捭阖下，旗下众多品牌在全球范围内攻城拔寨，特别是在中国。他的创业史，既是LVMH的发展史，也是中国当代商业发展史的一个侧面。

2019 年 6 月初，据彭博社报道，“欧洲首富、法国奢侈品巨头路威酩轩（LVMH）老板伯纳德·阿诺特（Bernard Arnault，以下简称阿诺特）加入了杰夫·贝佐斯（Jeff Bezos，亚马逊创始人）和比尔·盖茨（Bill Gates，微软创始人）的行列，成为全球仅有的 3 位身价超过千亿美元的富豪之一。目前，阿诺特的身价为 1004 亿美元。”

阿诺特是世界顶级奢侈品集团 LVMH Moët Hennessy-Louis Vuitton（以下简称 LVMH 集团）的主席兼首席执行官。

他于 1949 年 3 月 5 日出生于法国 Roubaix 一个工业家庭，先后就读于 Roubaix 中学和里尔 Faidherbe 中学。随后，他进入巴黎综合理工学院学习，1971 年毕业。

同年，他开始了自己的职业生涯，成为 Ferret-Savinel 建筑公司的工程师，随后接连升任不同的高级管理层职位，直至 1978 年成为公司主席。

1976 年，27 岁的阿诺特说服父亲结束家族公司在建筑方面的业务，将公司名从“Ferret-Savinel”改为“Ferinel”，转行经营房地产业。1984 年，他对 Financière Agache 控股公司进行了重组，并买下破产中的法国纺织业巨头博萨克（Boussac），公司变卖其所有资产，唯独留下迪奥时装屋和“Le Bon Marche”百货公司，由此开启了他称霸奢侈品行业的征途。

1989 年，阿诺特完成了他缔造世界顶尖奢侈品集团的目标，取得了对 LVMH 集团的控制权，许下确保法国奢侈品牌在世界范围内占据翘楚地位的诺言。自此，阿诺特一直担任公司主席和首席执行官。

阿诺特还是 Groupe Arnault S.E.（他的家族控股公司）董事会主席。

温文尔雅的“狼性”企业家

作为世界最大的精品帝国的掌门人，阿诺特外表一派儒雅，多次被时尚杂志授予“最佳着装男士”之类的头衔。他生性沉稳，虽然做的是最高调的奢侈品生意，但却不喜欢在媒体上抛头露面，甚至有些寡言；但从来没有人怀疑过阿诺特是一个高深莫测的杰出企业家。他用微笑的姿态，信手拈来地买卖品牌，难怪有人形容他为“穿着开司米衫的狼”。

他的经营眼光非常独到，虽然不是犹太人，但却和犹太人有一样的赚钱观念，那就是认为80%的财富被20%的有钱人掌握着，所以满足有钱人需要，做有钱人的生意，赚钱就更容易。

1984年，35岁的阿诺特决定从房地产业投身至时装界。在其家族的资金支持下，他击败众多对手，收购了长期处于亏损状态的纺织品公司博萨克（Boussac）集团。不过，醉翁之意不在酒，阿诺特看中的其实并不是博萨克，而是该集团旗下迪奥时装公司，这是已经去世的法国设计大师克里斯汀·迪奥（Christian Dior）创立的品牌。

当时的迪奥公司几乎没落，阿诺特却凭借卓越的经营智慧，在两年内让迪奥起死回生，使这个老品牌不仅保有自身的传统，又增添了国际化色彩。

几乎就在阿诺特收购博萨克（Boussac）集团的同时期，作为LV家族的第四代传承人，LV的总裁亨利·拉卡米耶（Henry Racamier）发现仅仅依靠高端路线无法实现利润的再扩大，于是决定和当时卖酒水的酩悦·轩尼诗（Moet Hennessy）公司合并（以下简称LVMH公司）。

合并后，双方合作并不顺利，需要一个中间人来协调冲突，于是拉卡米耶找到了阿诺特，拉他入局。而出乎拉卡米耶意料的是，此时的阿诺特正在酝酿一个伟大的合并计划——“如果能成立一家经营高端奢侈品的大集团，实现各个品牌之间的协同效应，就能一强俱强。”

自18世纪至20世纪早期，家庭式的小作坊主导着整个奢侈品市场，彼时的奢侈品消费群体也主要集中于贵族阶层。但以小众、高端和限量为主的路线对于奢侈品公司而言经营成本非常高，加上目标人群不够大，产品的分析、改进等很难有大的进步，这对于企业未来的创新发展无疑是一种障碍。

“二战”结束（1945年）之后，随着奢侈品需求量的增加，一些企业主动开始“去家族化”并收购其他品牌，以形成品牌协同效应和集团优势来抗衡竞争的加剧。精明的阿诺特看中了这一时代趋势。

1987 年，野心勃勃的阿诺特将目光投向了 LVMH 公司。当年 10 月，法国股市突然崩盘，LVMH 公司股票跳水式下降，阿诺特利用皮包公司以低价买进了该公司 43% 的股票，成为公司的第一大股东，得到了公司的绝对控制权。

彼时，LVMH 公司正陷入股权争斗——酩悦·轩尼诗总裁 Alain Chevalier 与 LV 总裁亨利·拉卡米耶矛盾重重，工于心计的阿诺特利用管理层之间的权力斗争，经过一场复杂而艰辛的官司后，最终如愿以偿地将 LVMH 这家已久负盛名的公司纳入自己的麾下，并在两年后最终把拉卡米耶挤出董事会。至此，坐拥迪奥和 LV 两大品牌，阿诺特的奢侈品帝国已初具规模。

而他接下来所做的就是不断地扩大版图，从欧洲到北美，再到亚洲、非洲……他的目标就是要构建一个庞大的奢侈品帝国，全方位地赚有钱人的钱，包括奢侈品时装、手表、葡萄酒等。

阿诺特热衷且精于收购之道，“只要见到一个美丽的品牌，他就想将其收入囊中。”其收购手段被归纳为“简单直接”的三步法：

第一步，购买的时机集中于经济萧条时期；

第二步，收购后“收放自如”，适时适度卖出，通过“贱买贵卖”重新整合，使其旗下的子品牌始终保持高收益率；

第三步，换人。阿诺特在为品牌挑选设计师时有独特的眼光，比如在 LV 成为“老气街包”的代名词之后，他果断任命了新锐设计师马克·雅各布（Marc Jacobs）担任公司的创意总监，设计出了随性涂写 LV 全名的涂鸦包，把 LV 的古老高贵融入现代生活中。

在经营、竞争和管理上，阿诺特以冷静、机警、严酷和难以对付著称，正如别人封给他的外号“狼”，没有什么东西能阻止他对有钱人财富的不断攫取。

对于讲究绅士风度的老派欧洲人来说，阿诺特的手段太过残忍；对他自己来说，他只是“为了公司的长远利益做打算”，在商言商，如此而已。LVMH 集团旗下的 LV、迪奥和其他 70 多个奢侈品牌都不是由他创造的，不过，他比任何人都知道这些品牌在全球范围的潜在价值，并且最擅长将它们的价值最大化。

颠覆业界的“奢侈品教父”

在收购及整合品牌的过程中，阿诺特充分展示了他的精明之道。

阿诺特最为时尚界称道的一点，就是他敢于在历史悠久、地位尊贵的老牌里起用那些名不见经传的年轻设计师。这在今天已成为一种被证明是可靠的用人模式，在 20 多年前可是不可想象的。

阿诺特对设计师的大胆启用，让 LVMH 集团旗下的奢侈品牌不断焕发出新鲜的诱惑。从为迪奥（Dior）集团钦点意大利设计师詹弗朗哥 · 费雷（Gianfranco Ferre）开始，阿诺特就有了一次次让人大跌眼镜的抉择。

迪奥在法国人心目中是最具有老牌风味的顶级名店，人们都不理解怎么能让一个意大利设计师来表现迪奥。建筑学出身的费雷，拥有感性的思维与理智的操控力，热爱以华美面料营造质感，以简洁线条打磨力度。1989 年，他为迪奥设计的第一个系列“Ascot Cecil Beaton”便获得空前赞誉。他的设计色彩明快、艳丽奔放，而细节则精密优美又恰如其分地展现了优雅别致的法式趣味。

费雷独到的设计美学甚至为迪奥迎来了巴黎社交界女皇 Marie-Helene de Rothschild 与戴安娜王妃这样重量级的忠实拥趸。

1997 年，在美国《时尚》主编安娜 · 温图尔（Anna Wintour）的大力举荐下，阿诺特找到了马克 · 雅各布（Marc Jacobs，行业昵称“小马哥”）——1987 年，小马哥获得美国时装界最高荣誉美国服装设计师协会（CFDA）的最佳设计新秀奖，是当时获得此奖项最年轻的设计师。

当时小马哥正在苦心经营着“Marc Jacobs”这个自己的品牌，而阿诺特正发愁如何拓展 LV 这个历史悠久的法国奢侈品牌的生意——LV 以生产旅行箱起家，百年来凭借出色的皮具制造水平享誉全球，但是，阿诺特想要让

LV 更多地做女人们的生意，他需要 LV 能够有自己的成衣。

安娜·温图尔提醒了阿诺特，正因为 LV 是那么血统纯正、底蕴深厚，所以才需要新鲜的血液使它重获生机，让阿诺特放弃从当时已成名的时装大师们身上打主意的念头，将目光集中在这个名叫马克·雅各布的年轻人身上。

出于商人的直觉，阿诺特认为“Marc Jacobs”这个牌子能赚钱，于是出资购入了他公司的一部分股份，并以此作为谈判的筹码，开始跟小马哥本人谈振兴 LV 的下一步策略。

小马哥刚好也对财大气粗的 LVMH 集团很感兴趣，并对于能够帮 LV 这个百年老牌设计成衣跃跃欲试。同年，小马哥正式成为 LV 的艺术总监，负责男装、女装、小型皮具、鞋子等产品线的设计工作——一个年轻的美国设计师，正式杀入欧洲时装或者说是最倨傲的法国时装的核心，令法国时尚产业内外一片哗然。

但接下来的整整 10 年内，小马哥为 LV 所设计的成衣都没有获得过高的赞誉，傲慢的法国人似乎都在等着看他的笑话。直到 2006 年下半年，小马哥以脱胎换骨的姿态，出现在世人眼前——不仅个人从之前的微胖文艺男华丽转身为性感帅大叔，连 LV 这个牌子都变得让人大呼意外，2008 年春夏女装成衣秀变得性感、成熟、神秘，从里到外都散发着诱人的女性魅力。

小马哥不再被如同卫道士一般的法国人束缚手脚，即便是 LV 这个百年老牌也不能成为拘束他的牢笼，他与“彩花之父”村上隆、“波点女王”草间弥生、涂鸦大师 Stephen Sprouse、饶舌歌手 Kanye West 等各界艺术家们共同创作一系列限定项目……越来越多的人开始期待每一年小马哥又能带着 LV 玩出什么新花样。放眼整个时装界，没有哪个品牌和设计师会比 LV 和小马哥更能吸引眼球。

对于 LVMH 集团来说，LV 已成为整个集团最大的单一盈利来源（尽管集团从不单独公布 LV 的销售额）；作为奢侈品牌来说，LV 所创造的盈利纪录，在整个业界都难逢对手；而对于小马哥而言，他成功地挣脱精神枷锁并帮助 LV 打破陈旧的形象，阿诺特对他的设计十分满意，形容其“将现代趣味与 LV 历史传统完美融合在一起”。

阿诺特在起用费雷和小马哥时都遇到公司内部的一定阻力，但是他一意孤行，并且成功了。费雷和小马哥用设计美学与销售数字成功地使迪奥和 LV 年轻化，并成为全世界最赚钱的两大超级品牌。

而被阿诺特“点石成金”成功复活的品牌，还有很多。

比如，他将资深老牌纪梵希（Givenchy）交给“鬼才”约翰·加利安诺（John Galliano），这位“英国时装界的野孩子”用煽情派的创作风格赋予了纪梵希全新的感觉，用近乎极限的繁复华丽、叹为观止的放浪骇俗，打破传统的枷锁。

而迪奥·桀傲（Dior Homme）则交由艾迪·斯理曼（Hedi Slimane）来打理——艾迪以他“当代阳刚概念”的风格席卷全球，甚至第一次把男装抬高到了可比肩女装的地位。被誉为“世界上最性感男人”的布拉德·皮特（Brad Pitt）结婚时的礼服就是出自艾迪之手；就连香奈儿设计总监卡尔·拉格斐，为穿下他设计的纤细服装，都一口气甩掉了 40 磅赘肉，由此可见迪奥·桀傲的风靡程度。

思琳（Celine）的品牌再造更是阿诺特的辉煌一笔。收购前，思琳是一家以售卖高级男童皮鞋起家的公司。2008年后，设计师菲比·菲洛（Phoebe Philo）掌控大权，她用了不到一年时间，便推出了一个大热手袋，进一步将思琳打造成女性时尚的标杆品牌。在阿诺特的运作下，思琳从二三线品牌转变为与香奈儿抗衡的旗舰奢侈品牌。

阿诺特曾表示：“奢侈品品牌的树立要比其他生意困难得多，它需要创造一种根本不存在的消费需求，塑造时尚奢侈品牌必须遵循一个公式：通过挖掘品牌历史并用适当的设计师来诠释它，从而定义出品牌身份；严格控制品牌质量和销售；巧妙造势、吸引眼球。”

事实证明，虽然阿诺特对伦敦和纽约新锐设计师的力捧让法国设计师感觉有失颜面，但他的选择不会错。无论选择设计师，还是定位品牌，他都眼光独到——他打造 LV 的秘诀在于为 LV 创造历史，让 LV 尊贵的历史感融汇到现代的华贵生活中，并成为一种源远流长的时尚，让人有拥有并且传承的愿望。也许今天 LV 皮箱的购买者根本没想过要把它留着给孙女做嫁妆，但 LV 依然执着地在皮箱上敲上铆钉，并且以牢固一世的质量自居。

阿诺特收购品牌的热情非常高涨，从唐纳·卡伦（Donna Karan）、璞琪（Emilio Pucci）到罗威（Loewe）；他买入的品牌跨领域也非常广，从豪雅（TAG Heuer）到百货公司邦马士（BonMarche），从来自极品白葡萄酒唯一产地的 Chateau DY quem 酒庄，到菲利普斯（Phillips）拍卖行，除了古驰，他几乎没有失手过。

他抛出品牌似乎同样随意，他将数十年前亲手创立的高级时装品牌 Christian Lacroix 卖给美国 Falic 集团，让整个时装界吃了一惊。那些高贵的品牌在阿诺特手里，似乎是被把玩的骰子一般。经济低迷时期，他曾经放慢过收购的步伐；而当时尚产业的潜力在慢慢复苏，整个奢侈品世界都在关注：阿诺特什么时候会重新开始新一轮收购的历程？

LVMH 集团旗下的那些品牌不是阿诺特创造的，但是他比任何人都知道它们在世界范围内的潜在价值，并且最擅长将它们的价值最大化。

收购落空的失意竞争者

阿诺特精于收购之道，但在与其他公司的对弈中，他并非招招领先。实际上，他也曾有过败绩。多年来，意大利奢侈品牌古驰公司一直是 LV 的劲敌。阿诺特也早就有“收编”古驰之意，但他似乎比别人多了个心眼——他要以最小的代价获得最大的利益。

1999 年 1 月，LVMH 集团饿狼扑食般地扑向古驰，收购了后者 34% 的股份，成为古驰的大股东。古驰顿时失去了自由，受制于 LVMH 集团。面对这种情况，古驰 CEO 多梅尼科·德索尔（Domenico De Sole）提出要求：

让 LVMH 集团全盘收购。

但阿诺特拒绝了，道理很简单——全部收购要花很多资金，阿诺特希望通过控股而达到一箭双雕的目的：一方面以较小的代价控制古驰，从而抑制住它对 LV 强有力的竞争，另一方面从这笔投资中获取可观的收益。

遭到 LVMH 集团拒绝后，古驰管理层决定使出杀手锏：扩充股本，并将总股本的 42% 以 30 亿美元的价格出售给阿诺特的法国同胞公司 PPR 公司——世界第三大奢侈品集团 Kering（开云集团）的前身。扩股后，PPR 公司成为古驰的最大股东，而 LVMH 集团的股份则从 34% 稀释至 20%。不仅如此，古驰还与 PPR 达成一项战略协议，保证古驰公司的独立性，继续发展多品牌战略。

古驰的举措惹恼了阿诺特，于是他向一家荷兰法庭提出起诉，要求就此进行调查（古驰虽是意大利公司，但总部分别设在意大利佛罗伦萨和英国伦敦，注册地则在荷兰的阿姆斯特丹）。阿诺特称，德索尔言行不一，没有要求 PPR 公司 100% 收购古驰，但却将古驰置于 PPR 的控制之下，损害了古驰公司股东的利益。

LVMH 集团甚至还暗示，德索尔之所以会改变主意，是因为他和 PPR 公司订有一项秘密的君子协议：PPR 成为古驰的大股东后，德索尔和古驰设计总监汤姆·福特（Tom Ford）将获得一笔巨额股票期权。

经过反复磋商，LVMH 集团于 2001 年最终同意将古驰的股份转让给 PPR。于是，PPR 从一家零售商一举成为全球第三大奢侈品集团。而更令阿诺特意料不到的是，他偷袭收购而败北的古驰在日后竟逐渐成为当家品牌 LV 最麻烦的强劲竞争对手！

除了古驰，令阿诺特失手的还有爱马仕。

作为旗下拥有多个经典产品的奢侈品牌，以制造高级马具起家的爱马仕一直被阿诺特与众多私募基金与所垂涎，LVMH 集团也一直想把爱马仕招致麾下。

早在 1999 年 LVMH 集团恶意收购古驰时，阿诺特也盯上了爱马仕。

2010年10月，LVMH集团通过复杂的方式悄无声息地在股票市场以14.5亿欧元获得了爱马仕17.1%股份，成为除爱马仕家族外的第二大股东。2011年底，LVMH集团又偷偷地从其他小股东处收购了爱马仕股份，使其总股份占比提高到22.28%。

但作为一个家族性质颇浓的奢侈品牌，爱马仕对于外部提出的收购要约一直保持抗拒的态度。2011年，爱马仕首席执行官Patrick Thomas（爱马仕首位非家族成员CEO，1989—2014年任职于集团）在发现LVMH集团暗中恶意收购集团股份后，立即向法院提起诉讼，并发布声明称："如果你想诱惑一个漂亮女人，请不要从背后强奸她开始。"

2013年，在经过一系列的联邦调查、诉讼和反诉后，双方最终达成和解协议，即LVMH集团赔偿爱马仕800万欧元，并在未来5年内不能购买后者任何股份，法院判定LVMH集团将已持有的爱马仕约23%的股份降低至8%。

奢侈品界外的商业多面手

除了LVMH集团这艘奢侈品业界的"航空母舰"，阿诺特的财务投资庞大到令人窒息，且种种业务盘根错节。

2008年，家乐福（Carrefour）——创始于1959年的大卖场业态的首创者，欧洲第一大零售商——创始家族哈雷集团退出监事会后，阿诺特成为家乐福集团第一大股东。

他出资的私募资金L Capital Asia秉持其一贯作风——买买买，有时和奢侈、时尚风马牛不相及，例如曾于2014年9月以8000万美元投资韩国YG娱乐公司；2015年初宣布收购阿联酋迪拜食品零售商Bateel少数股权；且还斥资1亿美元收购中餐连锁集团翡翠餐饮（Crystal Jade）逾90%的股权。

不过，这些财务投资与阿诺特的另一个嗜好相比只能算小打小闹。这位LVMH集团老板位列全球最活跃的当代艺术收藏家行列，是全球各大艺术品拍卖会的常客。1999 年，集团曾以 7000 万英镑的高价收购全球第三大拍卖公司英国菲利普斯（Phillips）拍卖行，此后又将法国最大的拍卖行塔桑（L'Etude Tajan）收入囊中。

眼见竞争对手开云集团（Kering）的大股东朗索瓦·皮诺（Franois Pinault）将 18 世纪的威尼斯宫殿葛拉西宫（Palazzo Grassi）改造为当代艺术博物馆，阿诺特于 2014 年也在巴黎建造了一座类似玻璃云的建筑，并将它命名为"路易威登基金会"，用来摆放自己的艺术收藏，定期举办艺术展览。

据官方透露："路易威登基金会是一个以艺术和艺术家为中心的企业基金和私人文化项目，代表着艺术赞助的全新阶段，也象征着过去 20 年里由 LVMH 集团在法国和世界发起的艺术文化揭开了新的篇章。基金会的宗旨是鼓励和推动法国及世界的当代艺术创作，其藏品和项目将延续 20 世纪和 21 世纪艺术和创意运动的传统。"

不过，不少业内人士则认为阿诺特试图通过路易威登艺术基金会改变大众对他个人以及集团"野心勃勃"的冷硬印象。

参考文献：

1. 伯纳德·阿诺特，百度百科

2.《LVMH 主席蝉联法国首富 但他黑暗发家史你知道吗》，新浪时尚，2015 年 7 月 15 日

3. 张弘一:《LVMH 缔造者伯纳德·阿诺特：时尚圈最会投资的商人》，《中国企业家》，2017 年 12 月

4.《Louis Vuitton 有个时代叫作 Marc Jacobs》，onlylady.com，勾搭侠博主

2004—2012

黄金十年，国人消费惊艳业界

2007年10月19日，北京居庸关长城。意大利著名奢侈品牌芬迪（Fendi）耗资1000万美元，在这里打造了一个奢华而梦幻的场地。

“老佛爷”卡尔·拉格斐——这位奢侈品业界最负盛名的传奇设计师，携芬迪2008年春夏系列，与88位超模在此上演了一场宏图史诗般的大秀，令芬迪声名鹊起！

有媒体采访LVMH集团主席伯纳德·阿诺特（Bernard Arnault），“为什么要选择长城作为秀场？”这位一手缔造并牢牢掌握了全球最大奢侈品集团的法国首富坦言：“因为在未来的25年中，这里将是世界经济最快的增长点，芬迪希望在这个国家占有一席之地。”

这个行业的故事，浓缩了这个国家自1978年国门大开之后所有的光荣与梦想，并见证着梦想照进现实。

2004

国家政策推动奢侈品行业进入新时代

经历了15年的艰苦谈判之后，2001年12月11日，中国成为世界贸易组织（WTO）的正式成员。

中国加入WTO的承诺清单中，有关于“外贸经营权”的承诺，内容为“3年内所有在华注册企业（包含内外资）和个人均有权经营除国营贸易产品外的所有商品的进出口业务，不受注册资本或国籍方面的任何限制。”

为兑现“入世”承诺，2004年4月16日，商务部颁布了《外商投资商业领域管理办法》，并于同年6月1日正式实施。这意味着中国彻底对外资企业开放零售市场，允许外资企业在佣金代理、批发、零售、特许经营等商业领域独资经营，国际品牌也不再受开设连锁专卖店的限制。

摘抄《外商投资商业领域管理办法》的部分条款如下：

第三条 外商投资商业企业是指从事以下经营活动的

外商投资企业：

（一）佣金代理：货物的销售代理商、经纪人或拍卖人或其他批发商通过收取费用在合同基础上对他人货物进行的销售及相关附属服务；

（二）批发：对零售商和工业、商业、机构等用户或其他批发商的货物销售及相关附属服务；

（三）零售：在固定地点或通过电视、电话、邮购、互联网络、自动售货机，对于供个人或团体消费使用的货物的销售及相关附属服务；

（四）特许经营：为获取报酬或特许经营费通过签订合同授予他人使用其商标、商号、经营模式等。

外国公司、企业和其他经济组织或者个人必须通过在中国境内设立的外商投资企业从事前款第（一）、（二）、（三）、（四）项所规定的经营活动。

第八条 外商投资商业企业开设店铺应当符合以下条件：

（一）在申请设立商业企业的同时申请开设店铺的，应符合城市发展及城市商业发展的有关规定。

（二）已批准设立的外商投资商业企业申请增设店铺的，除符合第（一）项要求外，还应符合以下条件：

1. 按时参加外商投资企业联合年检并年检合格；

2. 企业的注册资本全部缴清。

第九条 经批准，外商投资商业企业可以经营下列业务：

（一）从事零售业务的外商投资商业企业：

1. 商品零售；

2. 自营商品进口；

3. 采购国内产品出口；

4. 其他相关配套业务。

（二）从事批发业务的外商投资商业企业：

1. 商品批发；

2. 佣金代理（拍卖除外）；

3. 商品进出口；

4. 其他相关配套业务。

外商投资商业企业可以授予他人以特许经营方式开设店铺。

外商投资商业企业经批准可以从事以上一种或几种销售业务，其经营的商品种类应在合同、章程有关经营范围的内容中注明。

第二十一条 2004 年 12 月 11 日起，允许设立外资商业企业。

第二十二条 从事零售的外商投资商业企业及其店铺的设立地域在 2004 年 12 月 11 日前限于省会城市、自治区首府、直辖市、计划单列市和经济特区。自 2004 年 12 月 11 日以后，取消地域限制。

从事批发的外商投资商业企业自本办法实施之日起取消地域限制。

该文件奠定了中国成为奢侈品消费大国的基础。对于奢侈品行业来说，这是一个里程碑式的文件——一方面，它积极促进了国际奢侈品牌对中国的大力度投资，国际独资的奢侈品专卖店如雨后春笋般成长；但另一方面，它也带来了奢侈品牌的渠道改革风波，品牌方纷纷回收（一线）城市代理权，希望直接经营中国市场，而由此导致第一批将奢侈品带入中国的代理商被迫出局。

捷成洋行集团董事总经理海宁（Helmut Hennig）曾在接受媒体采访时表示："整个奢侈品行业在中国的发展时间并不长，但我们都看到奢侈品市场规模在中国惊人的发展。这里面有几个非常重要的推动因素：人们赚更多的钱，消费随之增加；第二就是对品牌的了解更多——这也是今天与过去最大的不同——人们不再简单通过杂志来了解奢侈品，消费者可以上网，也有更多的中国人经常去海外旅行。同时，越来越多的奢侈品牌非常希望进入中国。"

在该文件出台之前，奢侈品牌几乎只能通过代理的形式进入中国。而这一特定历史时期所形成的代理关系的纷争，随着奢侈品牌纷纷在中国"自立门户"，而被曝光在镁光灯下。

之前由于国家政策的管控，以及对开拓陌生市场的慎重，奢侈品牌尤其是新进入者往往需要依靠国内代理商为其开拓渠道和市场。但奢侈品牌有着较为悠久的历史、浓郁的文化与艺术基因等，这也导致奢侈品牌对代理商的考量更加严苛。

因为各自的立场不同，导致了思维的差异——国内代理商通常把利润放在首位，而奢侈品牌则将能否增加品牌资产放在第一位，考察代理商对奢侈品牌运营的思维模式，能否形成一致的价值观，其次才是人才、资金以及政府关系、商场资源等方面的实力。

考察甚至还包括更多层面，比如是否足够了解本地市场和消费者？针对不同的市场环境和消费者需求各有不同，奢侈品牌需要具备丰富本地实践经验的代理商来共同完成全球和本地的市场策略制定与执行——而这一点，往往是区域型代理商所不具备的。

在实际的合作中，一些国内代理商因为看重利润，甚至为了能早日收回前期的巨大投资，往往对奢侈品牌形象的控制和相关服务没有足够关注，导致奢侈品牌形象受损，因而自身也失去了代理的可信度。

而更为隐晦的是商业社会中的“潜规则”。国内代理商在运营过程中由于没能坚持国际化企业的运营理念和标准，渐渐渗入过多的中国式思维，也会导致双方的分歧越来越大。比如，上海一家奢侈品牌的原代理商，在前期市场开拓和品牌维护方面都做得非常好，但因其后来在大客户管理中采用国内比较流行的发票补贴消费和隐形公关等方式，奢侈品牌知悉后担心会发生不可测的危机，遂以违反合同为由果断终止了合同，该代理商为此付出了很大的代价。

奢侈品牌对代理权的回收，也并非一蹴而就，其往往回收北京、上海等重点城市，而在二三线城市则继续采用代理模式。一些精明的代理商甚至设想了另外一种模式——代理商和奢侈品牌成立中外合资的一家零售公司，实现“你中有我、我中有你”的命运共同体。当然，这得取决于品牌与代理商关系，以及双方的诚意及实力。

2004 年，除了《外商投资商业领域管理办法》的出台，还有一个政策的颁布也极大地促进了奢侈品行业的发展，那就是关税下调。

在中国加入 WTO 之前，进口葡萄酒关税高达 65%，加之高消费税和增值税两项，综合税率曾高达 150%。从 2004 年 1 月 1 日起，中国葡萄酒的进口关税将下调至 14%，这对全球原料市场普遍过剩的葡萄酒跨国公司而言，无疑是一个巨大的利好。

葡萄酒算是奢侈品吗？跟中国的白酒一样，它是西方人佐餐的含酒精饮品。但在特殊的国情下，先富起来的那一批消费者需要进口的葡萄酒来彰显身份地位，或进行商务交际。在他们的推动下，一批价格高昂的葡萄酒俨然成为社会公众眼中名副其实的奢侈品。

法国的五大名庄——拉菲酒庄（Chateau Lafite Rothschild）、侯伯王庄园（Chateau Haut-Brion）、拉图酒庄（Chateau Latour）、木桐酒庄（Chateau Mouton Rothschild）、玛歌酒庄（Chateau Margaux）；法国“酒王”柏图斯酒庄（Petrus）；意大利四大顶级葡萄酒（业界归纳为四大雅）——西施佳雅（Sassicaia）、索拉雅（Solaia）、奥纳雅（Ornellaia）和嘉雅（Gaja）；美国“酒王”作品一号（Opus One）；澳大利亚“酒王”奔富葛兰许（Grange）；智利“酒王”活灵魂（Almaviva）……这些在全球业界如雷贯耳的各国葡萄酒标杆之作，纷纷被中国消费者收入囊中，而价格往往被炒高（不仅仅是高关税所致）至万元起步，乃至数万元不等。

而 2004 年，中国城镇居民年人均可支配收入为 9421 元。对于普通居民而言，用一年的收入去喝一瓶 750 毫升的进口葡萄酒，这种可能性有多大？

但随着关税的下调，精明的国外酒商竞相涌入了中国市场。

2004 年 2 月，第五届中国国际葡萄酒烈酒评酒会在北京举办。此次评酒会共收到国外 100 多家酒商的 200 余种葡萄酒，比上年翻了一倍；其势头明显超过了国内葡萄酒。而据北京海关公布的统计数据，当年一季度北京进口葡萄酒 1997 吨，比上年同期增长了 46%。

借着此次国际评酒会，很多在国内有一定销售基础的国外酒商纷纷加大了推广力度，并将评酒会当成深入了解中国葡萄酒企业的一次绝佳机会；而那些尚未正式进入中国市场的国外酒商则将此次评酒会当成了进军中国市场的“桥头堡”。

一个崭新的商业时代即将到来！

2003 年，中国才真正开始规范工业生产真正意义地符合国际规范、获得世界认可的葡萄酒。中国葡萄酒业也因此迈向一个新的台阶。而此时的国外葡萄酒出现大量过剩的情况，纷纷寻求新的出路和销售市场，随着中国关税的大幅下降，以及国民消费热情的高涨，中国市场成为全球酒商眼中的“黄金之国”。

关税下调是国外酒商竞相涌入的重要原因，但巨大的市场需求才是他们更看重的。有关统计表明，当时中国的葡萄酒年人均消费量只有 0.3 升，而世界的平均水平为 7 升，欧美发达国家甚至达到 45 升。中国的葡萄酒市场的潜在需求巨大，而巨大的发展潜力将为葡萄酒商提供更加广阔的空间和舞台，因此，国外酒商对中国市场虎视眈眈。

当时，世界葡萄酒行业的年销售额每年增加不到 1%，而中国每年增加速度却超过 15%。在市场大势的带动下，张裕、王朝等国内葡萄酒企业平均增长 30%~40%，长城更是高达 100%，而莫高则奇迹般地增长 200%！

但有业内人士指出，今后国产葡萄酒的发展不会这么突飞猛进了。过去由于关税保护，国外葡萄酒主要走高端路线，而国内葡萄酒大多定位在中低端市场，双方的正面冲突并不大。然后，随着关税下调，巨大的利润空间吸引了国外酒商的蜂拥而至，而且在定价方面也有了更大的操作空间，中低端产品的进入将使国产葡萄酒面临严峻考验。

国内葡萄酒业当时仍处于前期起步和成长阶段，在中国整个酿酒产业中葡萄酒仅占到 1% 的微小比例，在世界葡萄酒行业中的地位也仅仅完成了从无到有的转变，正在迈上健康的轨道。中国酿酒葡萄的品种、种植和管理水平都比较落后，原材料质量不高，这也影响了葡萄酒的质量。另外，葡萄酒行业缺乏统一标准，导致市场出现以次充好、良莠不齐的现象，国内葡萄酒的风险预警体系不够健全。

所有的这一切，随着成熟而强大的国外酒商的进入，都给国内葡萄酒商带来了严峻的生存考验。但危机之下，也蕴含着机会——一方面是国外酒商的进入，也带来了先进的生产技术与成熟的管理理念，为促进国内葡萄酒商的发展提供了学习机会；另一方面则是随着葡萄酒消费者的增加（逐步完成消费者教育），巨大的消费市场也孕育着巨大的品牌崛起的机会。

而后随着宏观经济的增速放缓，居民消费支出开始受到影响，葡萄酒尤其是高档酒的消费需求面临更大压力。但据统计数据显示，2005 年至 2009 年，中国葡萄酒消费量仍上升了一倍，达到 11.56 亿瓶，升幅为 104%。与此同时，2005 年至 2009 年葡萄酒总销售额增加 156%。

中国作为全球葡萄酒增长率最高的市场，已经成为全球葡萄酒大国的战略市场。据中国轻工业网数据显示，尽管进口葡萄酒仅占中国葡萄酒总消费量的 14.7%，其增幅却相当惊人：2005 年至 2009 年间上升了 393%。

经过多年的快速发展，中国已经成为亚洲最大的葡萄酒生产国与消费国，到了 2008 年，中国葡萄酒产量、消费量均已跃居全球前十位。

一个“与狼共舞”的新时代已经来临！国外企业与中国企业同台竞技，奢侈品牌与消费者面对面沟通，他们的互动与博弈将直接影响这个被视为“全球未来最大的奢侈品市场”的消费走向，以及各大奢侈品牌的命运。

2004

“硬奢”[①] 闪耀国人新视线

2004 年，意大利奢华珠宝品牌宝格丽[②]（Bvlgari）进入中国。从位于北京王府饭店的一间 8 平方米的小精品店开始，中国成为宝格丽增长迅速的全球最大市场之一。

自诞生 130 多年以来，宝格丽均衡地融合了古典与现代特色，以希腊罗马的典雅文化、意大利文艺复兴及 19 世纪的冶金技术为灵感，创作出别具一格的独特风格，得到了世界各国社会名流的热烈追捧，备受皇室贵族、影视明星的青睐。

---

① 业界的大致分类，将珠宝、钻石和高档腕表等价值较高（甚至能保值增值）的产品称为“硬奢”；将时装、皮具和配件等价值较低（价值易损）的产品称为“软奢”。“轻奢”由日本管理学者大前研一在著作《M 型社会》中提出，意指“能够负担得起的奢华”，300 美元的价格是分界线；而将价格是它的 2~3 倍甚至更高的产品称为“重奢”。“轻奢”的对立面是“快时尚”，前者注重原创设计、产品体验，而后者侧重流行元素，对质量要求并不高

② 该品牌名称常出现“Bvlgari”与“Bulgari”两种写法，被使用较多的前者是采用拉丁文拼写而成

它的故事，其实源自希腊。

1857 年，品牌创始人索帝里欧 · 宝格丽（Sotirio Bvlgari，以下简称宝格丽先生）出生于希腊伊庇鲁斯地区的银匠世家，而后也成长为一位制作珍贵银器的专家。

他不仅集匠人高超的手艺和过人的禀赋于一身，还具有敏锐的商业头脑。他创作的第一款银制作品将拜占庭和伊斯兰的传统元素与寓言、花卉、叶状图案相结合——这彰显了他的创作风格，受古希腊和古罗马文艺复兴时期影响较大。

1879 年，宝格丽先生离开希腊去意大利寻求更多的发展机会，并在科孚岛和那不勒斯停留了一段时间，直至 1881 年在罗马定居。当时这座城市是新成立的意大利王国的首都。

1884 年，在资金条件成熟后，他在罗马的 Via Sistina 街 85 号开设第一家银器店，专门出售精美的银制雕刻品。10 年之后，他又在附近的康多提大道（Via Condotti）28 号开设了第二家专卖店。

1905 年，宝格丽先生在儿子乔吉奥（Giorgio）与科斯坦提诺（Costantino）的协助下，在康多提大道 10 号设立了第三家规模较大的店铺，直至今日成为宝格丽总部旗舰店。

耳濡目染之下，他的两个儿子深深为银饰、宝石与珠宝的魅力所吸引，开始热衷于制作宝石首饰，并跟随其学习做生意的诀窍。兄弟俩渐渐在家族企业中取代了其父亲的角色。

1934 年，宝格丽先生逝世两年后，康多提大道 10 号的店面被重新翻修并扩大营业。崭新的店面在当年 4 月揭幕，并获得广泛好评——不论是新店的外观或是店内的装潢，都体现了意大利百科全书“*Enciclopedia Treccani*”中所记载的“negozio”（商店）的意境——这标志着兄弟两人完全接管了家族事业，开始悉心打造他们的首饰王国，并将品牌名称改为宝格丽。

而“二战”时期（1939—1945 年），是宝格丽历史中的一个重要转折。当时，法式风格一直是欧美珠宝界的风向标，其制作首饰的题材和选料都有一定的规矩，直到以宝格丽为首的意大利风格打破这一审美传统。

宝格丽由此经历了一次重要的转变：它的设计开始跳脱法国学院派的严谨规范，突破首饰的题材和选料的限制，融合希腊和罗马古典主义的精髓，受到意大利文艺复兴时期和19世纪罗马金匠学派的影响，渐渐形成独有的风格。

最著名的工艺就是以多种不同颜色的宝石搭配组合，以色彩为设计精髓，独创性地用多种不同颜色的宝石进行搭配组合，再运用不同材质的底座来凸显耀眼的色彩。

为了使宝石的色彩更为齐全，宝格丽创新性地在首饰上使用了半宝石，如托帕石、海蓝宝、珊瑚、紫晶、碧玺、黄晶、橄榄石等；为了使首饰上的彩色宝石产生浑圆柔和的感觉，宝格丽开始研究改良流行于东方的圆凸面切割法，创新出孔雀切割法，以圆凸面宝石代替多重切割面宝石。

这对当时的欧美传统珠宝生产商来说，算是一次有冲击性的技术革新。此外，宝格丽还开创了心形宝石切割法和其他许多新奇独特的镶嵌形状。

这些珠宝首饰体现了浓厚的希腊与意大利古典风格，每一款首饰在最初的灵感萌发之后，还要经过设计师与工匠的精心雕琢，由此产生了许多珠宝中的经典之作。

宝格丽独具魅力的珠宝首饰制作流程如下：

首先，专业的内部买手与宝石专家每天不知疲倦地在全球宝石市场搜索寻找品质最佳的宝石。他们要找到那些来自哥伦比亚，但如今已极为稀有的最珍贵的祖母绿；来自克什米尔，产地为斯里兰卡的最珍贵的蓝宝石；来自缅甸的最珍贵的红宝石……

寻宝之旅靠的是他们伯乐般的“慧眼”和经年累月的努力。为了找到能制作一套完整和谐的作品所需要的宝石，往往需要花费数月甚至数年的时间。

完成了宝石收集之后，为了将它们打磨成一件非凡脱俗、价值连城的艺术品，还需要经过一番极为繁琐冗长的艰辛历程。

其次，便是在集团董事长的统一指导下有序展开的创作过程：徒手绘制各种设计建议的草图，对每个图示方案的形状、色彩平衡与比例进行至为详细的分析，之后做出作品方案的最终定稿。

最后，是对宝石的切割。完美的切割对展现宝石之美至为关键，在工艺师们的眼中，每一粒宝石都是有生命的，而他们的使命就是挖掘并展现每款宝石的珍贵非凡之处。

传统的切割工艺被广泛运用，明亮切割和阶梯式切割用于钻石；枕形、椭圆形和梨形切割用于蓝宝石和红宝石；而阶梯式、椭圆形和梨形切割则用于祖母绿……

制作 1：1 最终彩色图及细节详图；由原料部门将宝石嵌入蜡模；由公司的顶级珠宝工作室根据所收到的指示开始进行实际珠宝创作——以上三个繁复的过程无一不是靠人力手工来完成。整个设计制作时长从 3 个月到一年，甚至数年以上。

完美作品的背后，是追求完美之人对于所专注之事的持之以恒的热忱，以及让人敬佩的工匠精神。宝格丽正是如此，保持着它一贯的卓越品质与极致追求。

蛇在许多文化中都是充满灵性的一种生物，它在古埃及和古希腊神话中常常象征着智慧、活力和重生。这一神秘而魅惑的古老图腾也是宝格丽的重要灵感来源——与此常被相提并论的，是卡地亚的猎豹。

20 世纪 40 年代，宝格丽率先将灵蛇形象运用到珠宝腕表的设计之中。而后逐步推出的 Serpenti 系列蛇形珠宝、Serpenti Tubogas 系列蛇形腕表和 Serpenti Forever 系列蛇头包都已成为品牌的经典单品。

随着产品系列的不断丰富，凭借卓越的品质与迷人的魅力，20 世纪 70 年代，宝格丽开始走出意大利，位于纽约、日内瓦、蒙特卡罗及巴黎的精品店相继开幕。这些举动标志着宝格丽开始拓展国际市场。

1977 年，推出宝格丽腕表，随后“Bvlgari Time”公司于瑞士成立，负责管理公司所有腕表系列的设计及生产；1993 年，首款香水 Eau Parfumee

推出，标志着宝格丽多元化经营策略的第一步；1997 年，丝巾、眼镜及皮具系列于全球上市；2004 年，第一家宝格丽奢华酒店在米兰开幕……

从珠宝、腕表、香水、配饰到酒店，宝格丽坚持以单一品牌在全球奢侈品市场发展。虽然产品线不断延伸，但它希望在产品中贯穿这样的理念：品牌风格的演进必须随时间、品位和习惯的改变而改变；只有持续地创新设计风格与发现新素材，才可能不断延伸产品线，为这个历久弥新的奢华品牌注入活力。

2006 年，全球 CEO 弗朗切斯科·特拉帕尼（Francesco Trapani）先生到访中国[①]——这位 27 岁就被他的作为宝格丽家族继承人的两位舅舅任命为全球 CEO 的传奇人物，以宝格丽再续辉煌为己任，将品牌的影响力不断扩大，不仅销售额成几十倍的速度壮大，更不断拓展品牌的内涵，以及不断丰富产品的系列。

对于宝格丽这 3 年在中国内地的业务发展，特拉帕尼先生称“很满意”。而前不久刚开业的 254 平方米的中国旗舰店（上海恒隆广场），也成为品牌在中国发展历史上辉煌的一笔。

特拉帕尼先生表示：“我很看好中国内地的奢侈品消费潜力，在一线城市以及二线城市开新店的计划也在进行中，相信假以时日，中国内地市场将给宝格丽带来最大的惊喜。”

他还提到了宝格丽酒店，“2005 年在米兰开设酒店是我们发展的另一个重要里程碑，且开业一年内就已开始盈利，这在业内颇少见。在此基础上，第二家酒店也马上在巴厘岛开幕，大步迈开了酒店发展的步伐。并且，我们正在中国考察适合的地点，很有可能在不远的将来，大家就能在中国看到一家完美的宝格丽酒店。”

2004 年 5 月 14 日，已进入中国市场 12 年的卡地亚在上海博物馆举办

---

① 《宝格丽：珠光闪耀中国》,《时尚周刊》，2006 年 10 月

了“卡地亚艺术珍宝展”开幕式。这场为期两个月的展览，是卡地亚典藏在中国的首次呈现。

“卡地亚艺术珍宝展”不仅是卡地亚也是国际珠宝界的一大盛事，其汇集了卡地亚一个半世纪以来设计的经典名作。在巡展于巴黎卢浮宫、大英博物馆等多家世界级博物馆之后，它来到了中国上海博物馆。

300余件传世经典全部亮相上海博物馆，展览包括卡地亚于20世纪30年代至60年代为传奇历史人物温莎公爵夫人设计的珍品，包括她最喜爱的蓝宝石豹型胸针；于1928年为印度邦主Patiala所创制的全球珠宝史上最巨型的钻石项链，以及英国国王乔治五世订购的19顶精美绝伦的皇冠。

在之前的巡展中，小皇宫博物馆（Petit Palais Museum）馆长吉尔·加扎尔（Gilles Ch1azal）曾如此评价“卡地亚艺术珍宝展”——

“如果不能以极具美学的眼光去欣赏这些珠宝、配饰和钟表，此次展览几乎令人难以想象。除了昂贵的价格、显赫的声名（对于部分藏品而言）、时代的辉煌印记之外，这些展品真正的迷人之处，在于它们优美的材质、构成与比例，这种美至今仍散发着光彩。那些被我们称为钻石、珍珠、红宝石、蓝宝石、玉石、缟玛瑙、珊瑚、金、银和铂金的稀美材质，经技艺高超的工艺师慧眼发掘、匠心提炼与巧手雕琢，通过光的作用，展示出这些材质的华丽光彩，创造出令人惊艳的可能性。他们以不同的肌理与色彩撞出和谐的组合；悉心斟酌比例，唤醒每一件藏品内在的美感，与其所装饰的身体部位或服装完美搭配，同时还要解决制作过程中出现的各种技术障碍。每一件藏品的美，都隐藏着设计师、宝石切割师、镶嵌师、雕刻师、珐琅技师等众多专业人士渊博而丰富的技艺。挑选出最具才华的工艺师……眼光独到的创意总监居功至伟。他们都是伟大的珠宝师。卡地亚家族四代传承，成就了这项丰功伟业。”

当年正值中法建交40周年，也是中法文化年——这是我国一项对外文化交流的盛事和创举。中法两国是世界上重要的文化大国，两国都具有悠久的历史和灿烂的文化，都十分重视保护和弘扬民族文化和维护文化主权。作为东西方文化的代表，中法两国主张开展不同文明间的对话和进行不同文化间的交流与合作。中法互办文化年有利于两国人民的相互了解，有利于东西方文化相互学习，共同发展，有利于维护世界文化的多样性。

作为中法友谊年的序幕，“卡地亚艺术珍宝展”除了展出历史上极富传奇色彩的珠宝首饰外，还有冠饰、魅幻时钟、时计等其他高级工艺品，以及一些精美的设计手稿。与往届展览不同的是，本次展览的300余件展品包括卡地亚重新买回的历史珍宝和当代巨作，其中多件盖世藏品都由名人提供，而且多件艺术品是首次向世人公开展出。

时任上海市政府副秘书长薛沛建先生、上海博物馆馆长陈燮君先生、法国前总统吉斯卡尔·德斯坦先生以及卡地亚国际集团（Cartier）总裁博尔纳·佛纳斯（Bernard Fornas）先生等多位贵宾出席了“卡地亚艺术珍宝展”的开幕典礼并为展览剪彩。

中国观众们首度欣赏到世界顶级水准的奢侈珠宝及钟表杰作，500名卡地亚品牌的贵宾及好友从世界各地远道而来共襄盛举，让品牌的知名度在中国获得了前所未有的提升。上海博物馆为此设计了具有相应文化氛围的展厅，使观众可以身临其境地领略卡地亚艺术的魅力。

此次展览由中国团队策展和设计，将私人藏家贡献的当代高级珠宝作品与卡地亚典藏的藏品同时展出。其中一个展厅特别展出了设计师工作室的设计草图。由此，卡地亚成为第一个向中国公众展示其工作全景图的珠宝商，尤其是品牌历史上特有的以中国为灵感的作品。

对于奢侈品牌来说，品牌历史、品牌精神比产品本身更为重要。故事容易记忆、易于传播；故事贴近人性，更多地赋予产品情感和生命力；在这个产品高度同质化的年代里，故事又是树立品牌个性的有力工具。

这个被称为“皇帝的珠宝商，珠宝商的皇帝”的国际顶级奢侈品品牌，一直在潜心编织品牌的故事，并用各种方法传播着。

时任卡地亚大中华区行政总裁陆慧全认为：“如何让消费者在欣赏卡地亚带来的优质生活及品位的同时，了解品牌背后的故事和文化底蕴，是个非常重要的问题。从而，消费者能够更进一步体验像卡地亚这样有 160 多年历史的品牌为他们带来的艺术感受。”

时任上海博物馆馆长陈燮君则在开幕式中致辞：“这些作品，不仅在艺术上值得欣赏玩味，而且往往因曾归属名人而被蒙上一层历史和传奇的色彩……现在，终于首次来到中国，在上海博物馆与广大中国观众见面……广大观众可以看到，卡地亚的成功是与它独特的艺术设计和精美的手工制作分不开的。值得一提的是，卡地亚的设计师们善于从众多国家的文化艺术中寻求灵感，而中国对他们的影响竟是如此重要。卡地亚与中国有着由来已久的渊源关系。”

而通过展览来展示其品牌历史、故事及魅力的，还有卡地亚的母公司——历峰集团（Richemont）[①]，它首次汇集旗下十大钟表品牌，在北京故宫举办了一场大秀。

2004 年 9 月 19 日，历峰集团在故宫太庙举办“钟表奇迹”高级钟表品牌展，再现高级钟表几个世纪以来的发展史，展示钟表制作的精湛工艺和精美作品，亦有钟表大师、珐琅工艺师、雕刻大师和宝石镶嵌大师向公众展示其绝技。

这是历峰集团旗下的十大钟表品牌首次聚会在中国，展示它们凝聚着高精尖技术的精品杰作。这十大品牌是：

朗格（A Lange & soehne）：源自 1845 年，秉持德国精密制表业创始人遗下的传统，坚持只生产“世界上最优秀的钟表”的信念，展现无与伦比的精湛技术和高水准的完美手工。

名士（Baume & Mercier）：始于 1830 年的瑞士制表世家，始终秉持“唯

① 历峰集团（Richemont）是瑞士奢侈品公司，由南非亿万富翁安顿·鲁伯特（Anton Rupert）于 1988 年建立。公司涉及的四个商业领域是：珠宝、手表、附件以及时装。按营业额算，它与 LVMH 集团、开云集团（Kering）并称为全球三大奢侈品集团

美主义，只制造品质最上乘的腕表”的座右铭，传达“凝聚珍贵时刻”（Life is about Moments）的独特品牌理念，坚持创作经典永恒的腕表系列，成为至臻完美的奢华腕表典范。

卡地亚（Cartier）：全球卓越腕表品牌，擅长将前卫大胆与典雅风范相融合，是引领制表风格之翘楚。卡地亚腕表彰显了“制表工艺的热情”，将美学、创意和精益求精的工艺完美融合，高级制表系列以自制复杂功能机芯奠定了在腕表领域的尊崇地位。

登喜路（Dunhill）：作为英伦风格典范，它只创造最精美的男士奢侈用品，集优雅、功能、创新于一身的完美产品。正是对文化、旅行和工艺的衷心欣赏，奠定了其作为世界顶级男士奢侈品牌的地位。

万国（IWC）：自1868年起，这个素有“高档钟表工程师”之称的瑞士制表名家，始终坚持其对非凡技术及精湛工艺的追求，引领制表工艺的发展，不断为极其复杂精密的制表业创立新标准。

积家（Jaeger–LeCoultre）：1833年成立于瑞士钟表胜地汝山谷，将180多种制表技艺汇聚于同一屋檐下，以413项专利及1249枚自产机芯闻名于世，成为瑞士超卓的钟表大工坊。无论是罕见的手工工艺，还是卓尔不群的科技，都堪称高端制表业中典范。

万宝龙（Montblanc）：依托品牌强大的支持，万宝龙完成了自产机芯、游丝、摆轮、擒纵叉等一系列独立制造工艺。2007年将拥有150多年历史的美耐华（Minerva）表厂收购，并成立高级制表技术研究所，为高级钟表研发打下基础。

沛纳海（Panerai）：1860年诞生于佛罗伦萨，20世纪起作为意大利海军精密仪器供应商，秉承不断创新的精神，融合百年悠久历史、意大利设计风格和瑞士尖端技术、源自大海的设计灵感，创造精密机械，真正体现精准计时，赋予每一枚腕表运动的特质。

伯爵（Piaget）：从1874年诞生以来，伯爵一直秉承“永远做得比要求的更好”的品牌精神，将精湛工艺与无限创意融入每一件作品中，将腕表与珠宝的工艺完全融合在一起，陆续推出令人称奇的珠宝腕表和富于革新精神的珠宝系列。

江诗丹顿（Vacheron Constantin）：1755 年创立于瑞士日内瓦，为世界最古老最早的钟表制造厂。从简约典雅的款式到精雕细琢的复杂设计，从日常佩戴的款式到名贵的钻石腕表，每一款均代表了瑞士高级钟表登峰造极的制表工艺，体现了江诗丹顿在世界钟表业界卓尔不群的地位，及其对技术和美学的追求。

20 世纪 90 年代初，历峰集团旗下的高级钟表品牌就开始进入中国市场。但是，远在此之前，这些名牌钟表的声誉便在全球有口皆碑。

当时历峰集团旗下高级钟表品牌在中国总共有 300 多个销售网点，分布在全国 41 个最为繁华的城市。有关统计数据显示，2002 年前，中国还只是历峰集团在亚洲地区除日本以外的第五大消费市场。而 2004 年却已跃居第三位，并将迅速成为第二大市场。

而另一项调查数据显示，2002 年中国进口钟表金额为 2210 万瑞士法郎；而 2004 年已达 8820 万瑞士法郎。短短两年间提高了 4 倍！

面对这一飞速发展的巨大市场，作为全球奢侈品集团巨头之一，历峰集团必须有所行动，于是，便有了这么一场引人瞩目的“钟表奇迹”展览。

北京太庙是明清两代皇室祭奠祖先的场所，位于天安门以东，是故宫的重要组成部分，距今已有近 600 年的历史。而代表瑞士 500 年钟表文化和高超制造工艺的历峰集团，选择在此意义不凡之地（当年欧洲人正是用钟表等西洋奇器首次在皇宫叩开了“天朝”大门），对旗下十大钟表品牌的最新作品和专门为此次盛会而创制的珍贵款式进行集中展示——共计 600 多件历代和当代钟表精品，并且价格不菲，一只手表少则几万、几十万，多则数百万，甚至更多——可谓是一次匠心十足的推广大计。

出于对中国文化的尊重，当时历峰集团特别邀请爱新觉罗·溥任题写了“钟表奇迹”四个字——溥任先生不仅是中国末代皇帝溥仪的胞弟，也是统治了中国 268 年的清王朝的最后一个皇裔。

具有历史意义的是，溥任先生和夫人也出席了当时的展览会，并且参观了江诗丹顿所展出的作品，就像这位皇室成员的先祖一样，溥任先生也深深地被精美的珐琅表所吸引，对钟表匠的精湛工艺表达了由衷的赞赏和钦佩。

时任历峰集团高级执行董事兼展览会策划人弗朗格·柯罗尼（Franco Cologni）将一枚具有日内瓦优质印记（Geneva Seal）的超薄机械腕表赠送给溥任先生，当他接过这款刻有其名字的腕表后，即在江诗丹顿的产品目录上题上自己的皇族全名——爱新觉罗·溥任，这六个字不仅是对江诗丹顿产品的赞赏，而且续写了清朝皇室与西方钟表的前缘。

在这一年集体闪耀中国的，不仅是历峰集团旗下的这十大钟表品牌；还有在全球汽车界位列品牌金字塔顶端的豪车——法拉利（Ferrari）、玛莎拉蒂（Maserati）、兰博基尼（Lamborghini）、世爵（Spyker）、迈巴赫（Maybach）。

2004 年 8 月，法拉利玛莎拉蒂①汽车国际贸易（上海）有限公司在上海正式成立。合资公司主要由意大利法拉利公司及中国保利科技有限公司共同投资组建，法拉利公司在此合资公司中占有主要份额。

作为举世闻名的赛车和运动跑车的生产厂家，总部位于意大利马拉内罗（Maranello）的法拉利，由恩佐·法拉利（Enzo Ferrari，以下简称恩佐先生）于 1947 年创办，主要制造一级方程式赛车、赛车及高性能跑车。

恩佐先生于 1898 年 2 月 18 日生于摩德纳的一个铁匠之家，从小便在父亲的引擎维修工厂帮忙。尽管生活困苦，但也由此燃起了对汽车的热爱。1914 年"一战"爆发，他随之应征入伍。战争结束后，他成为一名赛车手。

1919 年是他的转折之年——他在巴雷图（Barceto）举行的帕尔马爬坡

---

① 创立于1914年的玛莎拉蒂，在1993年正式成为菲亚特集团全资控股公司；1997年，集团将玛莎拉蒂 50% 的股份卖给了它的宿敌——同时也是集团旗下的另一品牌：法拉利。由此，它们可被视为一家公司

大赛（Parma–Poggio）中首次担任赛车手，驾驶一台4缸赛车获得第四名。此后，他在塔格·佛罗热（Targa Florio）大奖赛驾驶一台4缸阿尔法·罗密欧（Alfa Romeo）赛车荣膺亚军。这一好成绩也为他与阿尔法·罗密欧公司开启了长达20余年的合作之门。

在儿子阿尔弗雷多（Alfredo）出生后，恩佐先生决定放弃赛车，自此终止了赛车手的生涯，主攻车队管理。1937年，他制造了著名的158“Alfetta”赛车，继续称霸国际赛场。同年年底，车队解散，他遂考虑开创一家属于自己的公司。

1939年9月，恩佐先生在摩德纳特雷维索（VialeTrento Trieste）、即法拉利车队前总部创办了Auto Avio Costruzioni公司。然而，由于第二次世界大战爆发，所有赛车活动被迫终止。1943年末，该公司从摩德纳迁至马拉内罗（意大利北部的一个城镇，距摩德纳18公里）。

1947年，恩佐先生创建了自己的汽车制造厂，生产出第一辆以自己的姓氏命名的汽车——Ferrari Tipol 25，并以跳马图案为商标。

紧接着，此款车型在卡拉卡拉大赛（Terme di CaracallaCircuit）中赢得了罗马大奖赛冠军。从那个决定命运的时刻算起，法拉利已在全世界的各项赛事上斩获了5000多场胜利，由此成为跑车界传奇。

为了满足不断增长的市场需求，1969年恩佐先生出售公司50%的股份给菲亚特集团（Fiat Group），并在1988年将该比例增加到90%。在菲亚特集团的强大支持下，法拉利成为一个令全球运动车迷们魂牵梦绕的传奇品牌。

法拉利旗下最具代表性的车型，莫过于2002年推出的以恩佐先生全名命名的Ferrari Enzo！公司为了纪念他的卓越成就，将此车型作为礼物来见证他的不朽远见：将赛车以及技术先进的街道车辆产品相结合的思想！

这个思想最充分的体现，便是这辆融合了世界顶尖的F1技术的街道跑车的出现。6升12缸的引擎，能迸发出650匹的最大马力，0~100km/h的时间为3.6秒，最高时速达到了350公里！尽管售价高达65.2万美元，且只限量生产350部，但在车迷客户们的强烈追捧下，法拉利额外制造了50台用于出售。

令人心潮澎湃的艳红色（品牌基本色），振奋人心的跃步烈马（品牌图案），也瞬间征服了中国车迷。尽管公司是2004年注册的，但在2003年10月，法拉利就高调地举办了其进入中国的10周年庆典——1993年10月，励骏汽车有限公司率先在北京天坛的祈年殿将第一辆汽车Ferrari 348ts交给了新中国第一位法拉利车主李晓华先生。

2003年10月26日，由来自中国香港的法拉利和玛莎拉蒂车主组成的车队由天津出发，经由高速公路驶往位于北京燕莎的汽车展厅，与等候在此的内地车主集合，共同进入天安门广场，随后驶向人民大会堂，参加“法拉利进入中国10周年庆典暨玛莎拉蒂总裁系列新车发布会”。

40辆法拉利和玛莎拉蒂跑车组成的车队，吸引了众多目光，所到之处人头攒动，场面蔚为壮观。当年，恰逢中意建交30周年纪念，令此次“法拉利在中国”的10周年庆典有了更加深远的意义。

意大利法拉利厂方为隆重其事，由皮尔洛·法拉利（Piero Ferrari，品牌创始人Enzo Ferrari先生的后裔）先生亲自率领厂方高层，连同意大利驻华大使Ambassador Gabriele Menegatti、励骏汽车主席李文辉先生、励骏汽车董事长夏德成先生及中国保利集团常务副总经理陈洪生先生为本次庆典揭幕①。

皮尔洛·法拉利先生在庆典上说：“中国拥有巨大的汽车市场，它将成为法拉利征战世界的一个重要部分。法拉利品牌及F1车队在中国如此受重视及爱戴是我们意大利的光荣，我想我的祖先会和我一样为此而感到骄傲。在往后的日子，我们会秉承传统继续为中国车迷带来更多世界级的跑车。”

励骏汽车主席李文辉先生也表示：“很荣幸我们能将法拉利品牌引入中国，并一路伴随它的成长和壮大。法拉利品牌在中国的成长过程也折射出了

① 《法拉利进入中国十周年》，新浪汽车专题，2003年10月26日

中国经济的发展过程，我们衷心地希望看到中国经济的不断发展，也将不遗余力地将世界顶级产品介绍给中国的消费者。”

而此次庆典的另一个主题，则是发布玛莎拉蒂（Maserati）总裁（quattroporte）系列车型。

玛莎拉蒂是一家意大利豪华汽车制造商，1914 年 12 月 1 日成立于意大利博洛尼亚（Bologna），公司总部设于摩德纳（Modena）。其生产的全新轿跑系列是意大利顶尖轿跑车制作技术的体现，也是意大利设计美学以及优质工匠设计思维的完美结合。

“Maserati”这个名字来源于意大利王国时期的铁路工人鲁道夫·玛莎拉蒂（Rodolfo Maserati）和他的七个孩子。鲁道夫虽然职位不高，但他热爱工程，每天捣鼓铁轨上的克虏伯机车，为他的儿子们走上工程师道路打下了基础。

玛莎拉蒂汽车公司的发展史，就是一部家族六兄弟（三哥 1 岁时夭折）齐心逆袭的励志创业史。

在这个家族中，生于 1881 年的长子卡罗尔·玛莎拉蒂（Carlo Maserati）率先进入机械设计领域。17 岁时，他设计了自己的第一台单气缸发动机，并装在自行车上，因此赢得了 1900 年的拉力赛。在都灵，他利用业余时间设计了一款全新的单气缸发动机，装在木制的汽车底盘上——在某种意义上，这可以视为第一辆玛莎拉蒂车的诞生。从那时起，它就是时代的领跑者。

而后，这六兄弟经历了公司跳槽、研发汽车、改装比赛、创立公司、应征入伍（“一战”爆发）等一系列过程，这当中最具有历史意义的，是在 1914 年——

已经获得了足够制造技术和启动资金的二哥宾多·玛莎拉蒂（Bindo Maserati）、四弟阿尔菲力·玛莎拉蒂（Alfieri · Ⅱ Maserati）、六弟埃托·玛莎拉蒂（Ettore Maserati）在意大利博洛尼亚创立了公司，并以最出色的四弟为名，命名公司为“ Officine Alfieri Maserati”(阿尔菲力·玛莎拉蒂公司），主要业务是为老东家伊索塔·弗拉斯基尼公司（Isotta–Fraschini）生产的汽车进行改装，并参与道路汽车赛。

在兄弟们的齐心努力下，公司的业务不断扩大，并于1925年更名为Societa Anonima Officine Alfieri Maserati公司，同时启用“三叉戟”作为公司标识——这个标识取材于矗立在博洛尼亚Maggiore广场上的“海神”尼普顿（Neptune）雕像，他手中握着的正是显示其伟大能力的三叉戟——由五弟马里奥·玛莎拉蒂（Mario Maserati）设计。

四弟阿尔菲力·玛莎拉蒂在1926年制造出了Tipo 26车型，这是第一辆纯粹的玛莎拉蒂汽车，也是第一辆带有三叉戟标志的赛车。Tipo 26在同年的4月25日首次登场，参加了Targa Florio耐力赛。这款搭载1.5L直列八缸发动机，最高时速可以达到160km/h的赛车，使他轻松地获得同级别赛车的第一名。随后Tipo26又在其他赛事中取得了多场胜利，自此兄弟们开始考虑生产赛车。

随着城市化进程，汽车不再仅仅是对比赛速度的追求，而逐渐成为日常生活的一部分。由此，兄弟们顺应时代需求，将其在赛车研发的成就应用于公路跑车的开发中——奢华与狂放不羁的运动天性完美融合，舒适与富有激情的驾驶乐趣并重，一代代凝结着其独特的品牌精髓与内涵的车型不断问世，最终将玛莎拉蒂推向了全球豪华轿跑车的巅峰地位。

而这次亮相中国的“总裁”，是一款兼具奢华内饰和卓越性能的豪华轿车，其一直是意大利总理及其他官员的官方用车。简洁典雅的外形，豪华内饰及高端跑车技术的应用赋予了“总裁”无穷的驾驶乐趣和超强的乘坐享受。

快意汽车有限公司（励骏汽车的兄弟公司，同属中国香港和记行集团旗下）一直看好中国这片未来的汽车热土和世界经济发展的新生力量，借着第六代“总裁”登陆的契机，它继续致力于中国汽车市场的拓展和推广，让中国的消费者也能体会世界顶级名车带来的震撼和享受。

玛莎拉蒂厂方行政总裁 Mr. Antonello Perricone 在上市仪式上表示：“总裁系列新车凝聚了我们多年来开发高级舒适房车的心血，它卓越的性能、尊贵典雅的设计以及它所带来的独一无二的驾乘感受，都铸就了它成为一款世界顶级房车。我们很高兴将它带入中国市场，同时，也希望借此机会将玛莎拉蒂品牌在中国发扬光大。”

快意汽车有限公司主席李文辉先生也表示：“总裁系列有着辉煌的历史和无与伦比的出色表现，希望在今后的日子里，中国的消费者能更关注玛莎拉蒂品牌及它在国内的发展。”

在意大利汽车界，有着“两王一后”的说法——“一后”就是玛莎拉蒂（Maserati），而“两王”则是法拉利（Ferrari）与兰博基尼（Lamborghini）。同在 2004 年，这一“王”也来到了中国。

咄咄逼人的活力动感，一往如前的豪迈气势，意大利式的热血奔放——正如其 LOGO（一头倔气十足的公牛），诠释了这一与众不同的汽车品牌的特性：挑战极限，高傲不凡，豪放不羁。

作为全球顶级跑车制造商，兰博基尼绝对是一个异类，它总是出人意料地推出一款又一款的超凡脱俗的高性能车——它是举世难得的艺术品，被誉为“汽车史上最伟大的设计师”马塞罗·甘迪尼（Marcello Gandini）为其倾注一生的心血；它是冲突鲜明的“钢铁野兽”，每一个棱角、每一道线条都是如此刚烈，默默诠释着那近乎原始的野性之美。

它的创始人，是生于 1916 年 4 月 28 日的费鲁吉欧·兰博基尼（Ferrucio Lamborghini，以下简称费鲁吉欧先生）。尽管出生在以种葡萄为生的农民家庭，但他从小对机械方面很感兴趣，成年后凭借多年机械知识的积累（他在“二战”期间担任意大利皇家空军的机械师），他开办了兰博基尼农用拖拉机工厂。

“二战”时期，意大利工业的第一要务是为战争提供物资，因此很多工厂转而生产军需品。而费鲁吉欧先生选择的生产农用拖拉机这个“冷门”行业，由于竞争少，其生产的农用拖拉机在短时间内就获得了较大的市场占有率。在20世纪50年代中期，工厂成为意大利最大的农业设备制造商之一。

农用拖拉机的成功，激发了费鲁吉欧先生进军其他行业的行动，比如生产暖炉、制冷器等家用电器。于是，兰博基尼这个品牌在普通大众消费品市场又有了一定的知名度。

1958年，费鲁吉欧先生最喜欢的法拉利250GT跑车出了故障，遂跑到法拉利制造公司投诉变速箱问题，却不料遭到拒绝。气愤之余的他找到恩佐·法拉利（Enzo Ferrari）先生，对其车型提了一些改进建议，不料恩佐先生的回答更绝："用不着一个做拖拉机的来告诉我如何制造跑车吧？"

费鲁吉欧先生被激怒了，为了向恩佐先生证明"虽然我是卖农用拖拉机的，但我若是造跑车一定比法拉利强"，决定建立一个汽车制造工厂来实现他对于运动跑车的完美追求。

1963年，兰博基尼的汽车工厂在意大利的Sant'Agata Bolognese正式成立，费鲁吉欧先生开始召集属于自己的设计团队，并于当年推出了第一款跑车350 GTV。

就这样，一个注定会在全球跑车界叱咤风云的品牌就这么诞生了！而与法拉利的LOGO"跃马"相对应，兰博基尼的LOGO是一头"蛮牛"，牛马相对，意大利汽车界的"两王"格局由此确立。

既然意大利汽车界的"两王一后"都被这个"未来最大的奢侈品市场"吸引来了，其他豪车品牌又怎会甘于落后呢？于是，两大顶级汽车品牌世爵（Spyker）与迈巴赫（Maybach）也来到了中国。

同样都是跑车品牌，但世爵却有着与法拉利及兰博基尼截然不同的气质——它生产的跑车全部为手工打造，多项指标采用F1标准，且完全依据客户的需求量身定制。世爵的目标是运动汽车市场中顶级的用户。

它的故事，源自遥远的1898年，荷兰马车制造商雅克布斯（Jacobus）和亨德里克·让·世派克（Hendrik Jan Spijker）兄弟二人在阿姆斯特丹

（Amsterdam）制造了第一辆使用奔驰发动机的汽车。同年，为了向即将来临的荷兰女王威廉敏娜（Wilhelmina）的加冕仪式献礼，他们又制造了著名的黄金典礼马车。

为了更加适应国外市场，他们将“Spijker”改为“Spyker”（世爵）。1900 年，世爵的第一辆汽车正式面世，搭载由奔驰提供的双缸 3hp 和 5hp 引擎；1903 年，推出了在当时极为先进的世爵 60 HP 车型——这是世界上第一辆拥有 6 气缸发动机和恒时四轮驱动、四轮制动的汽车。

1914 年，世爵同荷兰飞机制造股份公司合并，公司开始发展和生产航空器。在第一次世界大战期间，世爵共生产了 100 架战斗机和 200 台航空发动机。第二年，公司提出“执着强悍，畅行无阻”（Nulla tenaci invia est via）的口号，并一直沿用至今；同时，还推出了新的公司标识，就是大名鼎鼎的水平飞机螺旋桨穿越的辐轮标识。

“一战”结束后，世爵恢复了汽车生产。秉承其口号的宗旨，继续生产创纪录的汽车。其中最著名的是世爵 C4，该车拥有特别制造的引擎，出自德国的传奇工程师威尔海姆·迈巴赫（Wilhelm Maybach）。

C4 是具有超强马力和高可靠性的豪华汽车。1921 年，一台标配的 C4 打破了勒芒耐力赛纪录，持续行驶 36 天，运行了长达 30000 公里。一年以后，著名车手 Selwyn Edge 驾驶 C4 以平均 119 km/h 的时速刷新了英国布鲁克兰的双十二小时耐力赛纪录。

但很遗憾的是，因为各种原因，世爵公司于 1925 年中止了经营和生产，但是它的名字却从未被人们忘记——它已成为高科技、超豪华、独一无二和极为可靠的标志和品牌。

直到 1999 年，律师出身的荷兰人穆勒找到享有世爵品牌所有权的世爵家族，向他们阐述了自己想要重塑世爵品牌的想法。终于，在他的努力下，世爵家族无偿地将世爵品牌交给了他。2000 年，穆勒和马尔滕·德·布鲁金成立了新的世爵汽车公司，继续手工打造人们心目中的超级跑车。

传承世爵的赛车传统，世爵在 2001 年推出世爵 C8 双 12；一年之后，公路版的世爵 C8 双 12S 面世，迎得了荷兰皇家和全球名流的喝彩。而坐拥巨额财富又想彰显自我个性的中国富豪群体，亦吸引了世爵的到来。

随它一起驶入中国的，还有迈巴赫（Maybach）。这个传奇性汽车品牌的创始人，正是 Spyker C4 引擎的打造者，威尔海姆·迈巴赫（Wilhelm Maybach，以下简称威尔海姆先生）。

1846 年 2 月 9 日，威尔海姆先生出生于德国的海尔布隆（Heilbronn），后来全家搬到了斯图加特（Stuttgart）。威尔海姆从小便显示了其在技术方面的天赋。

1865 年，他与“汽车鼻祖”戈特利布·戴姆勒（Gottlieb Daimler）在 Bruderhaus 的车间内初次见面。年仅 19 岁的他凭借自己在绘图方面非凡的天分，很快引起了戴姆勒先生的注意。相同的兴趣与爱好架起了两人之间友谊的桥梁，遂成为亲密无间的挚友。

随后，威尔海姆先生接受邀请，加入了戴姆勒先生的研发工作室。在两人的共同努力下，他们研发了很多划时代的汽车引擎及相关产品。最伟大的成就，发生在 1886 年——

1886 年，戴姆勒先生把研发的引擎安装在他为妻子 43 岁生日而购买的马车上，创造了第一辆戴姆勒汽车。

同样是在 1886 年，另一个年轻人把他发明的不用马拉、自己会走的车（安装了他发明的单缸汽油发动机）开到路上行驶了一公里。他的名字叫卡尔·弗里德里希·奔驰（Karl Friedrich Benz）。

于是，一个重要的历史时刻到来了——1886 年 1 月 29 日，他们两位获得世界上第一辆汽车的专利权，标志着世界上第一辆汽车诞生！从此，人类与马车渐行渐远，而这一天也被认为是“世界汽车诞生日”。

而后，两人的发展路径是这样的：1890 年，戴姆勒先生创建戴姆勒发动机公司；1906 年，奔驰先生和他的两个儿子成立了奔驰公司；1926 年，两家公司合并，成立戴姆勒 - 奔驰（Daimler-Benz）汽车公司。

为何公司名称是“Daimler–Benz”，但汽车品牌却是“Mercedes–Benz”呢？

原来，“Mercedes”名字的由来有一段小小的插曲：时任奥地利驻法国尼斯（Nice）的领事埃米尔·耶利内克（Emil Jellinek），是戴姆勒汽车的热情支持者，曾在1899年驾驶其凤凰牌轿车（Phoenix）在汽车大赛上取得冠军。他给赛车起了一个昵称“Mercedes”——这是他的小女儿的名字，认为是这美丽的名字和美丽的女儿给他带来了好运，于是建议戴姆勒先生用这个名字作为汽车的商标。建议被采纳后，汽车销路果然大好。

于是，有着美好名字与寓意的梅赛德斯－奔驰（Mercedes–Benz）汽车开始驶入全球各地的千家万户。

目睹了两位汽车发明者的创业历程，威尔海姆先生坐不住了。1921年，他成立了以自己姓氏命名的迈巴赫引擎制造厂，开始制造自己心目中的完美汽车。

直至1941年，迈巴赫汽车由于第二次世界大战而被迫停产，从此进入一个长达60年的沉睡期。堪称艺术品般的迈巴赫汽车包括堂皇的豪华轿车、高贵的普尔曼轿车（Pullman）、动感的2~7座跑车、时尚的敞篷车等。至停产之时，它共生产了1800辆高级轿车，其车身完全按照顾客的要求精心设计和装备而成。

2002年末，这个历经沧桑的品牌重新进入了人们的视野。复活后的迈巴赫品牌已经远远超出了顶级豪华车的定义，以无出其右的气势席卷着全球豪华车业界。

时任梅赛德斯汽车集团全球市场销售执行副总裁施密特表示：“迈巴赫品牌代表着无与伦比的优秀品质，匠心独运的制作工艺，不断突破的科技水平，以及卓尔不群的尊贵气质。这个传奇品牌再现市场，势必成为超级豪华轿车领域的新典范。”

而这个超豪轿车的新典范，正轰隆隆地驶向中国。在那里，它将会续写怎样的传奇？

2005

国际大牌与中国市场的深度融合

2005 年 9 月 16 日，百达翡丽（Patek Philippe）专卖店落户上海外滩 18 号——这是它继原产地日内瓦、“国际时尚之都”巴黎之后的全球第三家门店。作为“手表中的蓝血贵族”，稳居“世界十大名表之首”的百达翡丽，以实际行动预告了中国奢侈品市场的光明未来。

这个创立于 1839 年的钟表品牌，是瑞士日内瓦的家族独立经营制表商，自始至终都是自己生产，而训练一名合格的制表师则需要 10 年时间。高贵的艺术境界与昂贵的制作材料塑造了百达翡丽经久不衰的品牌效应，而能拥有它则是钟表爱好者及贵族的标志——正如它的经典广告语，“没人能拥有百达翡丽，只不过为下一代保管而已”（You never actually own a Patek Philippe，You merely look after it for the next generation）。

它的故事，得溯源至 1838 年，最初的公司名字“Patek，Czapek & Cie”，以及两位“开山鼻祖”安东尼·诺克·百达（Antoine Norbert de Patek，以下简称百达先生）与弗朗西斯·查皮克（Franciszek Czapek，以下简称查皮克先生）。

百达先生主管经营，查皮克先生负责生产。最初的客户大部分都是他们两位的波兰老乡，但随着当地表厂林立，竞争极其激烈，艰难的创业处境让查皮克先生萌生了退意。

1844 年，百达先生携带产品参加巴黎钟表博览会，与钟表师让·亚德利·菲利普（Jean–Adrien Philippe，以下简称菲利普先生）相识。当时菲利普先生发明的无钥匙上链技术，获得该届博览会的金奖。仔细研究他的发明后，百达先生嗅到了商机。由于二人同具敏锐的商业意识，当即便萌发合作的念头。

一年后，查皮克先生退出股份，自立门户；而百达先生与菲利普先生开始联手。1851 年，公司正式改名为百达翡丽公司（Patek Philippe & Co）。菲利普先生极具创新意识，工艺精湛，堪称制表大师。他信奉“制造精密机械”的理念，由他制造的袋表远远超越其他品牌。

同年，好运不期而至。维多利亚女王莅临首届伦敦钟表博览会，被一款百达翡丽怀表吸引——这款表是无钥匙上链设计，直径不过 30 毫米，精致而新奇。女王当场解囊买下，在她的带动下，阿尔伯特王子也买了一款。消息不胫而走，百达翡丽成为众人瞩目的焦点。

很快，他们的公司便跻身名表公司行列，赢得世界范围内的声誉。百达先生精明，市场开拓能力强；菲利普先生技术卓越，充满创作的灵感。两人的珠联璧合创立了瑞士钟表业的一段段传奇。

百达翡丽一直信奉精品哲学，遵守“重质不重量、细工慢活”的生产原则。主旨只有一个，即“追求完美”。它奉行限量生产，直到今天每年的产量不过 2.5 万到 3 万枚。

一款表从设计到出厂至少需要 5 年的时间：4 年的研究设计，9 个月的生产，3 个月的装嵌及品质监控。如果量身定做的话，则研发所需的时间更长。史上最贵的 1100 万美元的天价表，便是 1933 年百达翡丽为美国一位银行家所特制，可显示 24 种不同信息：月份、日期、日落和日出时间，甚至包括纽约市任何一个晚上的星辰与月亮盈亏图。这枚表历经 3 年设计、5 年制成，长达 8 年的时间，只为一只表。这是何等的精品意识!

在瑞士的钟表王国里，星光灿烂，而百达翡丽则是最亮的那一颗。然而论悠久，建于 1839 年的它逊于宝珀（1735 年）、江诗丹顿（1755 年）；论销量，它输于时尚的宠儿天美时（Timex）与精工（Seiko）；论高调，它更是亚于劳力士（Rolex）。那么，它是如何能独步钟表世界，屹立于王者之位的?

有钟表业专业人士做了总结，共有十大理由——

1. 维持独立的企业形态。百达翡丽是日内瓦历史最为悠久的独立家族制表企业。独立的地位确保百达翡丽能够掌控自身命运，同时追求长远的战略目标。

2. 岁月淬炼的优良传统。源于数代人积累的丰富制表经验和精湛技艺，确保百达翡丽的制表工艺能够薪火相传，发扬光大。

3. 革新创造力。百达翡丽凭借其在创新研发领域的创意，不断推动制表技术突破界限，至今已获 100 多项专利，其中被认为对钟表业发展产生过重大影响的专利就多达 20 项，确立了品牌制表工坊的先锋地位。

4. 讲究的工艺品质。百达翡丽秉承两位创始人的同一个目标，那就是研发并打造全世界最精美的时计。时至今日，品质与工艺依然是百达翡丽严格奉行的生产准则。

5. 珍贵稀有的特质。百达翡丽在制作过程的各个环节采用了严格的品质标准，同时花费数月时间确保手表品质足够水准，正是这一切令每款百达翡丽时计成为行家眼中珍贵稀有的工艺杰作。

6. 保值甚至超值的可能。每一款百达翡丽时计都可以视为凝聚着传承数世纪宝贵经验和无数小时辛勤付出的集合体。百达翡丽的许多表款早已成为时计的典范，在各大拍卖会上不断刷新成交价格纪录。

7. 值得收藏的工艺美学。百达翡丽时计的美学不仅在于经典优雅的外观，它还展现了一种精密复杂机械构造的魅力，树立了低调内敛、永恒优雅的独特风格：融合了个性与稳重、优雅与独特。

8. 重视售后服务。百达翡丽的经销网络都经过精心筛选，为表主提供最高水准的售后服务，甚至将售后服务当作百达翡丽印记的重要标准之一。

9. 含有浓厚情感意义。百达翡丽俨然成为一件保留珍贵记忆的私人物品，正如它的广告语，“没人能拥有百达翡丽，只不过为下一代保管而已”，通过百达翡丽来表达纪念意义是一种表达爱与关怀的最佳方式。

10. 强调世代传承。百达翡丽会带表主了解一个家族企业的世界，其每一代家族成员秉持子承父业的传统，全力守护其深受肯定的制表工艺底蕴。

2005 年，百达翡丽正式落户上海外滩 18 号，在这座原为英国渣打银行驻中国总部的经典历史建筑内，开设中国第一家百达翡丽专卖店暨客户服务中心。

2008 年，百达翡丽将中国的第二家专卖店暨客户服务中心，选址北京前门 23 号的一幢国家历史保护建筑开业——这两家专卖店暨服务中心，不仅提供产品销售及售后维修，更旨在为中国消费者提供来自百达翡丽最专业的终身服务，以保证每一枚百达翡丽的时计都能长久传承其最初的优质和珍贵价值。

2009 年，泰瑞·斯登（Thierry Stern）先生出任公司总裁，而其父菲利普·斯登（Philippe Stern）先生担任荣誉主席，标志着公司管理权由第三代继承人正式过渡至第四代继承人。

面向高端消费急速发展的中国市场，百达翡丽仍采取稳健且服务至上的市场策略。菲利普·斯登表示，“百达翡丽在其方方面面都能坚守着自己固有的发展节奏和理念，低调而稳健。而在中国，能有更为扎实及长久的规划发展，不急于一时一刻，要将品牌价值与中国文化相结合，带领百达翡丽走向更广阔的一番天地。”

2012 年，百达翡丽从外滩 18 号搬迁至外滩源 33 号，并以“百达翡丽·源邸”（Maison Patek Philippe）姿态全新揭幕。源邸其“源”字取自上海新址所在地“外滩源”，是上海开埠历史的起点，含有“起始”之意；而新址前身为英国驻沪总领事馆官邸，故“邸”字顺延此意，以取其高贵尊荣的象征。

“源邸”二字，意喻百达翡丽秉承其日内瓦传统，这里不仅仅荟萃了百达翡丽的制表杰作，更是为各位爱表人士量身打造的交流场所，以分享来自百达翡丽时计作品的臻美技艺，传承这座时光殿堂所蕴藏的悠长历史与品牌价值。

同于2005年在中国开启全新历史篇章的，除了百达翡丽，还有梵克雅宝（Van Cleef & Arpels）、万宝龙（Montblanc）与华伦天奴（Valentino）。

梵克雅宝的故事开始于一段美好的姻缘。19世纪末，Estelle Arpels和Alfred Van Cleef两人的结合促成了它的诞生。1906年，夫妇俩在法国凡顿广场22号设立了品牌的第一家精品店。

它浸染了巴黎的艺术气息，紧随自然的韵律，迎合一颗颗渴望飞扬的心，在珠宝的殿堂中，演绎着和谐轻盈之美，以巧夺天工的精工技术、极为挑剔的宝石筛选、精致典雅、简洁大方的样式与完美比例的造型设计，在国际珠宝界中独树一帜。

梵克雅宝一直致力于改良珠宝的外观，以增加光泽与明亮度，呈现宝石天然原始的感觉，提升其价值与魅力，并避免用粗劣不精致的镶嵌方式造成珠宝被破坏。1933年，它融合了自己的艺术与技术，发明了“隐秘式镶嵌法”——这种方法可以将宝石与宝石紧密地排列在一起，其间没有任何金属座或镶爪。这种方法赋予了宝石一个完全不同的外观，影响了整个高级珠宝业。

1939年，为强化其国际市场地位，品牌开始进军美国，迅速成为纽约第五大道上流阶层的钟爱，随即又在棕榈滩、比佛利山庄等地开设分店。

自诞生以来，梵克雅宝便一直是世界各国贵族和名流雅士所特别钟爱的顶级珠宝品牌，曾为许多王孙贵族、社会名流制作过高级珠宝，每一件都是极其华贵的珍宝：1937年为“不爱江山爱美人”的温莎公爵的婚礼设计过胸饰；1939 年为埃及王后纳丝莉（Queen Nazli）、公主法西雅及其他多名王室成员设计过王冠、颈饰、耳环、手镯等；1957 年，摩纳哥王子雷尼尔（prince Rainier）任命它为王室的饰品御用店；1978 年，王妃葛莉丝在其女儿卡洛琳公主的婚礼上，也佩戴了一顶由它特制的华丽王冠。

而今，步入中国市场后，其亚太区总裁 Catherine Rénier 强调："我们的设计灵感、制作工艺和非凡的宝石让这个为爱而生的品牌在珠宝领域始终是屹立不倒。"

秉承稳健的发展策略，在接下来的 5 年里，品牌以年均开设两家新店的速度在中国内地拓展其零售网络，Catherine Rénier 表示，"我们希望每一步都是稳扎稳打的，除了在中国市场投放的广告在稳步提升，我们将更多的精力用于市场活动，期待能被中国市场认可。"

而渴望被中国市场认可的，还有万宝龙（Montblanc）。2005 年 7 月，万宝龙商业（中国）有限公司在上海注册成立。

万宝龙于 1906 年在德国汉堡由一个文具商、一个工程师和一个银行家共同创立，致力于生产代表着高雅恒久的生活精品，反映着今日社会对文化、质素、设计、传统和优秀工艺的追求和礼赞，而优雅的六角白星标志已成为卓越品质与完美工艺的代表。

1924 年，万宝龙推出的殿堂级书写工具——大班系列由制笔大师手工精心雕琢而成，拥有的同时也是自我品位的表达。笔顶的六角白星标记，恰恰是欧洲最高的山峰勃朗峰（Mont Blanc）俯瞰的形状，象征着欧洲最高山峰勃朗峰的雪岭冠冕，该山峰的最高点为海拔 4810 米，而每支笔尖上的"4810"字样正是勃朗峰的高度，该数字通常循环用作各种主题。

1946 年，万宝龙制作工厂在第二次世界大战期间被毁，但很快获得重建。在此期间，其墨水笔在丹麦生产。随着工厂的重建，海外代理机构也纷纷重新设立。

1986 年，公司推出著名的宣传口号："Montblanc——The Art of Writing

（书写的艺术）”，并迅速成为众多奢华品牌效仿的对象，使得墨水钢笔这一理想的书写工具在20世纪80年代开始复兴。万宝龙推出大班极品系列（Meisterstück Solitaire），并在文学、芭蕾、音乐领域开展众多国际赞助项目，标志着品牌全球艺术和文化事业的开始。

纯手工制作、经过25道工序打造的笔头，使得万宝龙书写工具如勃朗峰般坚实而又高贵。当科技在我们的生活中日新月异地发展时，古老文化的魔力演化成了心中的艺术品，正如其品牌哲学“放缓脚步，尽享生命”。

1992年，万宝龙推出限量发行的大文豪系列及艺术赞助人系列（又名帝皇系列），同年成立的万宝龙文化基金，以一年一度的“万宝龙国际艺术赞助人大奖”表彰全球范围内长期支持艺术事业的艺术赞助人，并长期赞助和支持由多国青年音乐才俊组成的国际管弦乐团，以此弘扬高雅艺术，促进世界和平。

1995年，品牌拓展产品组合，推出适用于日常商务和旅行使用的精致大皮具；随后更是进军珠宝界，并推出腕表系列。

作为生活品位的倡导者，万宝龙的产品总可以让人感受到对人类伟大文化的敬仰。为向灿烂悠久的中国文化致敬，品牌特别在2000年推出了别具收藏价值的“千禧金龙年限量纪念墨水笔”，而另一款具有中国清代特色的“大清皇朝2002限量发行墨水笔”也同时面世。

之前，利用经销商、代理商的渠道，万宝龙迅速铺开了中国市场；直到2005年，受益于《外商投资商业领域管理办法》的实施，与很多奢侈品牌一样，万宝龙开始收回上海、北京等重要城市的代理权改为直营，在其他下线城市则保留代理。

这一举动的背后，是奢侈品牌看到了21世纪初中国市场不断扩大的奢侈品客户群所带来的庞大机会，以及对更高利润的追逐。而中国市场也果然没让它们失望，据有关数据显示，2005年排名全球市场第十的中国市场一年后跃升至第五位，2007年挤入前三！

信心满满的万宝龙也向中国市场投入大量资源。2007年，在中国就已拥有超过 100 家专卖店的它在上海揭幕了当时被视为全球最大旗舰店的上海中信泰富门店；而 4 年后，万宝龙北京三里屯店又刷新了最大规模纪录。

这个庞大市场的吸引力真的那么好吗？事实证明，万宝龙在随后也吃到了盲目扩张的苦头。而若论在中国市场“受伤”最重的，莫过于也是这一年高调（再次）进入的意大利国宝级品牌华伦天奴（Valentino）。

成立于 1960 年的华伦天奴被公认为“意大利制造”的标记，它的品牌战略和创意一度推动全球时尚界进入新的水平。作为全球高级定制和高级成衣奢侈品品牌，它代表的是一种宫廷式的奢华，高调之中却隐藏深邃的冷静，深具罗马贵族气息。

在意大利语中，“Valentino”意为“情圣”，而西方情人节（Valentine's Day）也叫作“华伦天奴节”——意在纪念古罗马为爱情而献身的华伦天奴修士，为了爱情、为了正义反抗暴政而献身，女主角名为“Creations”，在意大利语中译为“永恒”。因此，品牌创立的意义不仅是创始人华伦天奴·格拉瓦尼（Valentino Garavani，以下简称格拉瓦尼先生）继承和发展古老的民族宗教文化，也有“愿天下有情人终成眷属”的美好寓意。

品牌旗下包括三个系列：以高定和高级成衣著称的“Valentino”、配饰系列“Valentino Garavani”和充分展现现代设计的“Red Valentino”。

既是品牌创始人，又兼任设计总监的格拉瓦尼先生以富丽华贵、美艳灼人的设计风格著称。他与生俱来的艺术灵感和对时尚潮流的敏感，在时尚界引导着贵族式的优雅，演绎着豪华、奢侈的生活方式。

“历久弥新，永不过时”是格拉瓦尼先生对于设计所抱持的信念，“我要做的是女性真正能穿的衣服”。华伦天奴服装精致得好像是艺术品，其设计讲究运用柔软贴身的丝质面料和光鲜华贵的亮绸缎，加之合身剪裁及华贵的整体搭配，舒展了名流淑女们梦寐以求的优雅风韵；在设计中，他非常喜欢用最纯的颜色——标准色“华伦天奴红”（Valentino Red）的采用，以浓烈而华贵的霸气震慑人心；那极致优雅 V 型剪裁的晚装，更是让人折服在这种纯粹和完美的创意之中。

做工的考究使华伦天奴服装从整体到每一个小细节，都力求做得尽善尽美。这赢得了杰奎琳·肯尼迪（美国前第一总统夫人）、玛格丽特公主、美国前“第一夫人”南希·里根以及大明星朱莉娅·罗伯茨（Julia Roberts）、妮可·基德曼（Nicole Kidman）、伊丽莎白·赫莉（Liz Hurley）等人的青睐，她们甚至被贯上“华伦天奴的女人”（Val’s Gals）的称号。

2000年，格拉瓦尼先生获得由美国时尚设计师委员会颁发的终生成就奖，他的创作和企业家生涯成为意大利时尚界历史的重要部分。

但这个被誉为意大利国宝级的服装品牌，其在中国的发展并不顺利，甚至一度面临着品牌形象崩塌之风险。

其实在2003年，进入中国市场7年之久的配饰系列（Valentino Garavani）就退出了中国市场。而后，在高涨的市场需求与封闭的认知环境双重作用下，一大批精明商人闻风而动，在全国各地开设了大量的“华伦天奴”专卖店——他们都在华伦天奴名称前加上前缀或后缀，由此，华伦天奴·韦尼、华伦天奴·盖茨、华伦天奴·路易、华伦天奴·比奴、联邦·华伦天奴、新派·华伦天奴等数十个“品牌”便诞生了！据不完全统计，在中国有将近200个“傍”华伦天奴的服装品牌。

作为华伦天奴服饰唯一的中国总代理，浙江巴贝集团一直不愿意承认“华伦天奴”这个音译称呼，而是坚持叫“Valentino”，他们希望在称呼上将其与其他“华伦天奴”区分开来。

时任中国香港鳄鱼恤公司北京分公司总经理黄建民做了一首打油诗：“卡丹”到处有，“狐狸”漫山走；“老爷”被偷车，“鳄鱼”全国游；金利来，愁！愁！愁！！！这首诗形象地揭示了当时法国皮尔·卡丹、韩国金狐狸、中国香港老爷车、中国香港鳄鱼恤和金利来服饰皮具公司等知名企业名称被盗用，品牌受损的状况。

当时，“傍名牌”的现象从服装、化妆品、食品、家电、啤酒、饮料扩展到涂料、汽车、太阳能等各行各业，而被傍的品牌已经从国外的企业品牌，开始向国内知名品牌延伸。“傍名牌”现象的猖獗，引起相关政府部门和越来越多的企业的关注。

据统计，自2002年至2007年上半年，全国工商机关公平交易执法和经济检查系统共查处侵犯知识产权案件60203件，案值约14.15亿元，罚没款4.72亿元。可是，“傍名牌”虽经多次打击，却有越打越多的架势。

有业内人士统计了四大“傍名牌”的伎俩：

第一种：擦边球。模仿著名商标，使消费者误认是著名商标而购买。对于文字商标将一些著名品牌加上前缀或者后缀，例如将“华伦天奴”，加上前缀变成“联邦·华伦天奴”，加上后缀变成“华伦天奴·路易”。

第二种：著名商标变商号。将著名的商标注册成为自己的公司商号，混淆公司名称与品牌名，使消费者误以为著名的品牌就是这家公司生产的。比如将著名的名牌“啄木鸟”中文商标注册为“九江啄木鸟 ×× 公司”“深圳啄木鸟 ×× 公司”等，然后大张旗鼓地进行宣传。在专卖店的装潢上大胆模仿著名商标的专卖店，在被行政机关查处的时候，仍然理直气壮地说：“我使用自己公司的名称还不行吗？”

第三种：海归壳。通过国际注册公司在海外注册公司和申请商标，使消费者认为这是国外的公司生产的，是国外的品牌，但是企业的产品仍然在国内生产和销售。他们这种品牌都号称在海外有研发机构，实际上是彻头彻尾的国内生产和国内工艺，产品的品质、工艺、设计都是国产的。

第四种：自己“监制”国际品牌。自己生产的产品，打上某某监制，似乎给人品质保证的感觉。为了拉近自己与知名品牌的关系，一些经营者甚至自己亲自“监制”国际名牌。具体做法是在中国香港等地先注册一个名称和一些国际名牌非常相似的公司，然后在自己生产的产品上打上由这家公司监制。给消费者的感觉是国际名牌的公司对这些产品进行质量监控与质量保证。

“名牌具有很高的知名度，对消费者也有足够的影响力，这成为不少制造企业‘傍名牌’的动力。”一位服装业内人士如是说。在这些企业发展初期，企业没有能力打造自己的品牌，由于不甘心贴牌生产的微薄利润，于是采取了“傍名牌”的手段来完成原始积累。甚至有些经营“傍名牌”的企业主也希望在赚取一定资金后走向正轨，代理或者打造自己的品牌。

在消费者尚不成熟的情况下，“傍名牌”往往能够短时间内获得更多的收益，这从宏观上形成了“劣币驱逐良币”的不合理现象，从而对整个中国品牌的形成和发展造成了伤害。但由此所揭示的另一面是，急剧发展的中国所带来的消费市场，实在是太庞大了。

2005 第九届《财富》全球论坛于 5 月 16 至 18 日在北京举行，这已是财富全球论坛第三次选址在中国（1999 第五届在上海，2001 年第七届在香港），开幕式在人民大会堂举办。

此次论坛的主题为“中国和新的亚洲世纪”。崛起中的中国，吸引了世界各国的目光。从美国到世界各国主流媒体、从杂志到电视再一次掀起了中国报道热。当时，美国《财富》杂志、加拿大《环球邮报》、英国《卫报》和《金融时报》（*Financial Times*）等世界各大媒体，都派出了精兵强将到中国各地采访，并推出了以中国为主题的系列报道。①

时任凤凰卫视资深时事评论员曹景行感慨：“这样的报道密度，尤其是《财富》杂志专门制作的中国特辑，在以前很少见。即便在日本高速发展的时候，日本也没有像这样被高度关注。”

在某种程度上，外国媒体集中报道中国是大势所趋，因为中国的国际地位在经济以及各方面逐年提高。这也说明了中国的发展对世界的影响已经达到了足以引起世界媒体重视和积极反应的程度。

在这种大势所趋下，有华人代表登上了国际奢侈品牌的领导者地位。

2005 年，郑津兰（Jenny Zheng）女士正式入职劳斯莱斯（Rolls-Royce）

① 《世界媒体掀起新一轮中国热》，瞭望东方周刊，2005 年 6 月 8 日

汽车公司，担任大中国区总经理。由此，她成为劳斯莱斯汽车百年历史上的第一位中国籍员工。

劳斯莱斯是汽车王国雍容高贵的标志，以其豪华而享誉全球，由创始人查理·史蒂华特·劳斯（Charles Stewart Rolls）和弗雷德里克·亨利·莱斯（Frederick Henry Royce）于1906年成立于英国。两位创始人的出身、爱好、性格完全不同，但对汽车事业的执着和向往，使他们成为一对出色的搭档。劳斯先生负责造车，而莱斯先生负责卖车，两人立志生产“世界上最好的汽车”。

一个鲜为人知的细节是，除了制造汽车，劳斯莱斯还涉足航空发动机制造。“劳斯莱斯”和“罗尔斯·罗伊斯”均由英文“Rolls–Royce”翻译而来，二者的不同在于：生产汽车的公司叫劳斯莱斯，生产航空发动机的叫罗尔斯·罗伊斯——它是世界三大航空发动机生产商之一。

1907年，公司推出了银魂（Silver Ghost）轿车，首次露面于巴黎汽车博览会，其金色钟顶形散热器非常引人注目，直到今天这一造型依然是劳斯莱斯不可替代的设计元素。除了独特的外观，银魂还拥有领先于时代的技术：强制润滑，7升六缸发动机输出功率可达48马力，最高车速达110km/h，这在当时绝对是一项世界纪录。由此，它成为公司第一款被誉为“世界上最好的汽车”的车型。

1911年，“欢庆女神”正式成为劳斯莱斯的车徽。这位带翅膀的“女神”，她的产生与制造的过程，更是劳斯莱斯追求完美的一个绝好的例证——英国保守党议员约翰·蒙塔古（John Montagu）是当时名噪一时的人物，贵族出身的他对爱情有着与生俱来的文艺般地执着和浪漫情怀。在购买了一辆劳斯莱斯10/HP后，蒙塔古先生要求为他的爱车制作一个明显的标志。英国画家兼雕刻家查尔斯·赛克斯（Charles Sykes）以蒙塔古先生深爱的情人兼女秘书艾琳娜·桑顿（Eleanor Thornton）为灵感，历经多次修改，最终设计了这个传奇造型。

查尔斯·赛克斯曾描述他的设计理念：“风姿绰约的女神以登上劳斯莱

斯车首为愉悦之泉，沿途微风轻送，摇曳生姿。”这一理念与女神的造型正是劳斯莱斯追求卓越精神的绝佳体现——这个承载着艺术家无数心血的尊贵“女神”在车辆时速超过80公里时，便会藏回引擎舱中，免受风沙的损伤。

劳斯莱斯高贵的品质来自它超高的质量。创始人莱斯先生就曾说过：“车的价格会被人忘记，而车的质量却长久存在。”它的成功得益于一直秉承了英国传统的造车艺术：精练、恒久、巨细无遗。更令人难以置信的是，自1906年到现在，超过60%的劳斯莱斯仍然性能良好。

劳斯莱斯最与众不同之处，就在于它大量使用了手工劳动。在人工费相当高昂的英国，这必然会导致生产成本的居高不下，这也是劳斯莱斯价格惊人的原因之一。

直到今天，劳斯莱斯仍然是手工制作。更令人称奇的是，劳斯莱斯车头散热器的格栅完全是由熟练工人用手和眼来完成的，不用任何丈量的工具。而一台进气格栅需要一个工人一整天时间才能制造出来，然后还需要5个小时对它进行加工打磨。

据统计，制作一个方向盘要15个小时，装配一辆车身需要31个小时，安装一台发动机要6天。正因为如此，它在装配线上每分钟只能移动6英寸（约15厘米）。制作一辆四门车要两个半月，每一辆车都要经过5000英里（约805公里）的测试，所以一般订购劳斯莱斯的客户都需要耐心地等候半年以上。

每一辆凸显雍容华贵王者风范的劳斯莱斯都是一件具有只可意会、不可言传的具有“英国风韵”的艺术品。它以超高的工艺水准和无与伦比的对于品质的追求，在漫长的历史中不断创造人类造车的经典，其奉行的理念是“做每件事情都力臻完美，将最好的变得更好，如果没有，就创造它！”（Take the best that exists and make it better，When it does not exist design it！）

每一辆劳斯莱斯都是将材料、技术、管理和经验发挥到淋漓尽致的最高境界，它的任何一个细节必须满足两个要求：一是从任何角度看，在美学上及视觉上都应是完美的；二是任何部件的性能必须是无可挑剔的。

“飞天女神降临到劳斯莱斯身上，整个世界都沉浸在清新的空气和羽翼振动的美妙音乐旋律之中。”华贵的劳斯莱斯征服了包括英国王室在内的各国元首、贵族的心，也被称为“帝王之车”。由此，它对购买者的身份及背景条件也有着严格的要求。

而今，驶入中国的劳斯莱斯又会创造怎样的传奇呢？这就不得不提起郑津兰女士。

这位毕业于清华大学获得机械工程学士学位，并至意大利 PISIE 学院做访问学者（考取意大利政府奖学金）的传奇女子，其汽车职业生涯开始于中国汽车工业进出口总公司，而后任保时捷中国 / 捷成汽车集团副总经理，再于 2005 年 4 月担任劳斯莱斯大中国区总经理。

在她接手大中国区业务时，劳斯莱斯的年销售业绩仅为 50 辆，全球销量排名位居第五名。在她领导下，至 2010 年，大中国区的销售业绩就超越日本，成为仅次于美国、英国的全球第三大市场！

2011 年，中国首次超越美国，成为劳斯莱斯汽车全球最大的单一市场，北京授权经销商位列全球授权经销商销量排名第一！销量同比增长 67%，达到 1000 辆——这就是劳斯莱斯中国的“郑津兰时代”！

2012 年，郑津兰由于个人原因而离开公司；而后担任阿斯顿 · 马丁（Aston Martin，奢华英伦跑车制造商）大中国区总经理。

纵观劳斯莱斯的全球各地客户，他们不管在哪个行业，都是行业的领军者，是一群非常成功和优秀的人，但在中国，经济的飞速发展带动了一大批年轻的成功人士（中国客户平均年龄比西方客户小 5~10 岁），他们希望有更好的车来服务于他们的公司和个人，同时希望有一款车能展示他的成功，而被誉为“世界上最好的车”的劳斯莱斯，就成了他们的最佳选择。

年轻的客户与年轻的中国一起，不断刷新全球各大奢侈品牌对这一市场的认知。为了更好地开拓中国市场，奢侈品牌提拔了更多的华人担任公司高管，其中的佼佼者，就是“LVMH 史上首位亚裔高管”，最终升任 LVMH 集团大中华区总裁的吴越（Andrew Wu）先生。

在中国奢侈品行业，吴越无疑是举足轻重的传奇人物。作为最早的一批“海归”之一，吴越展现出对时尚行业敏锐的洞察力和前瞻性，见证并直接参与了中国奢侈品市场从无到有、从起步到兴盛的发展历程①。

对于吴越来说，踏入时尚行业也许是无心插柳，但深耕奢侈品市场却是尽心竭力。早年在奢侈品市场起步阶段，他投身开创直营模式造就高端品牌的辉煌，帮助启蒙了高奢品牌第一代消费者；如今面对互联网的冲击和消费市场的变化，他拥抱新趋势，布局高奢品牌的新零售之路，笼络了一大批年轻消费者。行业多年来风起云涌，他始终是先行者、开拓者和引领者。

早在 1993 年，吴越就开始带领 LVMH 集团旗下的迪奥（Christian Dior）香水化妆品有限公司开拓中国市场。作为首任中国区总经理的他，在全国 30 多个主要城市建立了品牌直接管理的零售平台，也由此开始了他对中国奢侈品市场的拓荒之旅②。

转眼到了 2000 年，当中国奢侈品市场开始兴起时，吴越却离开了这一行——出于对在中国建立新文化产业的兴趣，他加入了当时世界五大唱片之一的索尼音乐国际集团（Sony Music），担任亚洲区国际业务拓展副总裁。

回忆起在 Sony Music 的职业经历，吴越透露：“最大的收获是让我在内地的流行音乐市场预先感受到了下一波年轻势力的汹涌澎湃，感觉未来已至。”时隔 5 年之后，吴越又重新回归奢侈品行业，担任 LVMH 集团的中国区总监。那一年正是中国奢侈品市场进入爆炸式增长的前夕。

LVMH 全名法国酩悦·轩尼诗－路易·威登集团（LVMH Moët Hennessy–Louis Vuitton）。1987 年，伯纳德·阿诺特（Bernard Arnault）通过资本控股了这个由路易威登（Louis Vuitton）与酩悦·轩尼诗（Moët

---

① 顾蒨：《专访LVMH集团大中华区总裁吴越：时尚无惧挑战》,《NewStar潮星》，2019年8月2日

② 郑爽：《LVMH大中华区总裁吴越：中国奢侈品市场最早的海归者》,《第一财经日报》，2013年11月29日

Hennessy）合并而成的奢侈品集团，并在精明运营与大肆收购之下，一路带领 LVMH 集团成为全球最大的奢侈品集团[①]。

LVMH 集团主要业务包括以下五个领域：葡萄酒及烈酒（Wines & Spirits）、时装及皮革制品（Fashion & Leather Goods）、香水及化妆品（Perfumes & Cosmetics）、钟表及珠宝（Watches & Jewelry）、精品零售（Selective Retailing）。全球总员工超 60000 人，旗下拥有超 70 个品牌。

由此，伯纳德·阿诺特被誉为“世界奢侈品教父”“精品界的拿破仑”。

据吴越透露，“集团对中国市场在国际化时尚方面的参与和耕耘已经不是一两天了，目前中国市场的发展已趋于成熟。品牌是跟着消费者走的，中国的消费已经从量走到质的发展阶段，消费者越来越年轻，越来越追求质量。LVMH 集团将一如既往关注消费者的需求，与消费者携手共进。”

而对于“LVMH 史上首位亚裔高管”这个光环，吴越也有自己的独特见解：“很荣幸有这样的称号，但我更感到有责任帮助我们集团，甚至激励我们行业，吸引和培养更多的亚裔高管、华人高管。这是一个以人为本的感性行业，将欲望‘想要’转换为生活‘必要’。既然亚洲的消费者绝对性地举足轻重，亚裔的从业者理当担负关键的重任来帮助这个行业与时俱进，更好地为消费者服务。在中国，特殊的挑战是人才，需要‘十年种树’，而市场的飞速扩展远远超过培养行业人才的进度之可能。年轻人，得加油！”

中国正在被世界改变，中国也改变了世界。很多在中国正在发生的事，俨然成为世界变动的一部分。“与时尚俱进”，消费的力量改变的不仅仅只是一个人的外表，它也在重塑这个世界的商业格局。

---

① 更多LVMH集团的详情，请翻阅前文第二个“时代人物”——Bernard Arnault（伯纳德·阿诺特）

2006

全球第二大奢侈品集团进驻中国

被中国这片福地吸引而来的，不仅仅是一些奢侈品牌，连历峰集团（Richemont）都被吸引而来。作为全球三大奢侈品集团之一（与 LVMH 集团及 Kering/ 开云集团并列），它的举动在某种程度上指明了这个行业的发展方向。

2006 年，它在华设立了外商独资企业——历峰商业有限公司，注册在浦东。随后被上海市商务委员会认定为跨国公司地区总部。

历峰集团成立于 1988 年，总部位于瑞士，由南非亿万富翁安顿·鲁伯特（Anton Rupert）于 1988 年创立，经历了家族父子两代人的努力才走到了今天[①]。

如今，按年度营业额算，历峰集团是仅次于 LVMH 集团的全球第二大奢侈品集团。集团拥有一系列国际知名品牌，业务领域主要有以下四个方面：一，珠宝精

① 于伊人：《鲁伯特家族：烟草起家的奢侈品巨头，77年前的10英镑创造历峰传奇》，《环球精英 YOLO》，2018 年 7 月 18 日

品，包括卡地亚（Cartier）、梵克雅宝（Van Cleef & Arpels）；二，高级制表，包括江诗丹顿（Vacheron Constantin）、积家（Jaeger-LeCoultre）、伯爵（Piaget）、万国（IWC）、名士（Baume & Mercier）、沛纳海（Panerai）、朗格（A.Lange_&_Sohne）、罗杰杜彼（Roger Dubuis）以及合资的拉尔夫劳伦（Ralph Lauren）高级珠宝腕表；三，万宝龙（Montblanc）精品；四，其他业务，包括登喜路（Dunhill）、兰姿（Lancel ）、Net-a-Porter 网站和蔻依（Chloe），还有一些其他的精品品牌以及为第三方服务的腕表制造业务等。

鲁伯特家族的起步源自 1941 年。随着卷烟的风靡，安顿·鲁伯特先生瞅准商机，投资了 10 英镑生产香烟，最初公司名叫“Voorbrand”，不久改名为伦勃朗（Rembrandt）公司，很快就把自家烟草生意扩大到整个南非。20 世纪 60 年代，伦勃朗公司占据了南非近 80% 的烟草市场，并在英国烟草企业乐福门公司和英美烟草公司也都占有股份。

随着生意越来越好，公司的业务也开始延伸到酒类、矿业和资源领域。鲁伯特家族由此成为南非第二富家族，仅次于控制着钻石矿的南非矿业巨头奥本海默（Oppenheimers）家族。

安顿·鲁伯特先生不再满足于独霸南非市场，开始向国际市场进军。在 1954 年取得了英国老牌烟草公司乐富门的控股权后，1967 年，他又收购了登喜路（Dunhill）集团 51% 的股份——有趣的是，收购的理由竟然是看中了它旗下的香烟、打火机以及烟斗。

20 世纪 70 年代，安顿·鲁伯特先生又看中了以制造钢笔为主的万宝龙（Montblanc）公司，并历时近十年，将它的全部股权揽入囊中。由此，他看到了烟草与奢侈品之间的内在关联，并开始增加对奢侈品收购的关注。

与此同时，南非笼罩在种族隔离制度的阴影之下。风险意识强烈的安顿·鲁伯特先生开始为家族准备后路，源于避险的需求，伦勃朗（Rembrandt）公司的海外业务被剥离。1979 年，他在卢森堡成立国际矿业与资源集团（IMR 集团），独立管理鲁伯特家在海外的资产。

随着家族企业的国际化发展，第二代传人约翰·鲁伯特（Johann

Rupert）开始在公司中扮演越来越重要的角色。同时，集团业务层面开始慢慢转换。

尽管家族公司的经营状况一直不错，但约翰·鲁伯特却始终不愿意子承父业。对此，他的理由是："为一个创办了自己企业的创业者工作是艰难的。"他固执地做着自己喜欢的事——管理南非最著名的两个葡萄园 Rupert & Rothschild 和 L'Ormarins，并先后创立了兰特商业银行和兰德综合投资公司。

其实，在约翰·鲁伯特投身家族生意前，他就曾帮助父亲转向奢侈品行业。20 世纪 70 年代中期，他在纽约的大通银行工作期间遇到了卡地亚（Cartier）公司一位股东的女儿，得知这家法国钟表和珠宝商正在寻求新的投资——卡地亚创建于 1847 年，被誉为"珠宝商之王"，以向皇室贵族提供钻石项链和装饰着红宝石的冠冕而著称，但到了 20 世纪 50 年代，公司的创造力和财务状况已近暗淡无光。于是，他说服父亲买下了一些股票，成为卡地亚的股东。

1984 年，约翰·鲁伯特还是决定听从父亲的召唤，把自己创立的两家公司合并，回到了伦勃朗集团。凭借在资本圈积累的经验，他为家族企业做的第一件事就是整合各类资产，将海外资产从家族企业中剥离出来，并把集团重心转移到南非以外的奢侈品业务上，以防止家族产业受到国际上对南非种族隔离政权制裁的影响。

1988 年，IMR 集团更名为历峰集团（Richemont），约翰·鲁伯特出任董事会主席，并一手促成了其在瑞士证券交易所的上市，充分展示了他的经营天赋。由此，他正式接手家族企业。

当时，历峰集团业务多元复杂，因为安顿·鲁伯特先生的思路很简单粗暴，什么赚钱就投什么，烟草、金融投资、矿业资源、消费品、奢侈品业务都有涉猎。持股方式也很散乱，比如历峰直接持有卡地亚的股份，通过卡地亚持有伯爵和 Baume & Mercier；还通过乐富门烟草间接持有卡地亚股份以及登喜路公司，而登喜路又持有万宝龙和蔻依。

约翰·鲁伯特对这个初具雏形的集团进行了梳理与“瘦身”。1993 年，他将历峰集团的业务一分为二：以奢侈品牌成立子公司旺多姆（Vendôme）集团，剩下的都划归在烟草集团旗下。

烟草的丰厚收入，给历峰集团输送了大量现金，为其奢侈品收购准备了充足的“弹药”。而他运营奢侈品公司的杀手锏，就是架构“奢侈品 + 现金流业务”的双重业务模式，以现金流业务支撑奢侈品业务收购所需的庞大现金流。

约翰·鲁伯特曾这样描述自己的财富要诀：“初涉人世的时候，你有必要凡事都懂一点，但随着年纪的增长，你就得需要至少对一件事了如指掌。”由此，为了建立一个纯粹的奢侈品帝国，历峰集团在 1999 年以换股方式将乐富门出售给英美烟草公司，完全退出香烟的日常经营——换股完成后，历峰集团持有英美烟草公司 19.6% 的股权。

以“青出于蓝胜于蓝”的方式，约翰·鲁伯特重塑了父辈的商业版图。

与 LVMH 集团老板伯纳德·阿诺特（Bernard Arnault）“生猛收购，松散管理”的风格不同，同为集团掌舵人的约翰·鲁伯特更加奉行“精耕细作”。他曾说过：“历峰集团将保持组成这座大厦每一部分的特性与风格，我们相信多样性的力量。”

历峰集团在规模扩大的过程中，十分精准地对品牌进行了“取与舍”，逐步剔除了表现低迷的、与集团核心业务不相符的品牌；但对于那些经典品牌，哪怕是在集团最困难的时候，约翰·鲁伯特依然拒绝出售。在他看来，“每一个品牌都有自己独特的历史与文化，如果只因为它们一时的不好表现就决定放弃，那么也许会毁掉一段传奇。”

尽管手握历峰集团旗下各品牌的“生杀大权”，但他对权力并不痴迷，更习惯隐于幕后，而把管理权交予他人。只有公司出现危机时，他才会重新回到台前力挽狂澜。他将自己定位于“平衡器”这个角色上，平衡集团内各个品牌的特性及市场策略。

2002 年，集团问题成堆，运营成本失控，资金紧缺拖延了产品创新……面对重重问题，约翰·鲁伯特开始进行大刀阔斧的改革——首先是削减成本，他关闭了多家专卖店，还取消了一些浪费过多的报销款项；其次是调度资金，他将部分英美烟草公司的股票套现，偿还了近10亿美元的债务；再次是更换团队，他招聘了新的首席运营官、首席财务官以及几个品牌经理，让他们关注创新。在他的带领下，集团两年内便扭转了困境。

2008年，全球金融危机导致奢侈品行业受到严重打击，约翰·鲁伯特再次回到集团，将集团的发展重心锁定在中国内地市场。不负众望，中国内地市场销售增长位列集团首位，成为继美国和中国香港地区之后的第三大市场。

如今的约翰·鲁伯特依然忙碌着，为了他的商业帝国，也为了喜爱的高尔夫运动。他以不懈的坚持让集团旗下那些经典品牌不断演绎着新的辉煌，也因此被评选为南非10年间最优秀的商业领袖，而美国《财富》杂志则称赞他为“未来的奢侈品之王”。

2006年5月，瑞士钟表业的“王者”劳力士（Rolex）在北京东方广场开设第一家国内专卖店。

这个独立的制表品牌以其经典可靠的“蚝式”腕表闻名世界，品质精良，工艺精湛，糅合尊贵、典雅和独特气质于一身，位列世界手表业之翘楚，被称为“精确”的代名词。

与百达翡丽（Patek Philippe）、江诗丹顿（Vacheron Constantin）、宝珀（Blancpain）、宝玑（Breguet）、伯爵（Piaget）、积家（Jaeger-LeCoultre）等这些同为全球钟表界的翘楚品牌相比，劳力士的历史轨迹显得最具现代色彩。

1905年，德国人汉斯·威斯多夫（Hans Wilsdof）与英国人阿尔弗雷德·戴维斯（Alfred Davis）在伦敦合伙经营了一家公司，取名为“Wilsdorf and Davis”，开始经营钟表销售业务，并研发自制手表。

威斯多夫先生敏锐地意识到，手表将不可避免地取代传统袋表成为计时产品的主流。由于当时新生的手表刚面世，工艺并不成熟，用户在佩戴手表时手腕晃动激烈，会导致手表走时不准。于是，威斯多夫先生从瑞士订购了一批优质机芯并安装在自己亲手设计的金制或银制表壳里，很快这批“组装型”手表以牢固准时的特色而备受欢迎。

1908 年 7 月 2 日，威斯多夫先生在瑞士的拉夏德芬（La Chaux-de-Fonds）注册了“ROLEX”商标。从此，世界钟表业的一个卓越品牌踏上了它的漫漫征程。劳力士最初的商标为一只伸开五指的手掌，表明其产品完整系手工雕琢，后来，商标逐渐演化为皇冠形状，寓意其在手表行业中的王者身份。

劳力士一问世便卓尔不凡。1914—1915 年，劳力士手表持续获得了由英国矫天文台（Kew Observatory）颁发的 A 级证书，这是英国这一著名天文台对钟表精确度的最高等级评价。这一殊荣也使劳力士身价倍增，从此，便以“精确”的形象深入人心，并备受各界人士推崇。

1926 年，劳力士第一只防水、防尘表终于问世，这就是著名的“蚝式”（Oyster）表。所谓“蚝式”，即模拟牡蛎的构造而设计的防水装置。1927 年，著名的英国游泳女将美雪狄丝戴着这种防水表横渡英吉利海峡，那只手表在水中整整浸泡了 15 个小时后，仍旧分秒不差，完好无损。当时的英国《每日邮报》称这一事件“创造了难以实现的奇迹”，是“制表技巧最巨大的成功”。这一事件也成为劳力士品牌历史上一次经典的营销事件，从此，“蚝式”防水表名闻天下。

1929 年的经济危机冲击了瑞士钟表业，但劳力士却几乎没受影响。它在这一时期发明了一种自动上链的机制，并于 1931 年造出了世界上第一只“恒动”（Perpetual）表。这款表的中轴有一个摆铊，能把手腕摆动的势能转换为手表的动力，因而无须人工上链，故称“恒动”表。它的问世给钟表行业带来了一场革命，也成为腕表发展史上的一个里程碑。

接下来，劳力士开启了刷新钟表业发展里程碑的历程——1945 年，创造了世界上首款可以主动转换日期的万年历表；1955 年，研制出了飞行员手表，使佩戴者能够在不同时区准确计时；同年，创造了深海应用的潜水表，潜水表可潜入水下 100 米正常运转；1956 年，推出了具备星期显示功效的日历表，并有 26 国文字可供选择。

工匠们精益求精、寻求完善的精力也赋予劳力士最高的品德，使它享有其他品牌所无可比拟的荣誉——1953 年，登山家爱德蒙·希拉里戴着劳力士登上了珠峰；而探险家雷诺夫·费因戴着同款劳力士征服了南极；几年后，劳力士又潜入了 1.08 万米深的海底——许许多多极致探险的历史创举无不见证一个事实，那就是劳力士品质优良，卓尔不凡。

劳力士不但富有创新精神，而且充斥了对完善的执着寻求。对它而言，"品质"绝不空言，其"稳重、适用、不显浮华"的设计作风，备受人们推崇，而精确和耐用性更使其身价不凡。每位钟表技师均抱有同一信念，就是凡事必需精益求精——他们获得尖端科技的协助，保证每个生产程序均经过严厉的质量监控，每块表都进入气压室测试防水性能，然后用每 100 年误差 2 秒的原子钟做精确度校准，只要发明稍有不及格的，即弃之不用，完成所有质量测试的表才可以出厂。

一只劳力士钟表能够典雅瑰丽，分秒不差，全凭 220 件甚至更多组件的完善配合。劳力士钟表在装嵌及组合进程中，每一环节都尽善尽美，堪称艺术之作。除了表身质料的选择之外，宝石的镶配以及做工都经过反复的设计，深思熟虑后才最终成型。另外，劳力士将传统与科技相联合，开发了奢华的珠宝腕表系列。

深受 20 世纪 90 年代中国香港影视的影响（富豪及大佬手戴的几乎都是豪气十足的劳力士），劳力士在中国内地可谓是"人未至，名已响"。但作为当今全球钟表界的翘楚，它的品牌历史、先进技术、佩戴体验等又怎是通过影视便能感知的呢?

于是，为了更好地推广品牌，与国内消费者进行全方位的互动，劳力士在其进入中国市场三年后的 2009 年 10 月 28 日，于北京金融街国际会议中心举办了为期一周的自公司创立以来的首次品牌展览——"劳力士·冠冕永恒”展览活动[1]。

为了此次品牌展览，整个会议中心被装饰一新，被“劳力士绿”装饰的场景，让人联想到瑞士日内瓦劳力士全球总部的巨型玻璃幕墙，也唤起人们对首只防水腕表——劳力士蚝式腕表探索海洋世界时的记忆。

踏入以重现日内瓦总部建筑为设计思路的玻璃中庭，标志着劳力士探索之旅的正式开始。这里既是接待区，也是前往冠冕的起点。会场里华丽的家具、光洁无瑕的大理石地板、围绕式灯光、流水玻璃表象以及像护城河的特式陈设，处处反映出劳力士的建筑美学，以及全球总部的标志性设计与优雅气质，更演绎了全球众多分公司及销售点所共享的奢华风格。

劳力士冠冕上的五个尖顶，均化成五个不同主题的展览厅——经典传承、卓越性能、蚝式体验、鉴赏表廊、成就伙伴。在展览中，贵宾将完全沉浸于劳力士的历史传统、核心价值、创新发明、旗舰时计、光影展示、伙伴关系以及慈善活动里，这足以反映劳力士逾一个世纪与众不同的品牌精神和傲人地位。

作为首次在中国斥巨资举办的展览活动，延续了劳力士一贯的低调风格，只接受邀请嘉宾来体验其品牌历史。而从展览的效果来看，无论是品牌传播，还是销售数据，都获得了良好的反馈。

这种良好反馈的背后，是日益崛起的中国高端消费市场之强大购买力。由此，也吸引了深受欧洲王公贵族喜爱的意大利奢侈品牌普拉达（Prada）于2006年入驻中国。

以制造高级皮革制品起家的普拉达，由马里奥·普拉达（Mario Prada）先生创立于1913年。当时美洲与欧洲之间的交通频繁，于是普拉达先生便决定生产一系列旅行用的皮具产品。在运输尚不便捷的时代，普拉达先生还是坚持从各地选用优质材料制作精美的箱包、饰品以及服装等供上层社会享

---

① 《ROLEX劳力士举办全球首次展览》，《时尚时间》，2009年10月

用，由此开启了普拉达一贯追求完美的品牌精神。

它的第一家精品店坐落于米兰著名的玻璃穹顶购物中心 Galleria Vittorio Emanuele Ⅱ，专门销售甄选优质原材料以精湛工艺制作而成的优质奢华旅行用品和配饰。

很快，该店就成为欧洲贵族和上流社会雅士以及追求品质生活人士最爱光顾的场所。1919 年，普拉达品牌被指定为意大利皇室（Italian Royal Household）的官方供应商，也因此被授予塞沃家族（House of Savoy）的盾徽和结绳标记的使用资格——这些标记成为普拉达品牌标识中的组成元素。

随后的几十年里，普拉达仍只是一个流传于欧洲的小牌子。作为代代相传的家族企业，缺乏与时俱进的创新与突破，在快速变迁的时尚圈，几近濒临破产边缘。

它的命运转折，发生在 1978 年接班的缪西娅·普拉达（Miuccia Prada，创始人的孙女）时期。

时年 28 岁的缪西娅女士极不情愿地从母亲手里接过由祖父传下来的公司，之所以心里有些抵触，是因为那时候的她还没有做好把时装设计当成自己毕生职业的准备。但对于普拉达家族来说，由她来继承家族事业，本就是一件很顺理成章的事。

在被她接管以前，普拉达的品牌其实已经露出了陈旧的姿态。缪西娅女士虽然一开始有些不能接受家族给她的使命，但一段时间以后还是调整了心态。要想让普拉达走得更远，必须找到一条将“传统与现代相融合”的新路。

1987 年，缪西娅女士在一次商品展览会上偶遇帕特里齐奥·贝尔泰利（Patrizio Bertelli），两个人在一见钟情之下坠入情网，最后成为人生的伴侣。

这次美好的邂逅不仅成就了一场美丽的爱情，更给整个时装圈带来了一个最强的合作组合——缪西娅女士担任普拉达总设计师，通过她天赋的时尚才华不断地演绎着挑战与创新的传奇；而帕特里齐奥先生则是一位充满创造力的企业家，不仅建立了普拉达全世界范围的产品分销渠道以及批量生产系统，同时还巧妙地将普拉达传统的品牌理念和现代化的先进技术进行了完美结合。

1989年，缪西娅女士举办了她的首次女装发布会，一经推出立刻就引起了轰动。之后，她所设计的男装、女装每年的两次发布会，成为全球时尚人士不容错过的盛事。对她来说，设计是个不断尝试和创新的过程，需要有不妥协的探索和实验精神。从尼龙布包、皮具、服装到鞋子、香水，她的每一个系列的设计均行走在流行的最前沿，从这个过程中，诞生了一系列真正创新和令人印象深刻的设计元素，最终成为时尚界的当代经典。

缪西娅女士认为："或许我有种想尝试不可能的个性。当我发现有些事是不可实现的，那恰恰就是我要努力的方向。我总是试图把对立的、不和谐的事物融合在一起。并且，我通常会同时对六七个不同的概念感兴趣，并试图把它们和谐地表现出来。我们所设计和生产的基本上是当前市场上没有的东西，所以，每一个系列的问世，都经过了通透的钻研和考查，选用的可能是现代技术，也可能是古老工艺。例如，当我们决定用金箔的时候，我们就要求法国古老的作坊重新采用他们已经停止使用的原始制作方法。"

因此，普拉达的每个系列都充满了令人兴奋和意外的元素，而这些证明了缪西娅女士无穷尽的想象力和创造力："我从来不会迷失，面对纷繁变幻，总是相当理智和清醒，我从来就没有害怕过任何变化。"

值得一提的是，缪西娅女士在1992年创建了自己的品牌缪缪（MiuMiu）。这是普拉达唯一一个年轻副线的品牌，风格像小女孩一样可爱，命名由来也相当有趣，缪西娅女士的小名正是"miu miu"。

20世纪90年代，以"Less is More"为口号的极简主义应运而生，而普拉达简约且带有一股制服美学般的设计正好与潮流不谋而合。1993年，普拉达推出秋冬男装与男鞋系列，一时之间旗下男女装、配件成为追求流行简约与现代摩登的最佳风范。而后，休闲运动风潮兴起，普拉达推出运动系列，兼具机能与流行的设计，掀起一股消费热潮。

夫妇两人的努力及创意为普拉达带来了越来越多行业革新式的改变。

作为在零售网络中引入新方法的先驱，普拉达是全球首个推出全新革命性店铺概念的品牌，即“Prada Epicenter”店，分别由国际知名建筑师 Rem Koolhaas 和 Herzog & de Meuron 设计。后来，这一做法被业界其他大品牌纷纷仿效。

普拉达已经从一个小型的家族企业发展成为世界顶级的奢华品牌，但它的视野并没有局限在时尚产业之内，艺术、建筑、电影和哲学也都是普拉达品牌核心价值中不可或缺的组成部分。

1993 年，致力于展现“当代艺术与文化领域最为激进的学术挑战”的普拉达基金会成立，它经常组织当代艺术展览和其他文化活动，在国际范围内享有很高的认可度。将大运河畔著名的豪华宅邸——威尼斯的 Ca’Corner della Regina 打造成全新的专属展览空间正是普拉达基金会的代表作品之一，它致力于为威尼斯城内外呈现艺术领域的精彩活动。

在全球迅速发展的普拉达也花了很多心思开拓中国市场，而中国也在某种程度上成为它的福地——2011 年 6 月，普拉达公司成功在中国香港联交所主板上市；2017 年 10 月，经普拉达修葺一新的位于上海市陕西北路的百年老宅“荣宅”正式对外开放，这是一个汇集历史与现代风情的多功能空间。它的落成，揭开了普拉达在中国的全新篇章。

2007

“时装界凯撒大帝”的世界级中国秀

2007年10月19日，被誉为“时装界的凯撒大帝”的卡尔·拉格斐（Karl Lagerfeld，以下简称卡尔先生）携芬迪2008年春夏系列，与88位超模在北京居庸关长城脚下开了一场宏图史诗般的大秀！

来自意大利拥有超过80年精湛工艺的芬迪品牌和来

卡尔将秀场搬上长城

自德国的设计师巨匠卡尔先生，共同完成了这场耗资1000万美元的大秀，成为第一个将时装秀带到长城之上的国际服装品牌及个人。此举如宏图史诗般壮阔，居庸关长城的夜空被点燃，全世界为芬迪和它的壮举而震撼。

卡尔先生携手芬迪将中国丝绸、中国红、盔甲、旗袍结合在西式复古设计中，成为时尚史上振奋人心的一幕。44位中国超模与44位外籍超模，共同在蜿蜒起伏的长城上演绎了这场恢宏壮阔的时装秀。何穗等超模参与走秀，杜鹃作为压轴出场；章子怡等明星出席看秀。场地的特殊性、前所未有的办秀规模、中国奢侈品市场发展所处的重要节点……共同造就了这场受到万众瞩目的堪称时装史上登峰造极的时装秀，并令芬迪声名鹊起！

卡尔先生发表的宣言通过多家电视台，在世界各大洲被转播。他满怀信心地对中外记者反复强调："作为世界上能在中国长城举行时装发布会的第一人，我倍感荣幸。"

芬迪则通过这场精彩的时装秀，准确清晰地传达了品牌形象。对于LVMH集团（芬迪隶属于该集团）及其总裁伯纳德·阿诺特（Bernard Arnault）来说，这是一次实力的展示，一次在世界范围内与同行们的交流。

有记者采访伯纳德·阿诺特，"为什么要选择长城作为秀场？"这位被誉为"世界奢侈品教父""精品界的拿破仑"的全球第一大奢侈品集团LVMH集团缔造者坦言："因为在未来的25年中，这里将是世界经济最快的增长点，芬迪希望在这个国家占有一席之地。"

这场"长城秀"的男主角，正是在中国被尊称为"老佛爷"的卡尔先生。

他的一生就是一段传奇。1933年9月，他生于德国汉堡乡下的富裕之家，父亲是卖炼乳的商人，母亲是内衣销售员。他自幼喜欢读书画画，"没有一天不握画笔"。母亲爱好时装，一天换好几套衣服，还要求他两天"衣不重样"。

尽管乡间的生活富足安逸，但卡尔先生向往大城市的繁华，尤其是时尚之都巴黎，甚而每天学习2小时法语。14岁时，他终于梦想成真——举家搬至巴黎，并在那里完成学业。

1954 年，他参加国际羊毛局举办的时尚设计大赛，尽管不是科班出身，但他一举拿下外套组的冠军，开启了艺术世界的大门。而比他年轻 2 岁的伊夫·圣·罗兰（Yves Saint Laurent）赢得了晚装设计组的冠军。

1955 年，卡尔先生被时尚设计大奖的评委皮埃尔·巴尔曼（Pierre Balmain）选中为助理，在其品牌下学习。3 年之后，他出任时装屋 Jean Patou 的设计师；5 年后正式离职，成为自由设计师。

1964 年是卡尔先生登上时尚舞台的新起点。在这一年，他成为蔻依（Chloé）品牌设计师，将品牌定位于古典式浪漫唯美风格，并大获成功。

而树立卡尔先生行业地位的，是 1965 年出任芬迪首席设计师。凭借富有戏剧性的设计理念，他使芬迪获得全球时装界的瞩目及好评，并将它推到了高级时装的一线地位。

芬迪的故事，源自 1925 年。Adele Casagrande 嫁给了 Eduardo Fendi，两人在婚后于罗马 Viadel Plebiscito 开设了第一家皮具及皮草制作工坊，并将店名以丈夫之名取为“Fendi”。因产品品质出众，很快便发展为知名品牌，并成功开拓海外市场。

但后来品牌发展越来越乏力。1954 年，Eduardo Fendi 逝世，其五个女儿开始了品牌的转型与变革。五姐妹变革的第一件大事就是找来年仅 30 岁的卡尔先生——芬迪给了他一份终身制的合同，而他则令芬迪起死回生！

卡尔先生绘制了现在芬迪的双“F”LOGO，一个正立一个倒立拼在一起的 F，代表着“fun furs”（有趣的皮草）——它成为继香奈儿（Chanel）的双 C 和古驰（Gucci）双 G 以外，时尚界最具辨识度的双字母符号。

芬迪董事长兼 CEO Serge Brunschwig 曾在媒体采访中评价卡尔先生为推动芬迪发展的功臣，“现在人们对芬迪所知的一切都是他创造的，经典的 LOGO、有趣的皮草、开辟更多品类……他把芬迪带去未来，给芬迪带来改变。”

而卡尔先生也曾评价与芬迪长达 50 多年的合作——2019 年 2 月 19 日，

86 岁的他因病在巴黎逝世——“这是时尚史上最长的合作，但我一点也不感到疲乏。我甚至感觉我的头脑越来越清晰，比起年轻时，现在有很大的进步，这是一件很好的事。”

“长城秀”（FENDI on the wall）的举办，既是芬迪品牌发展史上的里程碑，更是它开辟中国市场的一大举措。当时芬迪已进入中国市场 10 年，正处于从一线城市向二线城市拓展的关键阶段，因此需要一场大型活动来扩大品牌知名度——时任芬迪 CEO Michael Burke 觉得品牌的双 F LOGO 和长城城墙的设计颇为相似，就萌生了在长城办秀的想法。最终这场“长城秀”的完美演绎，则令卡尔先生在中国市场近乎“封神”。

除了再造芬迪品牌之外，卡尔先生另一个被时尚界称道的传奇，则是“复活”了香奈儿（Chanel）。

1983 年，他成为香奈儿的艺术总监。当时，该品牌的创始人香奈儿女士已去世多年，品牌一直在吃老本，并大有衰落之势。没有人觉得这是一个好决定，甚至连卡尔先生都认为：“香奈儿像个睡美人，甚至称不上美人，她睡到打鼾了。我得负责唤醒一位死去的女人，至少大部分人坚信，她已经死了。”

但他却成功地唤醒了这位“睡美人”——通过对历史元素的提炼，他强调了双 C 标志、山茶花等经典元素，并在此基础上添加创意性想象，为香奈儿注入年轻、运动的活力。由此，他助力香奈儿重整旗鼓，并最终成为全球最大的奢侈品牌公司之一。

卡尔先生很重视中国市场。1993 年，香奈儿在上海华亭伊势丹开设化妆品专柜，首度打开中国内地市场，成为较早进入中国的奢侈品牌之一；2001 年，香奈儿在上海龙华机场开启在中国的首场大秀。

“长城秀”之后的 2008 年，美国市场研究公司尼尔森（Nielsen）的全球奢侈品牌调查报告显示：在中国内地，40% 的消费者表示最愿意选择的品牌是香奈儿。

2009 年，香奈儿再度到上海黄浦江畔办秀，主题是“巴黎 · 上海”。兴趣爱好特别广泛的卡尔先生还自编自导了一部短片《可可巴黎－上海幻想曲》（Paris–Shanghai A Fantasy，The Trip Coco Only Made in Her Dreams）来作为大秀的前期预热——这部短片讲述了香奈儿创始人的5次中国梦中之旅。

被中国这个梦之国境所吸引的，不仅仅只是可可·香奈儿女士与卡尔先生，以华贵典雅的产品风格享誉时尚界五十余年的法国奢侈品牌纪梵希（Givenchy），也于2007年来到了中国。

自1952年诞生伊始，纪梵希就致力于以历史传承为灵感，现代精神为基柱，重新定义前卫优雅。从高贵优雅的时装系列，到惊世骇俗的美妆产品，它一次次地革新定义了巴黎的时尚与世界潮流。

作为时装界中的翘楚，纪梵希的4G标志分别代表古典（Genteel）、优雅（Grace）、愉悦（Gaiety）以及“Givenchy”，这是当初品牌创始人所赋予的品牌精神。时至今日，虽更换了不同的设计师，但“4G精神”却未曾变动过。

它的故事，源自创始人于贝尔·德·纪梵希（Hubert de Givenchy，以下简称纪梵希先生）——一个既内敛保守的贵族，又大胆奔放的浪子；既是历史传承的守护人，又是勇气十足的先驱者。

1927年2月21日，纪梵希先生出生在法国诺曼底Beauvais地区的一个富有家庭。父亲是矿山业主，起初并不赞同他从事时装事业，而是希望他能成为一名律师。

纪梵希先生自幼就展露其艺术天分，10岁时参观巴黎万国博览会的服装馆之后，便决定成为一位时装设计师。1945年毕业于巴黎艺术学校后，18岁的他涉足了时装界的第一份工作——为巴黎Jacques Fath设计室设计服装，之后又跟随过Robert Piquet、Lucien Ldiong与Elss Schiaparelli等设计师。

1946年，他与时装设计师克里斯汀·迪奥（Christian Dior，一年后他成立个人同名品牌）、皮尔·巴尔美（Pierre Balmain）一起为Lucien Lelong设计室工作；随后一年起，他为Elsa Schiaparelli设计服装。

1952年，纪梵希先生创建“纪梵希工作室”（the House of Givenchy），并于2月2日在巴黎推出个人的作品发表会。在这场以白色棉布为主，辅以典雅刺绣与华丽珠饰的时装展中，他的创意才华令在场人士惊艳不已——“Séparables”离散系列带来了女性时尚风格的分野与“休闲时尚”潮流的出现，宣告了一个自由优雅时代的到来。

1953年，时尚界最美好的一次邂逅发生了。

正在为下一季新装忙得焦头烂额的纪梵希先生，接了一个电话，“赫本小姐已经到了巴黎，希望跟你见面。”他只知道一位名叫“凯瑟琳·赫本”（Katharine Hepburn，四届奥斯卡最佳女主角）的女星，以为是她，便答应了。

但来人是奥黛丽·赫本（Audrey Hepburn）。年方24岁的她刚拍完《罗马假日》（*Roman Holiday*），在演艺圈里还是路人。她与新片《龙凤配》（*Sabrina*）剧组来巴黎寻找时尚服饰，时年26岁的时尚界新星纪梵希先生引起了她们的注意。

他设计服装的时价是3000美金；而她拍摄《罗马假日》的片酬是12500美元。他很委婉地解释：“我可能帮不了这个忙，我现在人手不够。”

她请求：“请让我试试吧，一定有什么我可以试一试的！”

纪梵希先生拿了一些半成品的高级时装样衣给她试穿，却被惊呆了，“这个小女孩看上去如此高兴，她简直脱胎换骨了。同时她也给了衣服生命。像魔术一样，她找到了把自己和衣服完美融合的办法，我从来没有在其他人身上看到过这样的做派。”

于是，他为“女神”赫本设计的充满戏剧美感的衣服，使《龙凤配》一举夺得当年奥斯卡“最佳服装设计奖”。而凭借《罗马假日》首夺“奥斯卡最佳女主角”的“女神”赫本，则公开宣布：“以后每一次我出现在电影里，都要穿纪梵希先生设计的服装！”

如果说奥黛丽·赫本是一个“坠入人间的天使”，那么让这个“天使”重焕光彩的就是纪梵希先生。“女神”赫本在《蒂芙尼的早餐》（*Breakfast at*

Tiffany's）中那个精致优雅的模样，那一袭黑色的晚装，配上同样精致的珠宝，一切显得那么高贵典雅、熠熠生辉——那件黑色的礼服便出自纪梵希先生之手，人物与服饰二者之间的配合是如此默契，相互之间将气质演绎得淋漓尽致。

在相识并相伴的40年里（63岁的“女神”赫本因癌症逝于1993年），他们是彼此生命中的伙伴，朋友，以及家人。赫本说：“他的衣服给予了我电影角色应有的美感和生命，当我穿上他设计的衣服时，我就能进入角色的生命中。”她在电影里、红毯上、首映礼和自己的婚礼中，都穿着纪梵希的服饰；他则为纪梵希找到了最佳形象代言人。

1957年，他推出了一款名为禁忌（L'lnterdit）的香水，作为风格与典雅的点睛之笔，这款香水是特别为“女神”赫本设计的——他深深折服于她不可抗拒的美丽和青春气息，并独具慧眼地欣赏到她所独具的“完美的不完美”，并以此为灵感创作了这款香水。

1981年，“纪梵希工作室”被Veuve Cliquot香槟公司收购后，母公司又与法国路易威登合并；1988年，纪梵希先生因为财政原因，以4500万美元将公司卖给了LVMH集团，但自己一直担任“纪梵希工作室”首席设计师（直到1995年退休）。

1989年，为了让品牌风格和个性更加整体，纪梵希先生推出彩妆系列“Givenchy Beauty”及护肤系列“Swisscare for Givenchy”。其护肤系列建立在广泛的科学研究与创新配方的基础上，可以满足各种类型的皮肤护理需求；彩妆系列则从“Le Prisme Visage”幻影四宫格粉饼开始，创造革命性的四合一蜜粉盒，为女性提供全面塑颜的自由。

1992年，纪梵希先生在巴黎凡尔赛宫举办40年回顾展。他曾说：“真正的美是来自对传统的尊重，以及对古典主义的仰慕。”这句话准确地描绘出他的设计精髓。在他退休之后，约翰·加里亚诺（John Galliano）、吉安费兰科·费雷（Gianfranco Ferro）、亚历山大·麦昆（Alexander McQueen）、里卡多·堤西（Riccardo Tisci）等天才后辈先后担任首席设计师，不断地为纪梵希注入经典设计元素，令其成为时尚界的一股优雅力量。

在长达几十年的设计生涯中，纪梵希先生曾为各种年龄、各种身份的名流设计服装，如著名的温莎公爵夫人、美国第一夫人杰奎琳·肯尼迪（Jacqueline Kennedy）、索菲亚·罗兰（Sophia Loren，奥斯卡与戛纳双料影后）、伊丽莎白·泰勒（Elizabeth Taylor，两届奥斯卡影后）等。他既能设计华丽繁复的宫廷样式服装，也能设计充满青春活力的时尚风格，屹立在不同时期的时尚潮流，弄潮于变幻莫测的流行中，得心应手。

这个以“高贵、简洁、典雅”而成为法国富丽精致风格代表的品牌，一进入中国便俘获了中国时尚消费者的芳心。

2007年，中国城镇居民年人均可支配收入达到了13786元（折合约1813美元）。逐渐富裕的中国消费者推动了奢侈品市场的迅速发展，而更有先富起来的一小批人，不再满足于消费日常的皮具箱包、服饰鞋履、珠宝腕表、香水化妆品等，而是向望着“漂洋过海”的诗意生活。

为了巩固其“世界奢华游艇业的领导者”地位，阿兹慕（Azimut）在这一年于上海设立办事处，旗下阿兹慕43S游艇在当年4月举办的中国国际船艇展上首次露面。时任董事总经理Federico Martini透露：“上海代表处的正式成立，展示了公司对开拓中国市场的信心，以及成为这个市场领导者的渴望。”

摩登先锋的创新、锐意进取的研发、意大利卓越的工艺以及“永不停止尝试，不断探求新科技，力求尽善尽美”的宗旨，共同构筑了阿兹慕的辉煌成就。无论是经典的飞桥游艇还是时尚的运动艇，其设计和生产都代表着全球的潮流，是欧美及亚洲地区最畅销的意大利游艇品牌之一。

它的历史，源自并不遥远的1969年。保罗·维他利（Paolo Vitelli）先生创立了阿兹慕公司，主要从事游艇租赁、进口和销售等事业。1974年，公司推出的自制游艇产品在市场上颇受欢迎，由此打下了阿兹慕成为国际豪华游艇品牌的基础。

1982 年，阿兹慕制造了“105 Failiaka”游艇，这是当时其系列产品中最长的游艇，公司也因此成为当时世界上少数能制造 100 英尺以上游艇的制造厂之一。

1985 年，阿兹慕公司并购了贝内蒂（Benetti）游艇制造厂，组成阿兹慕－贝内蒂（Azimut–Benetti）集团，总部位于意大利的阿维利亚纳，保罗·维他利出任新集团总裁。集团旗下拥有“Azimut”“Atlantis”和“Benetti”三个游艇品牌。

阿兹慕能被业界及消费者认可的重要原因之一，就是其源源不断地创新性设计。1994 年，公司研制出“无框窗”——采用一种可以延长 8 倍的特种弹性黏糊材料，将侧面的窗户直接粘在玻璃钢船壳上而无须任何钢框架，这是游艇外观设计上的一个重大革新。通过严格检验和测试后推向市场，赢得广泛好评。

而其设计的飞桥游艇（Fly–Bridge，指双层或多层艇的最上面一层甲板，一般都配有桥一样的拱，主要为了造型美观并可设置雷达架等）则代表了欧洲技术与设计的最高水平，保持了其一贯在质量、外观及创新设计方面的最高标准，使乘客真正体验到奢华尊贵的巡洋享受。

2003 年，继飞桥游艇之后，阿兹慕向自己提出了一个挑战：开发“开放式运动型”领域，创造真正迎合市场需要的产品。此策略概念包括开发游艇的多种兼能性：速度与舒适性、奢华与运动性、大空间与私密性的完美平衡。次年，S 系列豪华运动型游艇面世，艇长范围从 43 英尺（约 13 米）到 103 英尺（约 31 米）不等，为行业发展树立新标杆。

与游艇产品相匹配的是，客户关怀也是阿兹慕游艇卓越性的另一表现，被称为“Master Peace”——游艇售后保证延长至 3 年，包括 2 次在全球任何经销网络的免费检修服务；还为游艇主设计了 5 星级 24 小时扶助政策，如零部件替换、技术问题跟踪服务、网络互动、酒店住宿、医疗咨询、物品存储、返航或续航诊断，甚至是免费的应急游艇服务等。

作为第一个在中国市场提供检修及售后服务的豪华游艇品牌，阿兹慕确保中国客户在第一时间内得到及时、高品质的服务。这种付出显然已获得良好的市场回应——截至 2011 年，阿兹慕在中国售出游艇超过 20 艘，总长度超过 1500 英尺（约 457.2 米），价值逾 7500 万欧元，毫无争议地成为中国豪华游艇市场中的领军品牌；而中国市场在其全球市场中所占的比例也有大幅度的增长。

在此基础上，为更好地满足中国客户和经销商的需求，由阿兹慕－贝内蒂集团直接投资成立的子公司——阿兹慕游艇（上海）贸易有限公司于 2012 年 1 月正式成立，原阿兹慕中国首席代表白铭先生担任公司首席执行官。这是集团在意大利境外首个投资成立的游艇销售及售后服务公司（不包括投资新建的码头和造船工厂）。

据透露，阿兹慕在中国的客户主要是需要特殊生活工作空间的大企业创始人。在许多游艇上都备有投影仪、会议室，为客户提供完全私密的空间；也有许多客户出海去潜水，享受生活。“中国的消费者会钻研游艇文化，具有丰富的游艇知识。我们会举办阿兹慕游艇日活动，让船主能相互交流。”

在 2007 年，积极进入并提升品牌在中国市场的认知度及美誉度，开拓发展中国经销商网络的奢侈品牌，除了阿兹慕，至少还有尚美巴黎（Chaumet，创始于 1780 年并被誉为“蓝血贵族”的法国珠宝及奢华腕表品牌）、海瑞温斯顿（Harry Winston，于 1932 年在纽约创立的“明星珠宝商”）、帝格黎思（de Grace，源自 1895 年历史传承的法国高级定制珠宝品牌）以及阿斯顿·马丁（Aston Martin，始建于 1913 年的生产奢华型敞篷旅行车、赛车和限量版跑车的英国汽车厂商）。

但这一年在金融界发生了一件事，在某种程度上，它比任何一个奢侈品牌都更能体现中国新富阶层的崛起，那就是国内私人银行（Private Banking）的建立。

私人银行是面向高净值人群，为其提供财产投资与管理（不限于个人）等服务的金融机构。根据西方银行业的服务分类，第一类是大众银行（Mass Banking），不限制客户资产规模；第二类是贵宾银行（Affluent Banking），客户资产在10万美元以上；第三类是私人银行（Private Banking），要求客户资产在100万美元以上；第四类是家族传承工作室（Family Office），要求客户资产在8000万美元以上。

私人银行起源于16世纪的瑞士日内瓦（Geneva），原意是一种私密性极强的专门提供给贵族和富人阶层的金融服务。当时，法国的一些富商由于宗教原因被驱逐出境，形成了第一代瑞士的私人银行家，欧洲的皇室高官们迅即享受了这种私密性极强的金融服务。至今，瑞银集团（UBS，1998年由瑞士联合银行及瑞士银行集团合并而成）依然是全球私人银行界的标杆。

20世纪70年代，随着亚洲富裕阶层的急剧膨胀，私人银行在亚洲各地逐渐崛起。在亚洲经济实力最雄厚的三个国家——日本、中国和印度，监管机构为该行业设立了一个极高的准入门槛。

2007年3月，中国银行与其战略投资者苏格兰皇家银行[①]合作，在北京、上海两地设立私人银行部，这标志着中国本土私人银行业务的正式起步。同年，招商银行、中信银行、交通银行等银行的私人银行部门（或以财富管理中心为过渡）相继成立。

私人银行的目标客户是具有富裕的资产或很高收入的私人顾客，被称为高净值资产客户（HNW：High-Net-Worth）。私人银行客户的金融资产一般在100万美元以上，远远高于外资银行的贵宾理财业务的门槛，而私人银行则为这些处于金字塔顶端的客户提供细致而个性化的服务。

私人银行服务的内容非常广泛，包括但不仅限于资产管理服务、保险服务、信托服务、税务咨询和规划、遗产咨询和规划、房地产咨询等。每位客户都有专门的财富管理团队，包括会计师、律师、理财和保险顾问等。一般来说，私人银行为客户配备一对一的专职客户经理，每个客户经理身后都有

---

① The Royal Bank of Scotland，简称RBS，建于1727年，总部设在英国爱丁堡，是欧洲领先的金融服务集团，也是英国最大的银行，其业务遍及英国和世界各地

一个投资团队做服务支持。通过这个专属的客户经理，客户可以打理分布在货币市场、资本市场、保险市场、基金市场和房地产、大宗商品和私人股本等各类金融市场的资产。

随着中国银行等中资银行设立私人银行部，花旗银行（Citi Bank）、法国巴黎银行（BNP Paribas）、德意志银行（Deutsche Bank）等外资银行相继跟进，开设私人银行业务。截至 2010 年年底，国内共有 16 家银行在 22 个城市开设了超过 150 家私人银行网点，客户数量超过 2 万，管理资产规模超过 3 万亿元（人民币）。

私人银行的设立，正式将中国境内最有财富实力的客户推向了前台——尽管私人银行的服务具备私密性，对客户的任何信息都保持绝密状态，但其设立本身就是一种信号，仿佛向全球各大奢侈品牌发出“邀约”：“中国，是一个黄金之国！”

2008

西方奢侈品牌的中式探索

2008 年，在一片西方奢侈品牌入驻中国的潮流中，法国爱马仕集团却以另一种方式震惊了业界——它与蒋琼耳（JIANG Qiong-er）女士联合创立中国高尚生活品牌“上下”（SHANG XIA），致力于向世界推广中国的精湛手工艺，传承中国传统文化并推广中国当代设计，糅合东西方文化的精髓，创造 21 世纪全新的当代生活美学[①]。

作为“上下”首席执行官及艺术总监，蒋琼耳女士透露，“这是一个很美好的与爱有关的故事。”双方共同打造一个传承中国文化及复兴传统手工艺的梦想，作品包括家具、家居用品、服装、首饰及与茶有关的物品，以“家”为原点，演绎绚烂而平淡的东方雅致生活。

蒋琼耳女士是一位拥有国际声誉的中国当代设计师。在研习国画、书法等传统文化浓郁的氛围中长大，同济大

---

① 欧家锦：《蒋琼耳：演绎绚烂而平淡的东方雅致生活》，《财富品质》，2019 年 5 月

学毕业后就读法国国家装饰艺术学院，进一步学习家具和室内设计。多年在欧洲游学和创作的经历赋予她国际的视野和开放的思维；双重文化的背景让她的创作自由舒展，既葆有对传统的尊敬，又海纳百川兼容并蓄。

在游弋于不同领域挥洒创意，接触到越来越多外部的美好事物的同时，她也越来越认识到，自己站在一个非常深厚的中国文化的根基之上，并因此而感到自豪。她接触到许多深藏于民间的中国传统手工艺，这些技艺精湛巧妙，所创造的物品美丽而充满力量。

蒋琼耳被这些累积了时间和文化的技艺深深打动，更坚定了自己读书时就已萌生的梦想——“让中国的好工艺、好设计真正被世界看到”。

直至她遇见爱马仕，这一美好的梦想便自然而然地实现了。

“爱马仕是我以前设计事务所的一个客户，我曾为它设计中国的艺术橱窗和艺术书籍。互相了解以后发现，爱马仕其实也在寻找渠道，可以将它对精致设计、精湛品质、美学风格的执着追求，像种子一样种到另外一片文化、文明的土壤里。他们需要与这个文化国度的人一起去实现。”

感性的蒋琼耳女士透露了这故事背后的故事，“所以当我们碰到那一天，就好像两份相同的梦想、激情和观念碰到了一起，我们共同来创造‘上下’这样一个中国的高端生活品牌，其实是很顺其自然的一种人与人美丽地相逢而产生的结果，像极了爱情。”

为何取名为“上下”？“如其在上，如其在下。”“上下”的名字简单而意义深远，上下五千年，承上而启下，路漫漫其修远兮，吾将上下而求索。“上下”要搭建一座无形的桥梁，沟通连接传统与现代、东方与西方、艺术与生活、人与自然，诠释中国式的儒雅与热情。

上和下，就是最直接地传承与创新：一，传承中国传统的手工艺。中国有非常多且精湛的手工艺，来自历史，需要传承。二，传承中国的传统美学。“上下”选择了来自汉代的服饰、宋代的器物、明式的家具，这是一种轻盈、简约、隽永的美学方式。三，传承中国传统生活方式、生活哲学，带有文人气质与情怀，带有诗情画意的东方的生活美学气质。

蒋琼耳女士为“上下”选了三个关键词。第一个词是“human”，即人性。它是一个关于人性的品牌，所有的内涵都和人有关。从设计到手工艺都是由人来创作，从人来，再回到人，为人所用。通过人把自然和城市连接起来，通过人把原材料变成精美的器物，通过人把过去和未来连接起来。

第二个词是“emotion”，就是情感和爱。从一个原材料变成一个作品，必须要包含情感，没有情感的作品是没有用的，需要人加入情感。用时间和情感创作出来的东西，一定是有品质和价值的。

第三个词是“beauty”，就是美。寄情于物，情由物生。“人加情感，加美，才是完整的。”

对于中西文化的交融积淀，游历东西方之间的蒋琼耳女士也有着自己的独到理解，“其实就是佛教里面的一个词：放下。不要总觉得自己文化好，不能放下。放下并不是放弃，只是放下一些形式，植入在心里的精神是永远不会消失的。放下也不等于消失，只是在某些时候是隐性还是显性。”

由此带来的影响是，“上下”不是刻意在做新中式，它只是用中国传统里面的一些美学灵感，做着国际化的设计，它里面有东方美学的灵动、飘逸、天人合一的感觉；其设计的器物运用了传统的工艺，但是传承了传统的器物美学的简约、干净、利落、大气。

“我们要传承的是一种东方气质、神韵，所谓的中国元素全部要放下。”“上下”尝试着用现代商业的力量，去建立并完善散落在民间且濒临失传的传统手工艺。

从诞生之日起，“上下”就定位明确——要将中国传统的高超手工艺与当代设计相结合，创造出既能体现东方美学，又适应现代生活需求的高端精致产品。但这个定位使蒋琼耳女士面临最棘手的问题——手工技艺从哪里来？

从大环境来说，中国高端的手工艺产业链是不完整的。“我们经常谈到的高端品牌、上乘的设计，一定跟手工艺有关，跟高级工匠有关。西方能产生很多高端品牌，是因为这个产业链在欧洲是非常成熟的，你有好的项目，就可以找到非常稳定、有系统、有组织的作坊或者供应商来帮你一起完成这些想法，且有一个品质标准摆在那里。”

但在中国，蒋琼耳女士面临的是另一种尴尬的局面——手工产业非常零散，每个小作坊从几个到几十个人不等，标准也参差不齐，都是各自的标准。这些作坊也没有很好的管理，不能保证一个相对稳定的品质标准、时间安排以及工作环境的完善。

在这个过程当中，以蒋琼耳女士为首的“上下”团队除了做设计、做创意、做品牌、做文化，还花了很多的时间陪伴、帮助手工艺人及作坊的发展。

他们要解决的现实问题有两个：第一，如果“上下”只是自己跑在前面，而后面的手工艺人都跟不上的话，那也没有办法将设计按照设定的品质做出来；第二，若没有一个稳定的商业平台，中国传统手工艺极其难以往下传承。只有当有一个稳定的、高端的商业平台来支撑的时候，好的手工艺才能传下去。

面对重重困境，蒋琼耳女士依然信心十足。谈及“上下”品牌未来的发展方向，她有着清醒的认知，“从长期来说，希望能够实现我们对中国传统手工艺、传统生活美学的承上启下的梦想，创造出一个立足于中国、发展于全世界的一个中国的高端生活品牌。”

而落实在短期的计划里，她为“上下”的第一个10年制定的关键词，就是“打基础”。

“现代人都想在最短的时间里，把企业做到最大，商业规模最大化，赚最多的钱。但我们走的是另外一条路，就像造楼，我不是造一个小别墅，高层打桩跟小别墅打桩没有可比性。”

“这个基础包括四个方面，一是设计风格，在雏形基础上把它加深明显化；二是品牌价值观的加强，要把它像根一样地放到品牌各个细节里面；三是寻找文化与商业的平衡点；四是要梳理和整合全部的供应链。把这四块基础打好了，我们才有底气站到国际市场上。‘上下’还需要时间来历练，才可以让它以后有更大的后劲去发力。”

有了清醒的认知与踏实的执行，以及爱马仕的（资金、设计、品牌等多方）大力支持，“上下”会成为第一个真正意义上源自中国，且被西方主流市场认可的奢侈品牌吗？这个课题，放在日益成为全球最重要的奢侈品行业单一市场的中国，显得尤其具有社会价值。

蒋琼耳女士给出了她的思考。“所谓的奢侈品，其实就是时间和情感的积累。奢侈品牌的崛起，并不是靠政府的帮助与中国元素的注入便能成功。中国缺的不是钱，而是耐心。如果有中国奢侈品牌崛起，不论是中国企业做的还是外国企业做的，除了有经济能力外，还要在精神上能达到一定的理解能力。”

比如“上下”，在前期是不能以经济利益为第一考量的。其受行业尊敬的原因之一，是在中国建立了一条基础的手工艺产业链。欧洲的高端品牌都有一条完整的手工艺产业链在支撑，但中国没有，往往是孤零零的一个作坊，几个老师傅带着几个徒弟，且整体而言缺乏管理。

“上下”在产品的生产过程中不断构建这一产业链。曾经有很多产品在研发阶段时，团队跟手工艺老师傅合作得挺好的，可一旦产量上去了就会脱节，次品率很高。手工艺品虽与机器开模制造的东西不同，可以允许有一点偏差，但必须要有一个标准。于是，“上下”的产品研发周期从最初计划的半年，到最后花了两年，甚至更久，逐一攻克了很多技术上的难题。

除了产业链，“上下”也在努力建立品牌的价值观。只要核心的价值观不变，即便时光变迁，终将随着历史的长河而留存下来。在滚滚浪涛中，仿佛一块大的磐石，不会被冲走；或者说是一棵大树的树根，扎得越深，再大的风暴也不会将树吹倒。

在日益全球化的当下，在国人消费西方奢侈品的狂热中，“上下”所倡导的“东方雅致生活”是一种怎样的存在？

这就是“上下”所在尝试的中国式风格——绚烂而平淡。“上下”的作品从外表看都很安静，没有过度的、夸张的设计，不刺激视觉冲击力，很纯粹，很低调，但是当消费者了解它背后的文化含义，它所可以带来的生活的趣味、情怀，它所承载的这种工艺或者原材料时，往往会很惊喜——它是如此美丽，或者说令人感动。

“我觉得这就是东方的雅致生活方式。”蒋琼耳女士内心深处，有着一股深深的东方情结，“很多人特别是西方媒体谈到‘Made in China’，总觉得出不了精品。但我认为，在现代的中国，我们既有科技创造力，也有眼界——很多年轻的设计师在中国文化氛围里熏陶成长，再去西方留学工作，有着双重的文化视野和经历——还有手工业的传承，文化的传承……万事俱备，‘上下’就是要让西方和中国人知道，‘Made in China’可以代表高品质。这是第二次‘发现中国’的机会。”

从产品美学到生活哲学，“上下”不断推出新的作品，将东方雅致生活的艺术展现出来。但蒋琼耳女士认为，“上下”和奢侈没有关系，“中国古人生活的这种精致不是奢侈，而是一种情怀，是一种讲究，是一种生活艺术的创造。”

而与“上下”所推崇的东方雅致生活具有异曲同工之妙的是，在这一年，继伦敦与东京之后，全球第三家登喜路之家（Alfred Dunhill Home）在上海揭幕，为中国客户提供贴心的零售服务，带来纯粹的英伦男士精致生活方式体验。

2008 年 10 月，登喜路上海之家揭幕。早在 1993 年，登喜路便已进入中国市场；此次升级为品牌之家，是品牌应中国市场而做出的积极回应。修缮一新的会所被环抱于优美的英式花园中（双子别墅，另一半为江诗丹顿之家），环境典雅脱俗，为宾客创造令人难忘的零售体验，英式高级定制服务、理容服务和私人礼宾服务等。这座宅邸中还将设立顶级的当代艺术画廊、高级餐厅和酒吧等。[①]

---

① 《Alfred Dunhill 上海 Home 名副其实的 Dunhill 体验“家”》，《风尚中国》，2009 年 10 月

推进男士对梦想的追逐是登喜路矢志不渝的目标，怀着这样的诉求，这一生产男装和配饰的英国顶级奢侈品牌推出了诠释奢华生活方式的独家概念，即将当代男性的品位生活诉求和体验式零售概念合二为一，并在全球范围内推出登喜路之家。

作为优雅而敏锐的英式美学的代名词，阿尔弗雷德·登喜路（Alfred Dunhill）品牌的故事源自 1892 年。

1893 年，阿尔弗雷德·登喜路先生接管了他父亲的马鞍生意，并原创“Dunhill's Motorities”系列的基石，出产“除汽车外的一切”；1904 年，其店铺在伦敦康帝特街（Conduit Street）时尚大街 5 号开业，专为汽车司机、机动车和自行车骑手打造男装系列；1963 年，英国女王伊丽莎白二世为登喜路品牌颁发了英国王室供货许可证。

120 多年来，登喜路只创造最精美的男士奢侈用品，集优雅、功能、创新于一身的完美产品。正是这一优秀的传承和个性——以及对文化、旅行和工艺的衷心欣赏，奠定了登喜路作为世界顶级男士奢侈品牌的地位。它将奢侈品定义为：以完美为宗旨，坚定承诺只选用世界各地最好的工匠和最优秀的材料来制作男装、皮具、饰品及礼品。

登喜路上海之家共有三层。首层为“旅行主题探索区”，是品牌个性诉求、奢华品位和尊崇身份的明证，在这里陈列着登喜路博物馆的各类馆藏珍品，将创始人传承百年的先锋时尚精神和自由意志延续至今。此外，作为世界顶级专业皮具的制造商，一系列登喜路稀有品质的皮具产品和由伦敦著名古董商店“Bentley's”精选的古董皮革箱包产品，也将在上海之家的首层陈列。

二层则是登喜路全系列男装王国，成衣、量体裁衣定制服装区，以及首次在中国推出的高级定制服室和白衬衫吧都坐落于此。宾客可以体验到由受训于伦敦 Savile Row 裁缝街的剪裁大师丹尼尔·威廉姆斯担纲主理的英式高级定制剪裁服务。此外，还设有三个座位的传统英式理容服务区，为享受私密性理容服务的贵宾提供周到细致的服务。

三层为顶层餐厅，而在三层的阳台处，还独具匠心地设置了环境优雅的室外休闲区，与室内用餐区遥相呼应，是享受餐前小酌或餐后雪茄的最佳场地。

上海之家是登喜路阳刚气质、卓越功能性、稀有品质以及英伦风范这四大品牌精髓的综合体现，同时涉及奢侈品的第三维度——体验，令到访的宾客可以融入品牌。

而同样为了让中国客户更好地融入品牌，全球首家奢侈品手机厂商纬图（Vertu）也于2008年在北京开设第一家精品店。

这个仅仅创立10年的英国奢华品牌，坚持以精湛手工工艺打造非凡臻品，将珍稀材质、高性能科技及英式私人管家服务完美结合，清悦的音质、快速流畅的处理能力、极致坚韧的材质、严苛的测试标准、令客户安枕无忧的全球连通性——这一切都让纬图显得卓越非凡。

1998年，诺基亚（Nokia）首席设计师弗兰克·诺佛（Frank Nuovo）开始构想一款奢侈手机。彼时，全球手机行业刚刚走出“大哥大”时代的设计思路，开始向“小而美”发展。诺基亚高层对诺佛先生的设想很感兴趣。同年10月，“Vertu”（拉丁文的原意是“高品质、独一无二”）正式诞生，成为诺基亚的子品牌之一。

诺佛先生召集大批专家，为纬图手机设定技术标准。2000年，纬图公司正式成立，总部位于英国汉普郡（Hampshire）。设计师们认为，纬图应采用最尖端的技术和材质，并像超级跑车那样，全部手工装配。为此，纬图设立了一个手工装配培训中心，一名员工要想完美组装一部签名系列手机（Signature），至少需要学习一年。

经过4年磨砺，全球第一款奢华手机“Signature”于2002年推出，之后纬图陆续发布多款风格别致的奢华手机，在全球开创了奢侈品手机的新领域，并始终居于奢侈品手机行业领导地位。

正如其名字的拉丁文原意，纬图手机的确是精雕细刻，堪称独一无二。

其完全由手工制造的部件超过400个，每一部分都是由全世界最有威望的铂金和黄金供应商制作，在制造过程中产生的专利达到20项，从那硬度可以与钻石相媲美的蓝宝石水晶外壳，到彰显高雅的精细雕工，无一不显示出它的高贵别致。

卓越品质意味着销售天价，旗舰版白金纬图手机售价32000美元，黄金版售价达18500美元，最便宜的也要4700美元。但自从2004登陆新加坡市场后，销量令公司高层满意，甚至还有中国内地的客人，特地到中国香港或出国去新加坡的旗舰店购买。

于是，纬图的中国精品店应运而生。它不仅仅是一部手机，更是一种全新生活方式的宣言——与其他手机品牌相比，纬图拥有独具特色的“纬图管家”服务，只要一按手机上的客户专键，手机便会直接连接到24小时服务总台，不论客户想要查询各种手机服务资料，或者是交通、娱乐、饮食、酒店等各方面的资讯问题，都会有专人解答疑难，而且服务遍及全世界各个大城市，堪称一个超级贴身秘书。

凭借着奢华材质、24小时不间断的私人助理服务以及英国工匠出彩的精湛工艺，纬图成为中国富豪人群的身份象征物品之一。而发展迅速的中国市场也给纬图递交了一份漂亮的成绩单：在它进入3年之后，在全球共计80多家专卖店中，就有38家在中国，大中华区的年度销售业绩位列纬图全球市场的首位！

2009

中国资本主导的“皮尔·卡丹”收购案

2009年8月25日，上海中服进出口有限公司（中国服装集团的上海分公司，以下简称“上海中服”）与皮尔·卡丹公司中国地区代表在上海向媒体宣布：上海中服整体收购皮尔·卡丹大中国区（包括内地和港澳台地区）商标所有权。

上海中服称已于8月初拿到国家发改委批文，开始进入第二流程——申请外汇额度。上海中服法律顾问唐觉向媒体透露，目前收购工作进展顺利，但完成全部收购预计需要两年时间。由于收购尚在进行中，他以商业机密为由拒绝向媒体透露具体的收购价格。

这场新闻发布会的召开，令整个业界震惊。这桩堪称当年度中国服装业最扑朔迷离的收购案，吸引了多方目光。

在更早之前，就传出有中国商人将收购皮尔·卡丹品牌的新闻，并将目标锁定在广州市健升贸易有限责任公司、卡丹路公司、浙江嵊州巴贝这三家公司上。这三家公司据传为皮尔·卡丹的收购战打得热火朝天。事件经过媒体的报道后，成为行业的一大新闻。

最终，孙小飞、潘长海等温州商人（团）浮出了水面。2009 年 6 月，孙小飞宣布以 2 亿欧元成功收购皮尔·卡丹，并于 7 月注册成立温州诚隆股份有限公司，作为收购主体。

但上海中服召开的发布会，无疑给此收购案带来了曲折与非议。

唐觉在发布会上表示，上海中服率先向卡丹先生（品牌创始人）提出了合作计划，并正在办理中法两国的相关国际并购手续；上海中服将获得大中国区皮尔·卡丹拉丁字母商标和汉字商标的所有权。

这些与孙小飞早前公布的收购计划，几乎一致。唐觉还公布了收购的一些进展："上海中服向上海市商务委进行申报，6 月 29 日得到商务委《关于支持上海中服进出口有限公司收购法国皮尔·卡丹商标的函》。8 月 5 日得到国家发改委的批文，文号为发改外资境外确认字〔2009〕007 号。"

官方文件的批示，上海中服的国企背景，皮尔·卡丹驻北京代表处以及 20 多个皮尔·卡丹国内一级经销商的出席，这场新闻发布会的举办，彻底令业界迷惑了：孙小飞在说谎吗？

为何要收购皮尔·卡丹？除了生意层面的考量，更重要的是，它是一个时代符号，更是国人心目中曾经 No.1 的国际服装奢侈品牌。

1979 年，中国刚以改革开放的姿态打开国门，卡丹先生就已来到中国。在那个大街小巷都是暗沉色服装，国人对于时尚品牌既向往又陌生的特殊年代，他通过一场时装秀正式拉开了新中国时尚史的序幕[①]。

而值得一提的是，这场时装秀正是通过中服集团多方联系和积极协助才得以举办的。由此，卡丹先生成为首位来到中国的欧洲服装设计师，以他个人名字命名的皮尔·卡丹成为最早进入中国市场的国际品牌，也缔造了中国人特殊的皮尔·卡丹情结。

---

① 详见本书第一章节，《1979：时装界的"马可波罗"中国行》

在改革开放的第一个10年，皮尔·卡丹几乎每年都在中国举办展销会、时装表演甚至募捐活动，以此打开品牌在中国的知名度与销路。经过多年的努力，皮尔·卡丹在中国市场得到了长足的发展，越来越多的品牌店在中国各个城市出现。

但随着市场发展，事态却朝着另一个方向发展——过度授权与仿牌泛滥，令其在中国市场的发展陷入了困境，品牌声誉遭受了巨大的损害。据不完全统计，皮尔·卡丹一度在全世界140个国家售出900多个许可证，超过20万人为该品牌工作。

皮尔·卡丹进驻中国市场后，采取的就是品牌授权模式。在“大品牌”的吸引力与“大扩张”的渗透力的共同作用下，国民对皮尔·卡丹的热情高涨，品牌专营店从一线城市扩展至偏远小城。

但由于经销商水平参差不齐，产品质量难以得到保障，尤其是造假者猖獗，低劣的产品质量对皮尔·卡丹的品牌声誉产生了不可弥补的损害，进而使得品牌的高端形象受到严重破坏。

在此背景下，年事已高的卡丹先生萌生了出售品牌的想法。唐觉在发布会上透露，卡丹先生已经87岁高龄，而皮尔·卡丹时尚王国的商标都是以他个人名字注册的，卡丹先生本人不希望在他过世之后自己苦心经营的品牌迅速贬值，所以想及时出售变现。

那么，谁将赢得这一品牌的最终所有权？

处于风暴之中的皮尔·卡丹公司及卡丹先生一直保持沉默。半年之后，2010年1月8日，一纸公告为闹得沸沸扬扬的收购案画上了句号——皮尔·卡丹公司宣布，已经与温州诚隆公司签署协议，3700万欧元（约3.7亿元人民币）的收购款也已经收到，该公司正式取得皮尔·卡丹大中国区皮具、针织服装、皮鞋等部分商标的使用权。

耐人寻味的是，皮尔·卡丹公司在公告中强调，“没有与上海中服进出口有限公司或者该集团下属的公司进行任何谈判，也没有与该公司签署任何合同。”

收购案终于尘埃落定，但作为备受关注的中国资本收购国外奢侈品牌的第一案，当中曲折的过程却也给行业留下了太多的谜点。

曾有知情人士透露，孙小飞于2009年4月便与皮尔·卡丹公司签订了收购意向，9月签订正式合同，并随即向对方缴纳了首笔2亿元人民币的交易款。但由此带来一个疑问——与孙小飞签订合同并收到钱款后，面对上海中服的纷争，皮尔·卡丹公司为何没有公开表态？

一个未经证实的传闻是，卡丹先生确实对上海中服动过心——收购价远高于孙小飞，其行业身份也更"正宗"，且与皮尔·卡丹的中国代理商们有多年合作，市场经验更丰富，在销售网络等方面也具有传统优势。

不过，孙小飞的捷足先登令"这事没有退路了"。民营企业（家）的身份令孙小飞的决策更加便捷及迅速，由此带来了两种结局：如果孙小飞毁约，他打入皮尔·卡丹公司的钱将无法收回；如果对方毁约，不仅要承担赔偿责任，还可能面临孙小飞提起法国仲裁机构的仲裁。

2009年10月，上海中服给各大媒体发布了一封公开信，信中明确指出，如果没有得到皮尔·卡丹公司善意与真实的回应，上海中服将坚决拿起法律武器，维护自身及广大代理商的合法权益，包括向行政部门及司法部门举报，组织律师团提起诉讼等，以追究卡丹先生的法律责任，尽快撤销不正当交易。

上海中服认为卡丹先生及皮尔·卡丹公司作为世界名人和商业巨头，其行为有悖基本商业道德，而且存在严重的法律风险：第一，皮尔·卡丹恶意谈判，造成上海中服各方面的巨大损失；第二，皮尔·卡丹侵害了各代理商对于所代理商品的商标收购优先权；第三，皮尔·卡丹涉嫌利用国内企业对"Pierre Cardin"商标的感情，挑动恶意竞争，牟取不当利益；第四，上海中服是国家发改委唯一批复同意的收购方，其他企业与皮尔·卡丹的交易将不被中国政府各主管部门认可；第五，外汇出境使用虚假名义，外汇管理部门将依法查处；第六，由于不正当交易直接侵害了国内代理商权益，冲击现有销售网络，必将造成销售下降、大量从业工人失业，从而造成各种不良社会影响。

随后的 11 月，法国皮尔·卡丹公司总部向大中华区的代理商发去一份关于“皮尔·卡丹收购的函”，函中通报了收购的最终结果，并让代理商与孙小飞为代表的温州商团协商今后的代理事宜。

12 月，孙小飞向国家商标局提交了皮尔·卡丹商标转让的申请。与此同时，温州诚隆全面介入皮尔·卡丹国内事务，该公司成为皮尔·卡丹全球采购研发中心。对于历经周折取得商标权的孙小飞等人来说，除了建立生产基地之外，更重要的是重整皮尔·卡丹在中国的经销网络。

从购买产品到收购品牌，中国消费者的强大购买力在某种程度上重塑了全球奢侈品业界的格局，而中国资本的崛起，将直接改写越来越多奢侈品牌的发展轨迹。一个受到全球瞩目的中国时代，正逐渐到来！

2010

在全球瞩目中抢滩中国市场

2010年4月28日，上海世博会开幕前夕，路易威登（以下简称LV）在上海双店齐开——淮海旗舰店与浦东旗舰店，“同日同城双店齐开”（且还是最高级别的旗舰店）的局面在LV的发展历史上前所未见。

淮海旗舰店（位于力宝广场）是LV在中国内地地区开设的第六家旗舰店，也是第三十一家专卖店。它的揭幕，印证了LV对于淮海路商圈作为上海商业中心的重视；同时，它也成为百年淮海路上的全新商业地标。

它由享有“零售建筑设计之王”赞誉的彼得·马里诺（Peter Marino，纽约著名设计师）设计，共分两层，销售LV全系列产品，包括旅行箱包、时尚手袋、男女时装、男女鞋履、腕表、配饰。外墙由42000多朵“Monogram”花型装饰的巨型LED构筑，根据不同季节主色调变化色彩，延续了LV既往的高水准建筑设计，并与艺术理念结合，打造成百年淮海商圈的全新地标。

自2008年全球金融危机暴发以来，不少外资企业纷纷叫停新的投资项目，但 LV 却逆势而动，以淮海旗舰店的开幕印证了其对于打造上海淮海路商圈成为与纽约第五大道和法国香榭丽舍大道比拟的标志性商业街的重视。

时任 LV 全球主席兼行政总裁贾世杰（Yves Carcelle）先生表示：“LV 非常高兴能在同样拥有超过百年历史的淮海路开设旗舰店，它象征着历史传承与创新的结合，LV 也必将积极推动品牌所一直坚持的持续发展理念，继续与上海以及中国共同成长。”

时任 LV 中国总裁施安德（Christopher Zanardi-Landi）先生也表示：“将活力与时尚元素完美结合的 LV 淮海旗舰店，将为百年淮海路商圈注入年轻时尚的活力，并带来全新的购物体验。”

就在同一天，LV 浦东旗舰店（位于上海国金中心商场）开幕，这是 LV 在中国内地地区开设的第七家旗舰店，也是第三十二家专卖店。它的揭幕，标志着品牌在上海地区发展的新纪元；同时，它也成为上海浦东金融区的全新商业地标。

它也是彼得·马里诺设计的作品，店铺幕墙首次在中国内地地区以布满蚀刻浮雕 LV 大写字母所写的巨型 LED 屏幕构筑。店内设有名为“梦想之墙”的女士皮具专区、以“图书馆”与“沙龙”为空间概念的女士时装区、分区为“男士时尚沙龙”与“男士俱乐部”的男士时装区和男士鞋履与男士配饰区，以及手工地毯由彼得·马里诺设计、天花板拼贴由 Arturo Herrerra（纽约著名艺术家）金箔巨型作品“期盼”（Till There Was You）组成的椭圆形大厅及腕表旅行箱包区。

LV 浦东旗舰店位于黄浦江的核心江湾位置，与举世闻名的上海外滩万国建筑群隔江相望，既是中国经济崛起的现代化城市典范，也是世界重要金融中心之一。上海浦东作为第四十一届世界博览会的国际展馆区的主会场，无疑将成为中国及世界瞩目的焦点。LV 选择浦东核心地点陆家嘴开设旗舰店，再一次印证了其对中国市场的重视。

紧随着LV双店同城揭幕的盛况，2010年5月1日，中国2010年上海世界博览会（EXPO 2010）正式开幕。

世博会的起源是中世纪欧洲商人定期的市集，市集起初只涉及经济贸易。到19世纪，商界在欧洲地位提升，市集的规模渐渐扩大，商品交易的种类和参与的人员越来越多，影响范围越来越大，从经济到生活艺术到生活理想哲学……到19世纪20年代，这种具有一定规模的大型市集便成为博览会（Expositions）。

1851年，万国工业博览会成为全世界第一场世界博览会，其在英国首都伦敦的海德公园举行，展期是当年5月1日至10月11日，主要内容是世界文化与工业科技，其定名中的“Great”在英文有伟大的、很棒的、壮观的之意。

1958年，在比利时首都布鲁塞尔举行“二战”后的第一个世界博览会，主题为“科学、文明和人性”。为了体现“科学”这个主题思想，布鲁塞尔世博会建造了一座原子能结构的球型展馆，代表着人类进入了科技进步的新世纪之象征。它独特新颖的造型，虽然时隔半个多世纪之久，但仍然令人感到历历在目。

2010年，第41届世界博览会（Expo 2010）在上海举办，主题为“城市，让生活更美好”（Better City，Better Life）。此次世博会是中国举办的首届世界博览会，总投资达450亿元人民币，创造了世界博览会史上最大规模纪录；同时，190个国家、56个国际组织参展，7308万的参观人数也创下了历届世博会之最。

全球瞩目之下，必然会带来庞大的消费人群。受世博会效应影响，各大奢侈品牌纷纷抢滩中国市场。世博会对于奢侈品销售的里程碑式作用早已获得证明，卡地亚（Cartier）就是在1900年（第11届）法国巴黎世博会后走出本土，开始了在欧洲和美洲的扩张之路。

寻找企业与世博主题的最佳契合点，从而获得营销的利益最大化，正成为各大品牌最为关注的话题。LV代表LVMH集团作为主要参展商及法国国家馆唯一的奢侈品赞助商参加上海世博会，斯沃琪品牌特别为世博会推出瑞士国家馆纪念腕表，欧莱雅（L'oreal Paris）集团成为世博会化妆品项目赞助商，永恒印记（Forevermark）等各大时尚品牌获得世博特许产品生产权而推出限量版产品……

作为继2008北京奥运会之后最大的国家级盛事，上海世博会成为各大品牌提升知名度与销售业绩的一个重大机遇。毕竟，中国已成为全球奢侈品业界最受瞩目的单一市场。

意大利是全球首屈一指的奢侈品牌扎堆的国度，由此，其国家馆进行了精心设计——一个占地面积3600平方米的四方形建筑，被划分为20个功能区，代表着意大利20个大区，犹如一座微型的意大利城市。馆内陈列着最新款法拉利（Ferrari）跑车、阿玛尼（Armani）顶级时装、奢华的欧式家居、品质卓越的鞋履皮具……走进意大利馆，就仿佛置身于奢侈品的圣殿。

世博会的营销争夺战不仅在场馆内上演，更在场馆外蔓延。除了LV"同日同城双店齐开"，杰尼亚在上海新开继米兰、纽约、东京和中国香港之后的第五家全球概念店，曾为法租界的老楼变身为"爱马仕之家"，香奈儿在上海半岛酒店揭幕被誉为全球最雅致的精品店，历峰集团则在淮海中路西段一连开出伯爵、积家、卡地亚等数家名表店……

自2008年全球金融危机以来，各大奢侈品牌在欧美市场的业绩都遭到不同程度的下降，而日益发展的中国市场由此成为它们发力的主战场。

麦肯锡（McKinsey&Company）发布的《2010崛起的中国奢侈品市场研究报告》显示：中国以外的很多国家和地区市场发展停滞，甚至萎缩，但奢侈品在中国却蓬勃发展。即便2009年全球经济衰退，中国奢侈品消费市场还是增长了16%，仅稍低于前几年20%的增长水平，仍大大好于许多重要的奢侈品市场。2009年中国奢侈品消费达到640亿元（约合100亿美元）。强劲的经济增长在2010年重新引燃市场，而且据研究，市场将持续向好，2015年将达到1800亿元规模（按固定汇率合270亿美元）。届时，中国将占全球奢侈品市场的20%还多，超过目前世界最大的奢侈品市场日本。

而在各大奢侈品牌纷纷开设新店的潮流之中，斯沃琪（Swatch）集团却独具匠心地打造了一个艺术中心——2010年5月26日，斯沃琪和平饭店艺术中心（Swatch Art Peace Hotel，以下简称艺术中心）正式开幕，其营运理念可谓别出心裁：它将零售空间与酒店功能融为一体，邀请全球艺术家前来这里生活并进行创作。

斯沃琪集团与艺术结缘已超过30年之久，艺术中心是品牌致力于支持艺术的理想延续。斯沃琪热爱艺术，并且深信艺术家及他们传递的讯息——自由、活力和专注，能够改变世界，让一切变得更美好。

艺术中心坐落于上海外滩，前身为建造于1908年的汇中饭店，其后更名为和平饭店南楼——自开业以来，这里就是外滩最重要的景观之一，也是十里洋场上最重要的社交场所之一，并接待过多位在中国和世界历史中举足轻重的人物。

艺术中心整幢大楼占地约11300平方米，斯沃琪集团四个代表品牌——宝玑（Breguet）、宝珀（Blancpain）、欧米茄（Omega）和斯沃琪（Swatch），在酒店一层分别拥有各自的旗舰店。

宝玑精品店面积超过240平方米，极富当代特色的设计灵感来源于巴黎宝玑博物馆中陈列的各个时期的钟表珍品。精品店区域呈现圆柱体形，而艺术中心的天花板和房梁则凸显尖锐的棱角，店铺内部着重采用宝蓝色雕刻玻璃装饰，如同约瑟芬皇后怀表上的机刻纽索状珐琅装饰纹。修长的金色支架作为产品展示区与销售区的分隔，该设计让人们不禁联想起宝玑最经典的特色之一：装饰着三维机刻纽索纹的表盘。

对宝珀而言，2010年是品牌创始人贾汗－雅克·宝珀（Jehan-Jacques Blancpain）先生在Villeret的花名册上将职业登记为“制表匠”以来的第275周年。值此际新开设的上海第二家旗舰店，内部装饰受到瑞士汝拉山谷的启迪，以实木墙面的鲜艳风格和农家风格的小窗，体现出瑞士这个国家的独特气息。其设计灵感也源自Le Brassus制表工坊的饰面和制表匠工作台。

欧米茄旗舰店沿用了其所有旗舰店共有的设计元素，同时，将现有的内部建筑风格与原有的装饰艺术元素完整保留。华丽雕琢的装饰艺术风格，内部支柱均以金粉加以精美装饰；为保护历史建筑，在141平方米的零售空间内，包括固定照明设施在内的任何设施都不能安装在天花板上。以经过特别设计的锥形骨架剖面元件与所有必要电线和LED微小发光体相连，来令欧米茄产品呈现在温暖宜人的光线环境之中。

斯沃琪精品店选用白色为主调，以衬托出其色彩斑斓的艺术作品。流动外形的中层楼厅烘托出建筑的雄伟，将四周划分为错落交织的隐秘空间；螺旋形的楼梯以神秘的一抹净白分隔满是诱人花饰的环境；柔软植物状的展架从闪闪发光的树脂底座升起，斯沃琪腕表产品精彩绽放于繁花、枝叶、花蕾与岩石之间。

艺术中心的二层是斯沃琪集团下属所有品牌的展示中心；而它的艺术精髓，体现在三至四层——这是为来自世界各地才华横溢的舞蹈家、音乐家、摄影师、电影制作人、作家、画家、概念艺术家和许多创意人士准备的18间客房与工作室，邀请他们齐聚于此，在这里生活和工作，并在这座中国最具活力的城市共同探索当代艺术。

艺术家们可网上申请，经斯沃琪集团国际艺术家委员会甄选后，将受邀免费入住和生活在此，进行可长达6个月的艺术交流与创作。在推出艺术家工作室的同时，艺术中心还特别为各界宾客预留了五层空间——仅有的7间豪华主题套房和客房，令入住宾客身临其境地体会其独特的艺术氛围；而六层的“Shook！”餐厅以及露台花园（可俯瞰黄浦江美景）的酒店设施将提供给宾客一个完美的国际艺术酒店入住体验。

作为因上海世博会而发起成立的大项目，艺术中心承载了斯沃琪集团对中国市场的期待。正如其创办者之一、集团CEO尼克·海耶克（Nick Hayek，集团创始人尼古拉斯·G·海耶克之子）说的：“假若我们能让艺术家的创作更多地启发我们的内心和思想，世界会美好很多。”

让斯沃琪集团感受到美好的，不仅仅是艺术，还有其在中国市场的漂亮财报——翻阅集团的 2007 年报，在描述宝玑 、宝珀及欧米茄等品牌在中国的销售增长时，大多使用了“巨大的”“惊人的”以及“创纪录”等形容词。2007 年度集团在中国内地市场的销售收入约 4.2 亿元，正如其年报所称：“所有集团的品牌在 2007 年的销售均获得了相当的增长纪录，这些证明了整个集团在中国市场扩大投入以及扩展零售网络策略的成功。”

漂亮的成绩也让它拥有了能够拿出 4000 万美元建设艺术中心的底气。尽管随着 2008 年金融危机暴发，富豪们的资产大量缩水，斯沃琪集团董事局董事卢克勤（Kevin Rollenhagen）承认，集团在北美的销售情况也不那么乐观，但“幸好我们在过去二三十年一直在中国投资”，集团在中国拥有比美国更大的市场份额。

全球经济寒冬之下，逆势而上的中国市场给了各大奢侈品牌意外的惊喜。这种戏剧性的反差，正如 2010 年 7 月 8 日的炎热夜晚，意大利奢华男装品牌杰尼亚旗下两大品牌“Ermenegildo Zegna”与“Z Zegna”在上海音乐厅举办的 2010 秋冬系列发布。

在发布会开始之前，受邀嘉宾（部分）莅临参观了品牌的中国首家全球概念店。这座亚洲最大的杰尼亚全球概念店位于上海奢侈品购物新地标力宝广场的中心位置，拥有 1100 多平方米的零售面积。

纺织的设计理念一直伸延到店内，橱窗上的金属线条，呈现出一丝一线纤维交织的形态，而位于店铺中心的楼梯也被十字交错巧的纤维组织所覆盖，加上玻璃幕墙后锃亮的不锈钢栏杆，巧妙地临摹出杰尼亚以纤维原料编织成无数优质布料的品牌风格，别有一番格调。

该店拥有私密的 VIP 豪华购物区，在金色粉饰和铺有丝绸地毯的房间里，客人可以尊享量身定制的个人风格建议和个性化服务——这是杰尼亚闻名于世的品牌特色。

杰尼亚集团全球 CEO 吉尔多·杰尼亚（Gildo Zegna，品牌家族第四代成员）表示：“时值品牌 100 周年纪念，我们很荣幸能在中国上海推出杰尼亚中国首家概念店。作为首个在中国创立直营店的奢侈品牌（首家直营店于1991年开设于北京王府饭店），目前品牌在大中华区已有75家门店，大中华区俨然已经成为品牌在全世界范围内最大的市场。这次战略性的新店开幕更深地巩固了品牌于全球男士奢侈品市场的领导者与创新者的地位。”

随后，嘉宾们前往上海音乐厅，参加品牌的2010秋冬系列发布。尽管人满为患、秀场现场温度高于30摄氏度，但这并没有阻碍数百位来宾在这个闷热夏夜挥汗如雨地观赏裹在严实冬衣中男模的展示。①

首先亮相的“Z Zegna”系列所展现的是解构和重塑，崭露尖端的结构技术。城市灰色、砖红色、巧克力色及牛仔蓝的五彩色板演绎出新时代男性的轮廓；精纯及奢华面料依然被广泛使用；铰接式图案，“错视效果”饰块及反面固定未锁边接缝，更衬托出此季成衣款式的精髓；超大版背包和旅行者手袋、无系带的德比皮鞋、皮质平纹针织手套及织物饰边的皮带——高科技剪裁在Z Zegna男性配件中也大放异彩。

接下来登场的是“Ermenegildo Zegna”的2010秋冬系列，西装的设计勾勒出体形，裤子均采用前缝折痕，不同类型服装的混搭演绎出休闲风格；而另一款极富创意的“双面料”则是传统与创新的交融，传承品牌经典图案的同时，更混合了超轻针织面料，这一系列通过天然扎染和洗水工艺彰显自然轻松的态度，每款成衣都独一无二。若出席正式场合，蓝色或黑色法兰绒燕尾服则是杰尼亚男士的不二之选，搭配绸缎的优雅绒质外套，再以皮草细节最为点睛之笔。

品牌家族第四代传人Gildo、Paolo与Anna Zegna在发布会后向来宾们谢幕致意。吉尔多·杰尼亚表示，他的名字取了他祖父名字“Ermenegildo“的后半段。100年前的1910年，在意大利阿尔卑斯山区一个小镇里，祖父Ermenegildo从他的父亲手中接管一家小纺织作坊，由此开创了杰尼亚这个品牌。举办这场发布会，以此纪念杰尼亚由1910至2010年间

① 胡颖：《百年杰尼亚：绅士风的解构与重塑》，《21世纪经济报道》，2010年7月26日

走过的 100 年光辉岁月！

正当杰尼亚在中国回顾其走过的 100 年光辉岁月时，意大利奢侈品牌阿玛尼集团正迫不及待地拥抱未来——2010 年 11 月，它将其官方电子商务网站的第四站设在中国，emporioarmani.cn 正式推出，成为第一个在中国市场开辟线上业务的奢侈品牌。

这是阿玛尼集团在加强和开拓在网上和中国形象方面采取的最新、最重要的举措。在更早的 2000 年，集团在美国开通了其第一家网上 AX 店铺，紧接着在 2007 年，在美国开通了 Emporio Armani 网上店铺；2008 年在欧洲也开通了 Emporio Armani 网上店铺。

在中国开通的这家网上商店，销售的商品包括“Emporio Armani”男士 / 女士服装、E A7 运动系列、“Armani Jeans”系列产品和配饰、腕表、眼镜及珠宝。

时光倒回至 2004 年，《外商投资商业领域管理办法》正式实施，中国零售市场向外资品牌全面开放，引发各大奢侈品牌大举进入中国。在它们大规模进入中国的 2005 年，奢侈品海外代购也开始在淘宝上萌芽。凭借着同一（奢侈品）产品在中国内地与海外市场高达约 30% 的价差，这门 C2C 的代购生意越做越火，甚至连大规模崛起的奢侈品 B2C 网站也未能阻挡其势头。

以价廉物美为基础的中国电子商务市场，似乎与天生就走高端路线的奢侈品没有交集。奢侈品长久以来一直以旁观者的姿态注视着电子商务的发展。但从 2010 年起，在阿玛尼的带动下，中国的奢侈品电商时代已经来临。

据当时的不完全统计，在业界公认的全球一线奢侈品牌中，约 80% 进入了中国，但即使如此，它们开设线下实体店的城市数量也不足国内主要城市总数量的 40%，这意味着电子商务已然成为解决奢侈品牌拓展中国市场的方式。

也正因如此，伴随中国国民奢侈品消费的热情高涨，寺库网、第五大道、唯品会、魅力惠、佳品网、聚尚网等奢侈品折扣电子商务网站纷纷崛起。国外的奢侈品品牌也关注着电子商务这种拓展中国市场的模式。

emporioarmani.cn 网站是全球大型奢侈品集团推出的第一个此类网站。阿玛尼通过电子商务进驻中国市场，证明奢侈品行业正寻求扩大对增长最为迅速的中国高端商品消费者的影响力。

帮助阿玛尼运营销售网站的 Yoox（全球奢侈品电商鼻祖，2000 年创立于米兰），在接下来的两年多时间里，陆续将 7 个品牌的线上业务带入了中国。不仅如此，其旗下两个销售奢侈品的网站也先后于 2011 年与 2012 年登陆中国。此外，亚马逊（Amazon）旗下主打时尚设计师品牌的购物网站 Shopbop.com 也于 2011 年秋开通了中国业务，并同步推出中文网站。①

进入 2012 年，财大气粗、经验老到的外资势力不仅更频繁地现身中国，还以前所未有的气魄砸下了重金。被誉为时尚奢侈品购物网站鼻祖之一的 Net-a-Porter（2000 年创立于伦敦）在收编了中国奢侈品电商熟客网（Shouke.com）短短一月后，即完成了其折扣网站品牌奥特莱斯（Outlets）的本土化，并计划在中国香港地区筹建一个物流中心。

而美国两大老字号精品时尚百货，更是不约而同地选择了以电子商务的形式进军中国——尼曼百货（Neiman Marcus）以 2800 万美元的代价拿下了魅力惠（亚洲时尚奢品限时折扣网站的领导者，2010 年进入中国）37% 的股份；梅西百货（Macy's）则对佳品网（2009 年上线的国内领先的全球知名品牌高端网络销售平台）进行了 1500 万美元的战略投资。二者唯一的不同在于，尽管尼曼百货的在线业务已经占到了其销售总额的 20%，但不管是实体店铺还是电子商务，此前都从未涉足中国市场；而梅西百货在一年前则将中国纳入了其国际直邮区域。

就在阿玛尼电商网站落地中国市场一年之后，其亚太区首席执行官

① 《奢侈电商混战中国》，《新财富》，2013 年第 02 期

Fabrizio Dosi 先生在接受媒体采访时透露："我们相信在中国推出电子商务网站是明智的一步。中国幅员辽阔，要让广大消费者都熟知我们的品牌并不容易，电子商务网站能够更好地服务消费者以及让大家了解品牌。电子商务已成为其他市场领域内最重要的因素，因此我们认为客户将趋近于店铺和互联网购物体验这一相得益彰的消费模式，并不断发展壮大。"

emporioarmani.cn 网站就如同其在中国的旗舰店，以完美的界面展现品牌最美的时装。"到目前为止，网上的销量相当可观，远远超出了我们的预期销售量。到秋季我们还将推出一个新的平台：Armani.com。这是一个全新的网上销售专卖店，将囊括阿玛尼集团的所有产品。"

除了阿玛尼以"电商先锋"之姿态拥抱中国市场之外，在 2010 年，各大奢侈品牌不约而同地以设计"中国新年特别款"的举动纷纷向中国消费者示好——2008 年金融危机后的全球奢侈品市场迎来了前所未有的寒冬，仅依靠开设新店的"创业"行为难以为继；而面对蓬勃发展的中国，采取"创新"策略将是走出泥潭的唯一办法。

趁着 2011 年新春来临之际，各大奢侈品牌纷纷借此契机推出了各式各样具有浓郁中国文化印记的产品（以服装为先）——尽管评论褒贬不一，甚至很多国人并不买账，但这一举动既显示了各大奢侈品牌对中国市场的依赖，客观上也将中国的传统文化借助着品牌强大的零售网络渗透到了世界各地。

全球最大的独立公关公司之一——罗德公共关系顾问有限公司（Ruder Finn）与信天翁联业商务咨询有限公司联合发布的《2010 中国奢侈品报告》表明，奢侈品在象征人们身份地位的同时，所提供的愉悦体验与品位象征正在被越来越多的消费者所看重。

相较于 2009 年，该报告的涉及范围有了进一步扩展。除了原先覆盖的北京、上海、广州、中国香港以及全国 17 个重要二线城市外，还把中国台湾纳入了调查报告。受访者的人数也比上年增加了 10%，他们的人均年收入约为人民币25万元。调查内容包含消费信心与购买力、消费驱动因素、信息来源和产品购买渠道等多方面内容，分析并预测了下一年中国奢侈品的消费趋势。

《2010中国奢侈品报告》显示，中国消费者对于奢侈品的需求仍在快速提升。随着对奢侈品认识的逐步积累和加深，人们的消费行为从前期的评估考量到最后的实际购买，开始向理性、成熟的方向发展。

2011

当奢侈品牌遇上“中国制造”

2011 年 5 月 26 日，意大利奢侈品牌普拉达公司 IPO 保荐人高盛（Goldman Sachs）的报告指出：普拉达旗下 11 家企业，仅生产两成的制成品，其余均已外包生产。高盛将之视为质量风险因素——并非纯意大利血统的秘密终究被摆上了台面。

报告还透露，普拉达当时与 450 家原材料供应商及 480 家制造企业合作，并聘有 170 名质量监控员。报告称该举在监控质量之余，可以确保产能充足，但高盛也将之视为一大质量风险因素。

按计划，普拉达最快在当年 6 月 24 日登陆港股。此前公司 95% 的股权由普拉达家族拥有，其余 5% 由意大利 Intesa Sanpaolo 银行持有。此次 IPO，普拉达将 17% 的股权上市，计划发售 4.23 亿股，其中 14% 为新股。在中国香港挂牌上市后，这个拥有近百年历史的意大利家族品牌将正式成为公众公司。

为何选在中国香港上市？快速发展且几乎不受金融危

机影响的亚太奢侈品市场，尤其是中国，成了许多奢侈品牌的主要目标市场，这也是普拉达选择在中国香港上市的主要原因。过去的两个财年里，普拉达大中华区销售总额的复合增长率达到了 52%，远高于其他地区。[①]

此次在中国香港上市，普拉达首次在招股文件中披露了奢华之外的内容——自设工厂制作绝大多数原型、大部分样板和部分制成品，其余生产工序外包给外部生产商。它甚至承认："截至 2011 年 1 月 31 日止的财年，我们的绝大多数制成品乃由外部生产商所生产"。而据业内人士透露，外部生产商的产量达到了产品总量的 80%。

据悉，在中国香港举办的 IPO 新闻发布会上，针对一位中国记者的质疑，全球 CEO 帕特里齐奥 · 贝尔泰利（ Patrizio Bertelli，品牌创始人的孙女婿）驳斥了"普拉达产品 80% 工序在中国制作，而仅有最后的工序在意大利完成"的传言，他说："普拉达所有原材料皆在意大利生产，只是将半成品发往中国，完成其中约 20% 的工序，所有成品都是在意大利完工的。"

此番官方表态并未打消公众的疑虑。早在 2007 年，《纽约时报》（ *The New York Times* ）就指出许多奢侈品牌其实是"中国制造"。

一个未曾被承认的事实是，许多奢侈品牌的生产线都设在人力成本便宜很多的发展中国家——有统计表明，欧洲服装工人每小时薪资平均约为 20 美元，而且工作时间固定，各项福利完善；而中国工人的劳动力成本只是欧洲的 1/20，且还可以经常安排加班，福利极少。尽管高盛的报告中并未提及普拉达外包工厂的具体地点，但据媒体披露，广东省东莞市的兴雄鞋厂为其进行产品生产。

据调查，在 2008 年金融危机之后，越来越多的奢侈品将生产线移向中国。由中国制造的这些奢侈品牌们，一手抓住中国的成本优势，一手撬动中国的庞大市场，但蹊跷的是，为什么中国产地标签却堂而皇之地消失了？

普拉达向来以"意大利制造"（ Made in Italy ）为卖点。而早前已有国内

---

① 赵芃：《普拉达的香港 IPO 秀》，《财经国家周刊》，2011 年 6 月 27 日

媒体（《经济观察报》）引述消息称普拉达前两年在中国找到了技术符合要求的工厂，于是在中国生产。迫于“Made in China”的廉价形象，其CEO提出应该取消产地标签，一律改为“Made by Prada”——既规避了“中国制造”的低端形象，又规避了“意大利制造”的虚假宣传，还维持了百年历史的品牌价值与高端形象，“Made by Prada”真是一个天才方能想到的标签。

时任普拉达全球首席运营官（COO）塞巴斯蒂安·苏尔（Sebastian Suhl）于2010年11月在央视（CCTV）的专访中声称，奢侈品不仅取决于产品质量，更源于“设计灵感的触发”，在设计灵感和成本之间定价的空间区间是非常大的。

有业内人士表示，即使产品标签上的产地是某欧洲国家，并不代表该产品整个产业链都在该国。奢侈品牌的原材料是源自全球采购，最后的产地或许只是该产品完成最后一道程序的地点。例如，九兴控股（1836.HK）的年报就表示自己生产了思琳（Celine）、罗意威（Loewe）等品牌鞋。

各国对产品产地的规定各不相同，但大体要求是一致的，那就是必须保证产品大部分（决定其品质的部分）在该国制作完成，并且其在该国制作部分产生的成本（人工、材料等）至少要占总成本的50%以上，符合以上两条才能打上该国制造的标签。按此标准，对于在中国代工的产品，“Made in China，Designed in/by Italy”的标签似乎更合理。

尽管奢侈品牌强调自己更看重的是创意设计、品牌故事，但不少国内消费者仍对产地十分在意。在大部分国内奢侈品消费者心里，还没对“Made in China”树立起足够的信心。当时有统计数字显示——虽然83%的人表示中国制造的顶级时尚品牌不是廉价的象征，但86%的中国顾客表示会因为奢侈品牌标有“Made in China”的字样而不愿再购买。

尽管国际奢侈品牌代工一事可谓是行业公开的秘密，但每个品牌对此的态度却大不相同。据知情人士透露，蔻驰（Coach）很干脆地印上了“Made in China”，但普拉达却从不愿意承认——一个未经证实的数据调查显示，代工使得品牌的制作成本大幅下降，标价2万~3万元人民币的普拉达包，原材料成本不超过1000元，利润率可高达10~20倍。

面对产地问题，也有品牌是坦诚相告的，比如意大利奢侈品牌阿玛尼（Armani）。其中国区公关部负责人Gigi对记者详细阐明，阿玛尼旗下品牌线众多，其中“Giorgio Armani”是纯意大利的工艺和原料，而“Emporio Armani”有一部分是在中国生产的，副线品牌“Armani Exchange”则完全授权由合作商家生产经营。[1]

浙江杭州市盛宏服装有限公司是一家业内闻名的奢侈品代工厂，该公司从1999年起开始从事奢侈品品牌代工生产，主要代工生产过阿玛尼旗下的Armani Jeans、Armani Exchange系列，以及该品牌成衣中最高档的Armani Collezioni系列。郑厂长表示，其工厂做的阿玛尼都是成品，有时候订单多也会包给下边的合作企业，“其实国外的品牌商早就已经认可了中国工厂的技术。”

同样坦诚的还有英国的国宝级奢侈品牌博柏利（Burberry）。2009年，其以追求经济效益为由，不顾英国国内多重阻力，关闭了其位于南威尔斯朗达谷地区的英国主要厂房；根据全球化计划，正式将生产线迁往中国内地的广东深圳。

一边是各大奢侈品牌想极力撇清关系的“中国制造”之低端形象，一边是它们想热情拥抱的如日中天的中国消费市场，在这“冰”与“火”的纠缠中，中国正以无法被精准定义的混沌力量推动甚至引领着全球奢侈品行业的发展路径。

---

① 王芳、魏黎明：《大牌奢侈品中国代工产业链》，《经济观察报》，2010年1月8日

2012

假货泛滥引发奢侈品行业危机

如果说“中国制造”的代工问题只是困扰各大奢侈品牌的一个“不能说的秘密”，那假货泛滥则是直接影响奢侈品牌前途命运的大难题了。

作为位列全球奢侈品行业金字塔顶端的品牌，爱马仕国际于2012年6月15日发布声明称，法国警方捣毁了一个专门制造、流通和贩售“山寨”爱马仕皮包的造假团伙，分别在巴黎和里昂逮捕了12名犯罪嫌疑人。该造假团伙中还包含2名已遭解雇的爱马仕品牌雇员，可能还有其他现任雇员也参与了此次制假案件。

根据法国检方发布的公告显示，在秘密假冒伪劣产品制造车间，警方缴获的“山寨”爱马仕皮包及原材料堆放在一起有20立方米，而且由于是爱马仕内部人员制造、法国生产，产品原材料考究，使得普通消费者很难辨别真伪。法国警方还同时查获了数万欧元现钞以及一些银行户头，其中包括22个开设在中国香港的账户以及3个在塞浦路斯的账户，“账面金额达到了数十万欧元”。

业界认为，这批“山寨”爱马仕皮包已通过公司官方渠道流向欧洲、美国和亚洲市场。法国检方称：“调查显示，这是一个架构复杂完善的国际犯罪组织。”巴黎检方估算这批假货的销售总价值高达 1800 万欧元（约 1.44 亿元人民币）。

而时任爱马仕全球 CEO 帕特里克·托马斯（Patrick Thomas）接受法国媒体采访时的声明——“80% 在互联网上以爱马仕之名贩售的商品都是假货，这绝对是耻辱”，更是将假货问题推上了风口浪尖，电商平台、消费者一时之间手足无措。

80% 的网络产品都是假货？假货混在官方渠道流入市场？此消息传出后，引起部分消费者的紧张情绪，担心自己的产品可能是假货，并希望品牌店方提供验货服务。但很遗憾的是，引起专卖店并不提供验货服务。

而电商平台则因此事件再次被推向台前。“未获品牌授权销售奢侈品”——各大电商平台已经不是第一次遭到“声讨”。之前，护肤美妆品牌雅诗兰黛（Estee Lauder）曾声明线上销售渠道只有自己的官网；2011 年 6 月，天梭表（Tissot）官方微博对当当网的“父亲节促销活动”表态，称对方并未得到授权；此外，包括 LV、阿玛尼、古驰、蔻驰等，均先后发布声明称没有授权过其他电商售卖商品，这让一直处于灰色地带的电商奢侈品货源进入公众视野。

2012 年 6 月 19 日晚，中央电视台二套《消费主张》栏目，对当当网出售假冒卡西欧（Casio）手表一事进行曝光。业内人士指出，当当网出售“假货”事件，仅撕开了电商行业“假货”问题的一道小口子。“当当网并非特例，电商企业销售假货，已是一个存在多年的行业普遍现象。假货问题不断的原因，是电商行业缺少必要的监管和法律约束。”

随后，爱马仕在中国掀起了沸沸扬扬的打假行动，它与另外一家奢侈品牌都在美国纽约曼哈顿法庭打赢官司。两家公司同时起诉一些中国工厂非法复制其商标，仿制两公司商品，为此这些中国公司分别向两家奢侈品牌各赔付 1 亿美元（约 6.36 亿元人民币）的赔偿款。

但打假似乎效果不佳，一场场风波之后，各种水货、A 货、高仿货又以各种或明或暗的方式重现市场。

综合来看，假货泛滥存在四个最重要的原因——一是奢侈品牌官方并不提供验货服务，官方都无法担任“裁判”，由此带来行业的乱象丛生；二是在巨大的经济利益面前，造假者发挥各种令人叹为观止的手段，以假乱真，简直令人防不胜防；三是有为数不少的消费者出于虚荣消费等各种目的而知假买假，庞大的市场需求给商家带来了巨大的造假动力；四是有关部门的监督不力、执法不严，反向地给造假者带来了巨大的寻租勇气。

这四个原因互相影响，令假货泛滥成为一个困扰品牌方、消费者、执法者的商业困境。

据《新闻晨报》报道，记者走访了恒隆广场、国金中心 IFC 内的 LV、古驰、普拉达、香奈儿等专卖店后发现，不提供验货服务，也不出具正规的书面鉴定，已经成了大部分奢侈品牌的“潜规则”。

普拉达的一位销售人员表示，无法明确说明是真货还是假货，但是仍会“友情提示”，如果是真货，则会表示“在专柜看到过”；如果是假货，则会表示“没有见过”。在 LV 专卖店，销售人员表示，不能明确告诉消费者商品的真假，但可以提供清洁、刻字等售后服务，如果是真货，专柜就会爽快地接受商品，反之则说明是假货。

一位奢侈品牌内部人士透露，公司之所以规定不提供验货服务，主要是出于三方面的原因：

一是出于成本控制的考虑，品牌方希望消费者都通过正规渠道购买产品，专卖店有严格的管理体制，不存在售假，也不需要验货，但其他代购、电商渠道的产品，并非官方专柜出品，没有必要花费人力帮他人做服务；

二是基于技术壁垒，市面上造假的技术已登峰造极，如使用与真品相同的皮革和五金件，甚至仿造出一模一样的编码，很难用肉眼分辨真假，且国内专柜的销售人员也未必见过所有产品；

三是受限于人才培养，奢侈品行业的持续发展，令各大不愁销量的高端奢侈品牌不断加速开店步伐，甚至连品牌方最重视的销售团队的组建都面临人才困境，更别说提供增值型的验货服务了。

而在监督与执法层面，工商、质监等有关政府部门只能做质量鉴定，但不能鉴定奢侈品是否正品。由此，国内消费者所购买的奢侈品很难得到官方的权威鉴定。

2012 年 6 月，《21 世纪经济报道》调查记者揭露了隐秘的奢侈品造假产业链。①

一家名叫“拿货 8”的外贸公司，在仿奢侈品的圈子里小有名气。他们自称国内相当多奢侈品代购网站中的爱马仕皮包，都是出自他们公司。而他们则向位于广东地区的工厂下订单，定制高仿的包，“如果有必要的话，我们甚至可以找法国爱马仕以前的工人定制包，但价格也会更贵。”

在这家外贸批发公司的货单中，爱马仕的手提袋标价仅仅为 2999 元，如果大量订购，还可以打折，公司销售经理声称：“即便是经常用爱马仕的客户，也很难看出我们的货是仿货，曾经有客户拿到专柜去检验，结果被说是真货。”

随着全球 CEO 炮轰网络渠道 80% 的爱马仕皮包造假，这条地下假包制造链条正逐渐浮出水面，他们从工厂到销售，至少超过三个环节。然而他们的造假方式，却无人所知。

“我们的货都是使用进口的皮材制作，并且委托高质量的代工厂制作。”该销售经理透露，“如果客户对仿真度有要求的话，我们甚至可以使用爱马仕的原厂皮革，这样就更加以假乱真。”

这似乎是 A 货（高仿货）的传统做法：代工厂模仿制作——贸易商经销出售——零售商贩卖。然而，随着奢侈品电商网络代购的兴起，这一传统的路径开始出现了变形：A 货也可以“麻雀变凤凰”，以正品的身份出现在

---

① 何泽：《爱马仕假包单个利润超十万 可提供香港专柜发票》，《21 世纪经济报道》，2012 年 6 月 28 日

消费者面前。

所有的秘密与玄机，起源于一张小小的中国香港发票。

该销售经理表示，在他们发给每一位客户的货物中，都会附带一张中国香港的购物发票，客户可以以此向消费者显示货物为中国香港销售的正品。

而这张发票，从某种程度而言，就成为假货变成正品的关键所在。

“我们提供的发票，是中国香港爱马仕正品专柜开出来的发票。”该销售经理告诉记者，“你可以拿去和中国香港专柜的发票进行对比，从票据到票样都是一模一样的。”

那么，这张发票到底有什么玄机呢？为什么是中国香港的发票，而不选择其他地区？

“中国香港地区为了保护消费者隐私，拒绝通过发票来查询消费记录。因此，这张发票仅仅只是象征性的意义，并无实际的作用。”该销售经理透露，“通常情况下，消费者在看到中国香港的正品发票之后都会选择相信，而即便是有些怀疑的消费者，也会因为在查询时受阻，而无法得到他们想要的信息。”

正是因为中国香港地区这一发票的特性，导致中国香港发票在网络奢侈品购物中大量出现。“目前使用中国香港发票的网站，从某种程度而言，都有可能存在问题。”该销售经理指出。

调查记者随后登陆一些奢侈品电商平台进行了验证，巧合的是，从多家网店得到的结果显示，它们销售的爱马仕皮包均可以提供中国香港门店的销售发票。

因并未实际成交，因此调查记者并无证据证明该销售经理的说法是否属实，也无法证明上述代购网站的代购奢侈品的真假。不过，当记者问及中国香港发票的来源时，该销售经理神情显得很诧异，表示不便透露，但自己公司有内部渠道可以拿到发票。

联想起此前爱马仕官方的公告内容——在法国警方捣毁的一个国际造假团伙中，12 名涉案人员中有 2 名是已遭解雇的雇员，并显示可能还有其他现任雇员也参与了这次造假案件，再对比该销售经理透露的所谓的“玄机”，更令人心生疑虑。

事实上，无论网上销售的爱马仕产品多么仿真，提供的发票多么权威，如若消费者执意进行验证，仍然可以检验出产品的真假。而这 80% 网络销售假包市场形成的最后一环，却和爱马仕公司有关。

当调查记者问到“如何应对消费者的维权”时，几乎所有的造假商都用了“肯定不会”“绝对不可能”这样的答复。

“爱马仕公司肯定来不及帮助消费者鉴别货物的真假，如果消费者想检验一个包的真假，国际大牌的流程通常为 6 个月。”一位造假商透露，“除了某些特别较真的消费者，谁会为此等 6 个月？”

而阻挡了验货积极性的，是检验的费用相当惊人。“如果没有正当的理由进行检验的话，通常检验的费用都需要消费者自掏腰包，这几乎和再买一个新包差不多了。”这一漏洞，成为诸多造假商肆无忌惮的一个主要理由。而在网络购物中，看似完美的售后服务，也在这一漏洞面前破绽百出。

调查记者对以主攻奢侈品线上销售的优众网进行了真假验货的咨询，该网站的客服答复：“我们给顾客 7 天验货的时间，在此期间有任何问题可以进行退货。如果品牌专柜或者相关权威部门出具证明说我们的商品不是正品，那么我们都会进行负责。我们会根据消费者保留的吊牌，检验是不是我们网站所出售的。”

然而，这样的回应在该销售经理看来，几乎等于“没有回应”，“如果不是在相关门店购买的包，这些门店不会给你检验是否为正品；而即便得以检验，又要花费巨资，以及经历漫长的等待。”

由此，假货泛滥成为一个令各方头痛却又似乎无解的商业困境。

据普华永道（PwC）发布的《2012 年亚洲零售及消费品行业前景展望》显示，当年中国奢侈品市场销售额预计增至 155 亿美元，预测大中华区奢侈品销售额很可能首次超过日本，成为全球第一。爱马仕相比 2011 年在华销售业绩上升 36%，面对如此优秀的业绩，它没有理由轻视中国市场；但令人不解的是，它在中国却尚未建立统一的售后服务热线。

如果说假货泛滥已令高端奢侈品牌头痛不已，那么，自2012年10月1日起施行的《机关事务管理条例》更是令它们倒吸了一口寒气。

为了加强机关事务管理，规范机关事务工作，保障机关正常运行，降低机关运行成本，建设节约型机关，《机关事务管理条例》经当年6月13日国务院第208次常务会议通过。

第十四条规定，政府各部门应当采购经济适用的货物，不得采购奢侈品、超标准的服务或者购建豪华办公用房。

第三十二条规定，有下列情形之一的，由上级机关责令改正，并由任免机关或者监察机关对责任人员给予警告处分；情节较重的，给予记过或者记大过处分；情节严重的，给予降级或者撤职处分：……（二）采购奢侈品、超标准的服务或者购建豪华办公用房的……

这份法规，第一次正式将"限制奢侈品消费"列入国家法规，它一方面从侧面反映出当年的奢侈品（因公）消费之火爆，令国家不得不予以限定；另一方面则是在全球经济大势动荡的当下，给各大奢侈品牌的发展带来了相当不确定的影响。

出于中国特殊的人情环境，送礼是商业交往中不可或缺的一部分，诸如服装鞋履、皮具箱包、香水化妆品、珠宝腕表等奢侈礼品更是巩固商业关系的有力手段，但是新推出的法规将从根本上打击这部分的奢侈品消费——尽管法规限定的对象是公务员，但牵一发而动全身，整个中国奢侈品消费市场必将迎来一次动荡期。

全球经济大势的不稳定，（全球第一大市场）中国经济的缓慢前行，政府出台的限制法规……所有的这些大势，都意味着全球奢侈品行业的一个黄金时期结束了。

卡尔·拉格斐：“时装界凯撒大帝”的传奇人生秀

卡尔·拉格斐

卡尔·拉格斐（Karl Lagerfeld），著名服装设计师，业界称他为“时装界的凯撒大帝”“老佛爷”。在赞誉与冷落变化无常、瞬间转换的时尚界，他在长达64年的设计生涯中，至少实现了三次颠覆性创举：一是令芬迪（Fendi）重生；二是复活了香奈儿（Chanel）；三是一年内成功减肥40公斤，令自身形象成为全球时尚界最著名的IP之一——银白色的马尾、酷酷的黑色墨镜、笔挺的衬衫领子、露指的黑色手套，永恒不变的这四个元素组成了经典的卡尔标识。他精通德、英、法、意文，妙语连珠，却也毒舌连篇；他情迷传统，又憧憬未来，被传媒封为“当代文艺复兴的代表”。

20世纪初，高级时装设计师开始在小型沙龙里雇佣模特向客户展示其最新作品。作为一种社交活动，时装秀助力Paul Poiret（法国时装设计大师）等第一批高级时装设计师在圈层内确定地位。

随后，时装秀的规模由小到大，日期也逐渐被固定。从20世纪50年代开始，时装秀从社交活动变为了传播媒介，在时装由高级定制向成衣的转变中发挥了重要的催化作用，也由此诞生了四大时装周——纽约、伦敦、巴黎、米兰。四大时装周每年两届，分为秋冬时装周（2、3月）和春夏时装周（9、10月上旬）两个部分，每次在大约一个月的时间内相继举办300余场时装发布会。

时装秀打破了一对一的沟通方式，从设计师，到时尚编辑与买手，再到消费者，时装信息的传播链由此快速形成。它对于品牌理念与新款服装的展示与传播，起到了不可磨灭的积极作用。

在奢侈品进入中国的过程中，曾经上演了多场里程碑式的时装秀。这些时装秀（以及各种形式的展览）的举办，极大地促进了品牌在中国的发展——

1979年3月，法国时装设计大师皮尔·卡丹（Pierre Cardin）在北京民族文化宫举办了新中国的第一场时装表演，揭开了新中国的时尚史；

1985年5月，法国时装设计大师伊夫·圣·罗兰（Yves Saint Laurent）把他的25周年展带到了北京的中国美术馆，让还未完全从“蓝色服饰海洋”中解放出来的中国人开始接触时装；

1998年3月，爱马仕在故宫的永寿宫举办了“千里马”展览，展现了80多件与马有关的文物画作。这个展览既体现了中国的传统文化，又表明了爱马仕这个品牌和“马”之间悠久的渊源；

2004年4月，意大利时装设计大师乔治·阿玛尼（Giorgio Armani）通过一场时装秀庆祝上海外滩1100平方米的阿玛尼旗舰店开张；

2004年5月，卡地亚在上海博物馆举办“卡地亚艺术珍宝展”，展出了卡地亚的典藏珍品和一些从私人收藏家手中借来的当代名作，令中国观众们首度欣赏到世界顶级水准的奢侈珠宝及钟表杰作；

2004 年 9 月，历峰集团（Richemont）在北京故宫的太庙举办“钟表奇迹”展览，再现高级钟表几个世纪以来的发展史，为中国观众展示钟表制作的精湛工艺和精美作品；

2007 年 10 月，卡尔·拉格斐在北京居庸关长城脚下举办了一场宏图史诗般的大秀，耗资 1000 万美元打造的奢华而梦幻的场景，令芬迪声名鹊起；

2008 年 10 月，劳力士在北京金融街国际会议中心举办中国首场品牌故事展，品牌 LOGO 冠冕上的五个尖顶，均化成不同主题的展厅，令中国客户沉浸式体验品牌的悠久历史与丰富内涵；

2008 年 11 月，迪奥主办的“Dior et Les Artistes Chinois”展览在北京尤伦斯当代艺术中心举行，邀请 21 位中国艺术家进行创作，表达自己对品牌的理解。随后，首场“Lady Dior As Seen By”全球巡回展在上海举办；

2009 年 12 月，香奈儿在黄浦公园举办“上海 – 巴黎”高级定制大秀，“老佛爷”亲自到场，并庆祝位于上海外滩半岛酒店 480 平方米之大的旗舰店隆重开幕；

2010 年 7 月，杰尼亚旗下两大品牌“Ermenegildo Zegna”和“Z Zegna”在上海音乐厅举办 2010 秋冬系列发布会，家族第四代传人 Gildo、Paolo 与 Anna Zegna 向来宾谢幕致意，纪念品牌由 1910 至 2010 年间走过的 100 年光辉岁月……

每一场充满了视觉震撼与品牌气息的时装秀，都是一次与社会各界 VIC（Very Important Client，意为“非常重要的客户”）深度交流的机会，它不仅是一次品牌内涵与最新产品的自我表达，并借由现场来宾的强大号召力与社交媒体的广泛传播，升级为一次行业级的事件营销。

而在众多赏心悦目甚至令人叹为观止的时装秀中，最为人称道乃至被全行业奉为圭臬的，非“时装界的凯撒大帝”卡尔·拉格斐（以下简称卡尔）莫属！他一手操办的香奈儿时装秀，就是一次次想象力与执行力的巅峰表现。

香奈儿的秀场魔法

自 1983 年担任香奈儿艺术总监起，在外界普遍不看好的情况下，卡尔成功地使品牌复活，令香奈儿成为全球最具品牌知名度与美誉度，也是最赚钱的时装品牌之一。在此过程中，他一手操办的香奈儿时装秀功不可没。

2019 年 2 月 19 日，“永远活着的传奇”卡尔永远地离开了他沉浸一辈子的时尚行业。在他逝世之后，众多媒体盘点了他曾举办过的最令人叹为观止的香奈儿时装秀（自 2007 年芬迪长城秀之后，他便开始了大“秀”历程）——

2010 年秋冬系列：冰川

2010 年 /2011 年秋冬系列，卡尔运输 240 吨来自瑞典斯堪的纳维亚的真冰，放置在法国大皇宫（Grand Palais，建于 1900 年的巴黎世博会，现为香奈儿御用秀场）营造北极风格的时装秀。35 个冰雕师花了 6 天完成，为了避免冰山融化，秀场一直开着零度以下的冷气。

2012 年春夏系列：海底世界

2012 年春夏系列，卡尔将整个大皇宫打造成一个浪漫的“海底世界”，海螺、贝壳、珊瑚以及游鱼等白色巨型雕塑，千姿百态，栩栩如生，在白色沙地的反射下更显莹白光泽。模特们穿着奶油色服装走秀，在贝壳般的舞台上现场表演。

2013 年秋冬高级定制系列：旧世界与新大陆

2013 年秋冬高级定制系列，这场秀的主题是“旧世界与新大陆”，秀场被布置成古老的歌剧院，石墙斑驳，门窗古旧。时装秀以粗花呢套装开场，以几何线条、未来感的礼服结束，预示着从传统到未来的变革。

2014 年秋冬系列：购物中心

2014 年 /2015 年秋冬系列，卡尔将法国大皇宫变成了“香奈儿购物中心”（Chanel Shopping Centre），模特在“超市”里穿行，类似糖果的项链、装鸡蛋的盒子和冷冻牛肉的包，“买买买”的生活联想，香奈儿将时装重新定义，从“艺术”到“生活”的改变，让本季作品充满生活情调。

2015 年春夏系列：女权主义

2015 年春夏系列，卡尔“重建”了巴黎街景，模特走在“巴黎街道”的娱乐场所展示。谢幕之时，他带领一群由超模组成的“女权主义”者声势浩荡地穿越街区，为每一位热爱自由、崇尚平等、反对战争的女性发声，并在大声的呼号中呈现了香奈儿本季的时装态度。

2015 年秋冬高级定制系列：赌场

2015 年秋冬高级定制系列，这次大皇宫被改造成了巨型的私人俱乐部——“赌场”。卡尔对本次大秀评价道：“我用发布会来做筹码，胜于以往。”似乎是在以赌场作为借口来回应外界的一些声音，嘲讽着当今货币横行的市场。

2016 年春夏高级成衣系列：机场

2016 年春夏高级成衣系列，在极具创意的香奈儿专属“机场”内，“办票柜台”成了秀场的接待台。每一位看秀的嘉宾、摄影师都要过机场安检，卡尔让嘉宾们持航班号为 CA2015 的登机牌通过 N° 5 登机口“登机”，进入机场候机大厅后等待乘坐“香奈儿航班”去世界各地环球旅行。

2017 年春夏高级成衣系列：数据中心

2017 年春夏高级成衣系列，“数据中心”为法国大皇宫的这一未来主义展示提供了背景，堆叠的硬盘、交错的网线、光缆与电源线……模特们穿梭其中，卡尔通过这一全新系列阐明了香奈儿的野心，那就是征服数据时代，将香奈儿的时尚神话延续。

2017 年秋冬系列：埃菲尔铁塔

2017年/2018年秋冬系列，卡尔将“埃菲尔铁塔”搬进了法国大皇宫。在这个令人难以置信的设计中，他将巴黎最具代表性的建筑地标合二为一，其超乎寻常的想象力令到场嘉宾叹为观止。

2018年秋冬成衣系列：森林

2018年/2019年秋冬成衣系列，卡尔将法国大皇宫变成了一个迷人的“森林”。模型从镜像舱出现在落叶与光秃秃的树木组成的秋季“密林”里，时尚圈又一次为他的创意与大胆尝试所折服！

活出传奇的职业经历

卡尔一生中最大的“秀”，就是将自己的人生变成了一个传奇，一个从未远离舞台灯光且不断引领潮流的传奇。

1933年9月10日，卡尔出生于德国汉堡乡村一个还算富裕的旧天主教家庭，父亲Otto Lagerfeld是一位炼乳商人，母亲Elizabeth Bahlmann则是一位内衣售货员。他从小热爱设计与时装，常常把杂志中自己喜欢的照片剪下来收藏。

在2007年推出的个人纪录片《卡尔·拉格斐：孤独的时尚大帝》(Karl Lagerfeld：A Lonely King)中，卡尔承认自己因为在乡下长大，因此从小就憧憬着大都市，尤其是在17世纪就已十分辉煌的法国。

在他14岁那年，全家移居至他梦想中的巴黎，他在此完成了学业。1954年，由法国设计师皮埃尔·巴尔曼（Pierre Balmain）和于贝尔·德·纪梵希（Hubert de Givenchy，Givenchy品牌创始人）担任评委的国际羊毛局举办的时尚设计大赛上，21岁的卡尔赢得了外套组别的冠军。次年他便被巴尔曼选为助手，从此踏入时尚业。

历经助手生涯与出任时装屋Jean Patou的设计师后，卡尔于1964年迎来了他事业中的第一个转折点——正式加入蔻依（Chloé）设计团队。

起初，卡尔只是每个季度为蔻依设计几件单品，久而久之蔻依的整个系列都由他亲自设计。1973年，他操刀设计的蔻依春夏系列轰动了整个时尚圈，并登上各大新闻头条。直到今天蔻依依然在使用着卡尔的设计作品。

1965年是卡尔第一个事业巅峰的起点。他出众的才华得到了芬迪（Fendi）五姐妹的赏识，并与其签下了终身合约。担任主设计师的卡尔负责皮草、时装以及配饰的设计（品牌的经典标志双"F"LOGO也是他的作品），在他富有戏剧性的设计理念与专属魅力下，Fendi服装获得全球时装界的瞩目及好评，他将芬迪从一个过气的陈旧品牌推上了高级时装的一线地位。当芬迪面对无休止的皮草争论时，他只是淡淡地回应："在时尚界为皮草而争论，简直就是孩子气。"

1983年，卡尔迎来了第二个，也是他人生中最重要的事业巅峰的起点——他成为香奈儿的首席设计师，并拿到了终身合同。

彼时，香奈儿的品牌创始人可可·香奈儿（Coco Chanel）女士已去世12年。从1978年到1983年，品牌连换了3位设计师，但没有激起任何火花，给外界的印象只是一个平淡无奇的法国老牌，销量也不尽人意，品牌几乎完全失去了活力。

集团主席阿兰·维德摩尔（Alain Wertheimer）急切寻找一位能让品牌

重焕光彩的设计师。他找到了卡尔，但卡尔身边的所有人都觉得这是一个坏主意。“每个人都对我说，别理会，这个品牌已经死了，永远不会再回来了。”卡尔在2008年的个人纪录片回忆道，“我接手香奈儿的时候，香奈儿是个睡美人。甚至称不上美人，她睡到都打鼾了。但我觉得，这是一个挑战。”

初到香奈儿，卡尔并不被外界看好，就连香奈儿的员工也不太喜欢他。时尚记者Christopher Petkanas在《女装日报》1983年的一篇文章中写道，卡尔刚加入公司就和员工们陷入了冷战，或者说是一场“表面微笑却内藏硝烟的战争”。

卡尔认为需要把香奈儿拉回20世纪二三十年代的设计风格，忽略品牌在20世纪50年代的辉煌，抛弃四四方方的套装，而这在当时是非常冒险的决定。因此当他完成对香奈儿的“改造”时，他这样询问Petkanas：“尽管她（Coco Chanel）不是这么做的，但这是非常香奈儿（风格）的设计，不是吗？”

事实证明卡尔的决定是正确的。他在香奈儿的第一场时装大秀上，就打破了外界的质疑。卡尔完美提炼可可·香奈儿女士的优雅精髓——粗呢、珍珠、山茶花这些经典元素被注入新的年轻活力，改良服装比例，留住忠心客户之余，适当地注入运动、摇滚元素，吸引一众年轻人，并将高级定制精湛工艺发扬光大，成功地将香奈儿引上一条摩登典雅的康庄大道。

他把死气沉沉、失去新意的“睡美人”香奈儿唤醒了。如今，香奈儿已成为世界上最成功的奢侈品牌之一。卡尔是这么总结自己的成功秘诀的：要比所有人都努力，遵循传统时一定要注入新鲜又不至于颠覆的力量。

卡尔把自己称为“一台调到香奈儿模式的时尚机器”，为了前行就必须不断进行设计，“香奈儿应该有一种魔力，能够包容一切：这个时代、名字、女性和我。所有你想要呈现的，所有应该要做的。它应该让每个人感到特别。”

同时，卡尔还将纽扣坊Desrues、羽饰坊Lemarié、刺绣坊Lesage、鞋履坊Massaro、制帽坊Michel、金银饰坊Goossens及花饰坊Guillet一一收入囊中。在此后的 30 多年中，他每年为香奈儿制作 8 个系列的服装，包括成衣和高级时装——再加上芬迪的 4 个系列，以及个人同名品牌的设计，他成了全球时尚界最高产的设计师，或许没有之一。

高产的同时，卡尔还保持着一流水准的高质稳定，在时尚潮流变化万千、稍纵即逝的业界，这简直是“一部行走的传奇”。当人们为他的灵感担心时，他曾骄傲地说：“我有用不完的想象力，我的时装系列都来自我晚上做的梦，有时候我甚至能把衣服、配饰和现场的布景一切都梦到。”

因此，香奈儿的每一场时装秀，都好像身处一场华丽的时装梦境。海底世界、老歌剧院、购物中心、私人赌场、专属机场、秋季密林……他为这个世界带来一场又一场的奇妙梦境。

1984 年，卡尔推出个人同名品牌卡尔 · 拉格斐（Karl Lagerfeld）。在属于自己的品牌中，卡尔的设计个性得以淋漓尽致地体现：合身、窄身、窄袖的向外顺裁线条，古典风范与街头情趣结合起来，形成了诸多创新。

1987 年，出于品牌宣传的目的，卡尔开始了摄影生涯。他曾经说过：“如果不做时装，我可能会去搞摄影，因为我热爱它。它的魅力就在于，它能记录无法复制的经典瞬间。”之后的香奈儿、芬迪及同名品牌的广告多数由他拍摄，他与众多大牌时尚杂志也有摄影合作。他拍摄的照片很多都是黑白色调，像是一部无声的电影，很有辨识度。

同时效力三个品牌，令卡尔长期处于高度紧绷的状态，源源不断地向时尚界输出结合了他的天赋与勤勉的设计美学，但他却对著名时尚评论家 Suzy Menkes 说：“拥有高速且专业的生活是一件非常健康的事，等我工作的时候灵感才会上门，我不相信坐在那里什么也不做，信息就会主动上门。”就连提到对年轻设计师的建议，卡尔也说是“不断地工作、工作、工作，除此之外没其他办法”。

尽管自己是个工作狂，卡尔却也从不讳言自己的幸运。在接受《芭莎》（*Bazaar*）杂志采访时，他承认和香奈儿与芬迪两个品牌签订的终身合约给予了自己极大程度的自由，而这样的机会除了他没几个人能拥有。自认为幸运的卡尔因此对一起工作的人非常好，付给他们相当高的薪水，“这在时尚产业并不常见”。

2018 年 6 月，香奈儿首次公布财报，其 2017 财年总销售额同比大涨 11%，高达 96.2 亿美元，营业利润为 26.9 亿美元，净利润 18 亿美元。这一成绩的背后，卡尔功不可没。他为品牌创造了巨大的商业价值，同时也令品牌影响力在世界范围内得到大力拓展，并且得到无数人的尊重。

卡尔曾得意扬扬地说过一段话：“我已经完成了可可·香奈儿女士自己都无法企及的成就，她会嫉妒我的。”

纵横时尚界 64 年，卡尔的灵感丝毫不见枯竭，总是化腐朽为神奇的设计，令业界惊叹不已。对于时尚，他曾说：“不要害怕做一些彰显自我的事，你要明白，没有个人的独特性与风格，你就什么都不是。”

在他眼中，这也是时尚的本源。他相信，潮流是为了让我们看起来不一样，而不是让我们看起来都一样。因此，他在别人都是短发的时候留长发；在别人穿衬衫的时候穿风衣。他说：“我希望我是特别的。”（“I wish I was special.”）

是的，他的一生都在追求特别（Special）。

参考文献：

1. 卡尔·拉格斐，百度百科

2. 张馨予：《Chanel 艺术总监 Karl Lagerfeld 去世，回顾他的传奇一生》，界面时尚，2019 年 2 月 19 日

3. 张天宇：《天才设计师老佛爷 Karl Lagerfeld 离世：重温他的 Chanel 秀场艺术魔法》，雅昌艺术网，2019 年 2 月 20 日

2013—2019

全球瞩目，行业进入“中国时代”

“这是一个最好的时代，也是一个最坏的时代。”

2013年的各大奢侈品公司财报，与之前的漂亮业绩形成了鲜明对比——很多品牌都只有个位数的增长，与以往迅猛扩张的风光相比已是大相径庭。

贝恩咨询（Bain & Company）发布的《2014年中国奢侈品市场研究》显示：2014年的中国奢侈品市场增长率是-1%，2013年这个数据是2%；而在2012年和2011年，这一数字分别高达7%和30%。

经济增长放缓的总体形势，中国新一届政府持续推进的反腐行动，这两大因素被视为是中国奢侈品市场遭遇寒流的主要原因。由此，引发了2015年各大奢侈品牌在中国内地的“关门潮”。

但“东方不亮西方亮”，在巴黎、米兰等城市的各大奢侈品牌门店前，却排起了几乎全是中国面孔的长队，“中国大妈”与“千禧一代”（1982—2000年出生的一代）强大的购买力震惊了世界，以至于LV（路易威登）不得不做出限制：每个护照只能购买两件产品，且不能同款。

随着综合国力的崛起，中国人的消费方式也发生了改变——从在国内购买到境外消费，从消费产品到收购品牌，中国力量正以另一种方式继续推动着全球奢侈品行业的发展。

2013—2014

奢侈品行业黄金时代的终结

2013 年 7 月，各大奢侈品集团与品牌陆续发布 2013 上半年财报。据各家财报显示，从前一年年底开始走下坡路的中国市场，在当年上半年依然萎靡不振。而其作为全球最大的奢侈品单一市场，给业绩带来了较大影响。

先来看看全球第一大奢侈品集团 LVMH 集团的 2013 财年上半年财报：实现收入 136.95 亿欧元，较 2012 年同期的 129.66 亿欧元增长 6%；营业利润从上年的 26.59 亿欧元增加 2% 至 27.12 亿欧元；净利润下降 6% 至 15.77 亿欧元，上年同期为 16.81 亿欧元。二季度收入有机增长 9%，与一季度持平。

再继续看看细分部门：集团旗下核心品牌 LV 所属的时装和皮具部门表现恶化，上半年销售为 47.11 亿欧元，增长率仅 1%，是自 2008 年雷曼兄弟破产、美国金融危机以来该部门增长最低的一个季度，也低于一季度的 6%、2012 年二季度的 8% 和三、四季度的 5%。该部门上半年有机增长 5%，营业利润同比减少 1% 至 14.97 亿欧元，上年同期为 15.16 亿欧元。集团表示 LV 表现良好，芬迪发展突出，思琳增长稳定。

增速最快的是精品零售部门。上半年销售同比增长 17%，达 42.15 亿欧元，有机增长达 19%，营业利润增长 9%，达 4.07 亿欧元。该部门对集团总销售的贡献率已经从上年同期和当年一季度的 27.7% 上升至上半年的 30.78%。部门中化妆品牌丝芙兰（Sephora）和 DFS 环球免税店销售强劲。

葡萄酒和烈酒部门销售同比增长 3%，达 18.08 亿欧元，有机增长 5%，营业利润为 5.42 亿欧元，同比增长 9%。香槟业务在欧洲表现良好，亚洲市场对集团旗下品牌保持强劲需求，销量和上年同期持平。

香水和化妆品部门销售同比增长 4%，达 18.04 亿欧元，有机增长 6%，营业利润为 2 亿欧元，同比增长 2%。迪奥和娇兰（Guerlain）香水表现抢眼；迪奥、纪梵希化妆品业务显著进步；贝玲妃（Benefit）和 Fresh 国际增长迅速。

腕表和手表部门销售同比下降 3%，为 13.10 欧元，跌幅大于一季度的 1%，营业利润为 1.56 亿欧元，同比减少 2%。LVMH 集团解释增长放缓是因为手表零售商购买力减弱和部分多品牌销售点的结业。

LVMH 集团首席执行官伯纳德·阿诺特（Bernard Arnault）在财报中表示 LVMH 一季度的表现再次印证了集团品牌及其高品质产品的卓越吸引力以及集团策略的成功实践。他预计随着年底前众多新产品推出市场，集团品牌将进一步增加市场份额并在前景可观的市场中继续扩张。

LVMH 集团的主要竞争对手，世界第三大奢侈品集团开云（Kering）集团在 7 月 27 日公布了 2013 上半财年财报。报告显示，开云集团上半年净利润为 1.73 亿欧元，比上年同期的 4.77 亿欧元大幅下滑 64%。

开云集团上半财年净利润锐减的主要原因是该公司出售旗下书店部门 Fnac 股票的交易带来了 2.63 亿欧元的亏损，且 Redcat 的剩余资产带来了 1100 万欧元的减记。

在上半财年中，开云集团销售额增长 1.4%，达 46.78 亿欧元，上年同期为46.14亿欧元；净利润增长4.1%，达5.82亿欧元，上年同期为5.59亿欧元。财报称，销售额微幅上升的主要原因是这一阶段中的经济形势表现疲弱。

奢侈品部门上半财年收入增长5.3%，达30.784亿欧元，上年同期为29.245亿欧元，其中古驰品牌收入增长1.6%，至17.548亿欧元，上年同期为17.278亿欧元；葆蝶家（Bottega Veneta）增长8.4%，达4.656亿欧元，上年同期为4.295亿欧元；圣罗兰增长14.2%，达2.553亿欧元，上年同期为2.235亿欧元；其他奢侈品收入总计6.027亿欧元，比上年同期的5.437亿欧元增长10.9%。

上半财年奢侈品部门营业利润增长8.6%，达7.895亿欧元，上年同期为7.271亿欧元，其中古驰品牌营业利润增长6.7%，达5.560亿欧元，上年同期为5.210亿欧元；葆蝶家营业利润增长12.8%，达1.465亿欧元，上年同期为1.299亿欧元；圣罗兰营业利润增长10.1%，达2720万欧元，上年同期为2470万欧元；其他奢侈品营业利润总计5980万欧元，同比增长16.1%，上年同期营业利润为5150万欧元。

开云集团表示："集团旗下奢侈品部门的正面增长动量应该会延续到下半年，每个部门的品牌都正以优化经销渠道为目标。"

但也并非所有的奢侈品牌的财报都不好看，比如爱马仕集团的业绩增长就达到了两位数，虽然低于之前的增长速度，但品牌对于市场的未来充满信心。

爱马仕集团2013年上半年业绩显示：实现销售17.67亿欧元，按不变汇率，同比增长14.4%；其中第二季度增速16%，快于第一季度的12.8%。

上半财年皮具和马具收入增长5.5%，达7.799亿欧元，按固定汇率增长9.9%；包括男女成衣、配件珠宝、手套、鞋履、皮带和帽子在内的成衣和时尚配件增长18.2%，达3.956亿欧元，按固定汇率增长20.8%；丝巾和纺织品收入上涨10.3%，达到2.017亿欧元，按固定汇率则增长12.9%。

包括高端珠宝和家居艺术品在内的其他部门增长36.3%，达9470万欧元，按固定汇率增长39.6%；香水收入增长19.3%，达到1.067亿欧元，按固定汇率增长19.9%；手表收入下降3.7%，为7490万欧元，按固定汇率下降1.0%；餐具部门收入上涨3.1%，达到2890万欧元，按固定汇率增长5.2%。

在市场下行的背景下，各大品牌的硬核实力得到了一次有效检验。与抽象的财报数字所呼应的，是国内各大奢侈品门店的客流大幅减少。

“我们的客流今年大概下降了50%~60%吧。”一家知名男装奢侈品牌门店店长对走访的媒体记者表示，“往年春节临近时店里人特别多，有时店员都招呼不过来，而且来的人不时有一出手就直接买走十几件的阔绰表现。但现在客流锐减，公司专门为此进行了培训，怎么留住进店的客人，都有哪些步骤。这在以前是从未遇过的。”

贝恩咨询（Bain & Company）发布的《2014年中国奢侈品市场研究》显示：2014年的中国奢侈品市场增长率是-1%，2013年这个数据是2%；而在2012年和2011年，这一数字分别高达7%和30%。

以销售珠宝和腕表为主的全球第二大奢侈品集团历峰（Richemont）集团发布的2014上半年度财报显示，该集团在中国市场的净收入下跌了4%，集团明确表示，利润率下降主要是受到大中华区减少库存的影响。普拉达披露上半年业绩净盈利也较上年同期下降了21%；人头马君度（Rémy Cointreau）上半年的营业利润也下降了14.6%。

种种数据表明，作为全球奢侈品市场最重要市场之一的中国，在历经多年的高速增长后，已步入“寒冬”。

业界将原因归结为经济增长放缓的总体形势——据国家统计局公布的数据显示，2014年国内生产总值（GDP）为636463亿元，同比增长7.4%，增速创下24年最低值，以及中国新一届政府持续推进的反腐行动。但真实的原因真是这样吗?

复旦大学国际精品品牌战略专家卢晓指出：“不要过度解读中国奢侈品市场负增长，这是在新常态下的正常现象。根据我的分析研究，中国奢侈品市场的真正消费需求一直在增长，而且是正增长，贝恩咨询之所以统计出现负数，是因为一直以来错误地将‘三公消费’误以为是真正消费需求而计算在内。”[①]

在卢晓看来，与腐败相关的奢侈品消费属于不正常消费，过去被错误计入奢侈品消费市场份额中，导致以此为据的结论并不准确，且导致众多国际品牌误认为中国奢侈品消费市场就是“三公消费”市场，没有建立起真正为广大消费者服务的商业和零售模式，所以在反腐过程中业绩受影响大幅下滑，结果令人遗憾。

令人意外的是，除了行业研究者，将中国奢侈品消费市场的低迷归于中国反腐是一种极其广泛的论调。

2013 年，贝恩咨询的报告指出：中央政府的反腐倡廉对奢侈品馈赠风潮产生了较大影响。报告注意到了这样的事实：有几大省份要求政府官员退还他们收到的礼品卡；中秋节和国庆节期间，纪委监察人员在购物中心和百货公司收银处安排专人检查礼品卡消费情况。

以中国市场为增长引擎的普拉达集团也预计，在中国及欧洲需求疲软与中国内地雷厉风行的反贪腐影响下，未来一年增长会进一步放慢。

但与此同时，与国内实体门店销量额锐减所形成鲜明对比的，是境外消费与海外代购的日益火爆。

据财富品质研究院发布的《中国奢侈品报告》显示，2014 年中国人在全球奢侈品消费达 1060 亿美元，同比增长 4%；其中，境外消费进一步扩大，达 810 亿美元，同比增长超过 9%，本土消费额明显下降，为 250 亿美元，同比下降 11%。这意味着，2014 年中国消费者 76% 的奢侈品消费发生在境外，消费外流较往年进一步扩大。由此带来的结果是，中国奢侈品（本土）市场占全球奢侈品市场的比重由 2013 年的 13% 下降到 2014 年的 11%。

汇丰银行（HSBC）2014 年 2 月发布的《走遍全球的购物者》报告显示，全球近 1/3 的奢侈品被中国人买走；然而，中国人所购买的奢侈品中，有 2/3 的交易是在境外完成。

---

① 《陈霄：简析：中国奢侈品市场 2014 年遭遇寒冬》,《法治周末》，2015 年 2 月 4 日

便捷的出国手续，下调的航班价格，更好的旅游服务，更多的产品选择，更低的购买价格，持续贬值的欧元（购买力相对上升的人民币），更多渠道的海外代购……种种因素综合作用在一起，持续引爆了中国消费者的海外购买热情。

奢侈品代购市场则在 2014 年扩大了份额，有统计表明，70% 的消费者表示曾通过代购渠道购买过奢侈品，并且在未来这项支出还会增加。贝恩咨询的调查显示，2014 年代购或者说由海外代购买手购买并寄送奢侈品给中国客户的模式迅速成长，海外代购市场的规模已达到约 550 亿 ~750 亿元，主要集中于化妆品代购，其次是皮革箱包、腕表和珠宝，其市场总额约占中国门店销售的 50%。

这也是卢晓看好中国市场的原因之一，“中国奢侈品市场需求总量既包括内地门店销售，也包括中国消费者在港澳台地区、欧美市场的购买量以及海外代购的消费量，需求在增长，但购买地点呈现多样化趋势。”

为应对上述变化，许多奢侈品品牌开始整改门店，提升体验；也有一些品牌拓展了他们的电商渠道，例如古驰、阿玛尼的电商平台已登陆中国；蔻驰、雨果博斯等品牌的自主运营网站也在中国上线了，以多种方式试图提升其在中国内地市场的销售表现。

在这“寒流来袭”的市场大势下，却也有一些品牌逆势而上进行了多种方式的积极探索。比如，来自瑞士、源自 1735 年的全球现存最古老的制表品牌——经典时计的缔造者宝珀（Blancpain）。

2013 年 11 月 2 日，斯沃琪（Swatch）集团旗下顶级腕表品牌宝珀于其位于上海时尚地标新天地中的全球规模最大旗舰店——宝珀新天地会所举行品牌新晋文化大使的新闻发布会，宣布与著名财经作家、“蓝狮子”财经图书出版人吴晓波先生的合作。①

---

① 《吴晓波先生任宝珀新晋文化大使新闻发布会》，新浪时尚频道，2013 年 11 月 7 日

宝珀全球副总裁及市场总监 Alain Delamuraz 先生与中国区副总裁廖昱先生共同为吴晓波先生授予了“文化大使”的称号，并强调，此次宝珀与吴晓波先生的合作正是强强共荣的经典之合——

吴晓波先生在财经界享有盛名，不仅以其深厚的知识背景和独特的学术见地引领理论方向，更加在大胆的实践拓展中位居相关商业的领军行列；而宝珀近 300 年来致力于机械腕表的制作与开发，以卓越稳定的表现载誉业界首列，并在以“创新”为核心竞争力的品牌精神的推动下，保持着稳健的前进步伐，引领机械腕表行业繁荣发展。

Alain Delamuraz 先生表示：“宝珀的品牌精神是对完美工艺的极致追求与不断创新，这背后百年的支撑是理性的轨道与正确的方向预知。所以品牌一向致力于扩大视角，兼容并包各界所长，而吴晓波先生的经济学成绩和其个人深厚的文化底蕴，必将为品牌带来新鲜的见地与指导。”

而推动此次与吴晓波先生合作的廖昱先生则透露：“正是宝珀经典的气质，与精英学者研究领域的契合，促成了此次智慧的合作。学者以小见大，可望推演市场方向；品牌以史为鉴，尊重经济发展规律，更好地利用全局观审视、整合全球市场与中国市场的现状，寻求突破与稳步发展。双方携手与共，在共同的信念下，担负起对中国奢侈品腕表业的一份责任。”

宝珀重视文化发展是素来的方向，品牌的厚重底蕴自然吸引多方英杰同赏。除了新晋文化大使吴晓波先生外，近年来给予宝珀品牌厚爱的著名人士还有另一位文化大使梁文道先生，以及宝珀艺术大使，著名表演艺术家冯远征先生。

此次发布会选择在宝珀上海新天地旗舰店二层的休闲会所举办，也是品牌着力打造其文化平台的初衷的延续。该休闲会所集低调质朴、奢华典雅于一身，将高级制表与美酒美食的创作理念融会贯通，让客人于静谧舒适的氛围中感受原汁原味的瑞士佳肴佳酿，体验生活的美好。

这样的雅致环境，在空间上提供了品牌与往来宾客及各界人士交流分享的场所，品牌也希望以此构建打造出更广阔的文化平台，与吴晓波、梁文道及冯远征三位大使的合作，更能为各界宾客带来更多美妙的文化陶冶。

2015

奢侈品牌的降价与“关门潮”

2015 年 4 月 8 日，法国奢侈品牌香奈儿宣布受近期欧元汇率走低影响，即日起将（所售商品的）中国内地市场价格下调 20%，欧洲售价则上涨对应比例。

这一公告，打破了奢侈品在中国“只涨不降”的行业规则。在此之前，奢侈品在中国是名副其实的“奢侈”品——以“Chanel Le Boy”手袋为例，调价前在中国的售价约 32700 元人民币，在欧洲的售价约为 3100 欧元（约 20514 元人民币），相差约 1.2 万元人民币；调价后，该手袋中国售价降至 26000 元人民币，在欧洲涨至 3720 欧元（约 24617 元人民币），差价缩小至 1300 元人民币。

香奈儿品牌事业部总裁 Bruno Pavlovsky 接受采访时表示，降价后，除香水外的所有产品，在中国市场的价格将不会超出欧洲同样产品 5%。

这一举措不仅终止了香奈儿在华连续 5 年的涨价趋势，还引发了奢侈品牌的“多米诺”效应。迪奥和莫斯奇诺（Moschino）也开始降价——在中国香港市场，包括

Miss Dior 和 “Dior Soft” 等几个经典款式，降价幅度达到 12%；莫斯奇诺对中国区新上市的春夏饰品（包括手袋以及配饰）全面调价，平均降幅 20%。降价理由是近期汇率的影响和香奈儿基本一致。

另外，普拉达、范思哲、真力时（Zenith）等品牌也纷纷表示要对中国地区降价。旗下拥有众多手表品牌的瑞士历峰（Richemont）集团，也传出中国香港地区降价的消息。价格向来坚挺的江诗丹顿，虽然此前不许代理商打折，但在大环境的影响下，目前已默许分销商自行提供折扣优惠；紧随其后的积家也表示，当年 5 月起会正式降价。

LVMH 集团旗下的泰格豪雅（TAG Heuer）在瑞士巴塞尔国际钟表展首日就宣布降价，并表示，此次降价决定是为了抓住近期瑞士法郎升值的机会，重新调整其国际价格政策，“品牌将避免提升其在欧元区、日本或新加坡的产品价格。相反，从 3 月开始，在瑞士、中国内地、美国、加勒比地区、中美和南美，平均价格下调 8%；在英国平均价格下调 7%；在中国香港平均价格下调 13%。”

甚至连全球钟表业的“王者”百达翡丽也表示，在中国内地市场降价 18%，而一个月前它刚在瑞士降价 5%，中国香港地区平均降价 7%（最高降幅 22%），而欧洲地区则提价 7%。

纷纷下调产品价格的背后，是大部分奢侈品牌在业绩上并不乐观的现状。欧元贬值、对“三公”消费的限制及境外游的火热让奢侈品牌在亚太区，尤其是中国内地与中国香港、中国澳门地区的表现颇为疲软。

在 2015 年前三个季度财报中，古驰仅二季度实现收入正增长，是源于中国的降价销售和欧元贬值带来的强劲反应；普拉达集团一季度在排除汇率因素后，大中华区销售额同比下降 19%，2015 年上半年集团净利润同比减少 23%；截至当年 9 月 30 日，博柏利在亚太地区同店销售中呈现个位数下滑，净收入同比减少 2.1%。

令人意外的是，在主业下滑明显的情况下，各大奢侈品牌在 2015 年纷纷尝试做副业。比如，LVMH 集团通过旗下私募股权基金 L Capital Asia，斥资1亿美元收购了中式餐厅翡翠餐饮集团（Crystal Jade）逾90%的股权，并在竞标中击败普拉达，收购了意大利米兰有近200年历史的甜品店Cova的多数股权。

普拉达则收购了糕点店Pasticceria Marchesi80%的股份；古驰在上海环贸iapm开设了全球首家品牌Full-Service餐厅——1921 GUCCI；博柏利则先后进军了童装、家居、包袋，涉及多个领域多元化产品线；爱马仕在韩国首尔开设了一家从建筑格调到产品细节都充满品牌烙印的咖啡馆；香奈儿在日本东京拥有一家名为Beige的餐厅；范思哲、宝格丽、阿玛尼等品牌分别在澳大利亚黄金海岸、巴厘岛和迪拜等知名度假胜地开设酒店。

但也如做出降价之举的奢侈品牌之愿，由香奈儿领衔的这一行业首次降价潮，拉低了奢侈品境内外差价，从而引发了极大的消费热情。

由此，上海、北京、南京、杭州等香奈儿专柜已接连出现抢购热潮。商务部研究院消费经济研究部表示："这是奢侈品消费回流的信号，奢侈品市场热度将会在短期迅速上升，今年高端消费品市场将迎来购买热潮，并会在一段时期内持续。"①

该研究部发布的《2015年中国消费市场发展报告》指出，尽管中国政府的反腐措施会对奢侈品需求产生一定的抑制，但随着生活水平的不断提高，中国消费者对高端消费品的认知和需求程度不断提升。中国奢侈品市场实际上具备相当的消费潜力。

报告进一步指出，在消费人群的结构上，一方面，高端消费人群逐渐向大众扩散。中国消费者的品位日趋提升，对于高端产品有着更强的购买意愿。从日常生活消费来看，消费者越来越青睐于品质优越、时尚美观、节能环保的中高端产品；另一方面，高端消费人群特别是大众高端消费人群正逐渐年轻化。随着国际化步伐的加快，以及奢侈品价格的下调，年轻人将开始

① 黄修眉：《香奈儿引发降价潮 两只奢侈品基金抢先抄底》，《每日经济新闻》，2015年4月29日

成为消费主力，很多奢侈品的消费者开始集中于40岁以下的年轻人群，消费人群呈现不断下沉的趋势。

除了在中国市场采取降价措施以吸引中国消费者之外，随着中国消费者在海外消费比例的进一步扩大，各大奢侈品牌也纷纷开始在中国另寻增长点。而它们发力的一个领域，就是电商。

2015年上半年，经历了长时间资本寒冬的国内奢侈品电商相继宣布获得大额融资——走秀网完成C轮融资；珍品网获得A轮融资；寺库网获得E轮融资；魅力惠获得阿里巴巴的投资。

虽然资本利好，但货源问题依旧困扰着奢侈品电商。一直以来，奢侈品牌因维护品牌形象、保护与国内合作的代理商利益等原因，在电商方面发展缓慢：一方面自己不愿发展电商，另一方面也不愿意授权给电商平台。

但对于奢侈品电商来说，无法得到授权就意味着难以获得高质量的货品，在货源上也较为混乱，假货也难以避免——这也让奢侈品电商一度饱受质疑。为了吸引客流，奢侈品电商往往不能设定太高的价格，加之需要花费昂贵的宣传费用，在利润上难以获得保障，在价格上也不如做海外代购的小商家（甚至个人）有优势。

其实，各大奢侈品牌在下调中国区价格的同时，也是在为开通网络渠道做准备。有业内人士认为，以赚取海内外差价为生的代购者和C2C模式电商平台会受到影响。

2015年，奢侈品牌对于电商平台的发力明显，曾经表示坚决不开设电商的品牌也纷纷线上开店。香奈儿在美国正式开启眼镜产品线上销售业务，进军电商；卡地亚上线在线精品店；蔻驰也回归了天猫。

在下调产品价格的同时，各大奢侈品牌也减缓了开店速度，甚至关闭一些效益不佳的门店。比如LV在华关闭3家门店；泰格豪雅关闭了在铜锣湾的门店；蔻驰关闭了在中环的旗舰店；蒂芙尼关闭4家在华门店；普拉达关闭2家中国香港专卖店；古驰则叫停了在内地的开店计划——奢侈品门店在中国市场的节节败退，正是其过去无序扩张的结果。

LVMH 集团首席财务官 Jean-Jacques Guiony 曾公开表示，若中国个别二线城市有两家店铺以上，或会关闭其中一家。业内人士预计，未来国际奢侈品牌将进一步加速关店——广泛扩张的时代已经过去，未来，在减少门店数量的同时，大店和旗舰店将成为奢侈品门店主流，门店功能将更加多元化，甚至形成“一城一店”的格局。

2016

中国资本并购西方奢侈品牌元年

2016年4月1日，中国山东如意集团称，将收购（位居全球行业前十的）法国SMCP时尚集团的控股股权。SMCP旗下拥有Sandro、Maje和Claudie Pierlot这三大时尚轻奢品牌。

如意集团表示，此项交易将把SMCP的时装技术与公司的中国业务网络相结合；中国是全球第二大经济体，消费者越来越青睐轻奢产品。而集团董事长邱亚夫在公告中表示，“SMCP有着深厚的巴黎时装技术根底，有了该公司的技术，我们将把他们的优势与我们在亚洲，特别是在中国的现有优势结合起来。”

公告并没有透露具体的收购价格，但有知情人士透露，如意集团斥资10.4亿欧元（约合80.29亿元人民币）从KKR手中买走了SMCP时尚集团82%的股权。这一起当年度全球奢侈时尚行业交易价格最高、最受业界关注的收购案，双方的谈判进行了至少6个月。

这一纸公告，将如意集团与法国SMCP时尚集团推到了社会舆论的中央——在这个全球最大的奢侈品单一市场里，它预示着中国从“购买奢侈品产品”正式进入了“购买奢侈品品牌”的阶段。这种划时代的意义，还得从交易双方的行业地位说起。

先说法国 SMCP 时尚集团。该集团主要业务集中于轻奢市场，旗下涵盖 Sandro、Maje、Claudie Pierlot 三大轻奢品牌（SMCP 正是这三个品牌名字的缩写）。

Sandro 创立于 1984 年，以典雅别致的法式时尚服饰设计见称，以中高价为定位掀起了追捧“触手可及的奢华”（Accessible Luxury）的热潮，成为巴黎轻奢的领军品牌之一；Maje 是 Sandro 的姐妹品牌，源自 1988 年，其设计简约大胆，每款女装都富有设计细节和个性，融合法式巴黎时尚女性魅力；Claudie Pierlot 创立于 1983 年，该品牌透露着巴黎女人的气质：积极、女性、现代和优雅，以剪裁和样式都很好的外套和风衣著称。

2013 年，全球著名私募股权投资机构 KKR 从全球第一大奢侈品集团 LVMH 集团旗下私募股权基金 L Capital 手中购得 SMCP 65% 的股份，品牌创始人及公司管理层保留少量股份。控股 SMCP 之后，KKR 就聘请了几家银行商讨战略选择事宜（其中包括出售股权）。

据公开数据显示，SMCP 2015 年销售收入攀升 33%，达 6.75 亿欧元（约合 7.48 亿美元），息税折旧摊销前利润（EBITDA）增长 44%，达 1.07 亿欧元（约合 1.18 亿美元）。截至 2015 年末，集团在全球 33 个国家共开设了 1118 家门店，2016 年预计再增 80~100 家新店。[①]

再来看如意集团[②]。其前身为始建于 1972 年的山东济宁毛纺织厂，历经 40 多年发展，现已成为多元持股的大型中外合资企业，是国家级高新技术企业，全国纺织十佳经济效益支柱企业，以及全球知名的创新型技术纺织企业；历经 7 年研究的“如意纺”纺纱技术，荣获国家科技进步一等奖，是全

① 刘隽：《山东如意集团收购法国时尚集团 SMCP 终成定局》，《华丽志》，2016年4月1日

② 关于如意集团的发展历程，详见本章最末的附文《时代人物：邱亚夫》

球服装奢侈品品牌的主要供应商之一。

简言之，如意集团旗下拥有两个板块的业务，分别为毛纺织行业以及服装业。据其官网介绍，“公司已经成为集精纺呢绒面料及服装的设计、生产、销售于一体的大型纺织服装集团，拥有全球规模最大、最齐全的毛纺织服装产业链。”

董事长邱亚夫曾向媒体表示，如意集团虽然是传统的纺织产业，但坚持“科技化、高端化、品牌化、国际化”的发展路径，“如意是一个有着40多年历史的老纺织企业，也是全球唯一一个销售额超过100亿元的传统纺织企业。”

作为全球毛纺织行业以及服装业的领军企业之一，邱亚夫却面临着一个行业尴尬——当“Made In China”在欧美等全球市场横扫千军时，国内纺织业却是另一番萧条景象：综合成本上升，利润空间缩小，产能极度过剩，企业哀鸿遍野。

“中国产的一些衬衫只卖100多元，而国外的一些品牌能卖到8000多元。为什么？中国游客3分钟买光一家‘加拿大鹅’(Canada Goose，羽绒服品牌)的门店，他们宁可花2万元买外国羽绒服，也不愿意花2000元购买一件质量非常好的国产羽绒服。”邱亚夫深感无奈，但也意识到这一问题的关键是品牌。

尽管在纺织技术上领跑全球，但因缺乏有号召力的全球品牌，如意集团仍然是国际时尚品牌的打工者。“我们的如意纺面料，1平方米最高能卖到1万元，可奢侈品成衣的价格至少要几万元。”实力雄厚的如意集团当然不甘心“屈身”于纺织制造的产业链下游，尤其是近年来利润的不断压缩，更加速了邱亚夫的转型之意。

形成一个有明显竞争优势的品牌可能需要花费数十年的时间，但他认为：“如意集团有技术、有设备、有管理、有完善的产业链，如果能以国际化视野整合全球资源，寻找能补齐我们短板的企业，将会创造如意集团追赶国际水平的捷径。”

由此，邱亚夫制定了如意集团的国际化路径——整合全球资源，将全球优秀的设计师请来为集团所用；同时，结合中国人消费升级的需求，集团通过资本市场进行全球收购，借助国际名牌提升研发能力，以及中国人对品牌的认知度。

“通过资本的力量将国际时尚资源为我所用，是中国服装行业追赶国际水平的最优路径。要想知道如何做好时尚品牌，必须找到时尚的源头。”在这一认知基础上，邱亚夫带着如意集团在各大世界时尚之都展开了并购之旅。

如意集团的第一笔国际品牌并购，是在更早之前的 2010 年，它收购了处于亏损状态中的日本成衣运营商 Renown（瑞纳）。

Renown 前身为 1902 年在大阪设立的佐佐木商会，它曾经是日本最大的成衣运营商，运营着日本及欧洲的 30 多个品牌，包括著名的都本（D'urban）、安雅－希德玛芝（Anya Hindmarch）、简单生活（Simple Life）等品牌。其中，由两位意大利设计师于 1970 年创立于日本的都本品牌被业内赞誉为“日本服装界的雷克萨斯”，被称为日本 No.1 的西装品牌。

在被如意集团收购时，Renown 公司已连续 4 年亏损。据 2009 财年年报显示，其营业收入同比减少 17.3%，为 1290 亿日元（约合 92.29 亿元人民币），净亏损 109 亿日元（约合 7.8 亿元人民币）。

2010 年 6 月，如意集团出资约 4400 万美元（约合 3.1 亿元人民币），收购了 Renown 公司 41.53% 的股份，成为其第一大股东。值得一提的是，Renown 还是雅格狮丹（Aquascutum）和朗雯（Lanvin）等国际品牌的日本代理商。

或许是出于 Renown 与雅格狮丹的代理关系，也或许是因控股收购法国 SMCP 时尚集团所带来的行业效应，2017 年 3 月 2 日，如意集团再一次发起并购，以 1.17 亿美元的价格收购英国百年奢侈品牌雅格狮丹。

雅格狮丹创立于 1851 年，因在“一战”中为军队制作防水外衣而声名鹊起——创始人 John Emary 发明了防水羊毛，并将技术应用于防水衣的制作中。在其 160 余年发展历史中，凭借优雅不凡的英伦风格、精致的工艺及优良的信誉，深受不少贵族和名人追捧，甚至英女王、丘吉尔首相、撒切尔夫人等名流都是该品牌的重量级用户。它成为与博柏利（Burberry）齐名的英国国宝级风衣品牌之一。

原本属于家族企业的雅格狮丹，1990 年后几经易手，直至 2012 年 4 月面临破产，最后关头被其亚洲代理商 YGM 以 1500 万英镑收购，但很遗憾的是，YGM 也并未给它带来重生的机会——雅格狮丹不仅受到来自美国金融危机的影响，也未把握好中国这一全球最大的奢侈品市场，2015 年全球关店 29 家，其中 25 家在中国；虽拓展了电商渠道，但却表现平平，最终陷入经营困境。

2016 年，雅格狮丹于英国的服装零售和批发业务收入（以英镑计算）大跌 15.8%，营业亏损显著加剧，这也导致上半财年集团成衣业务净亏损 7343.5 万港元。

无法帮助雅格狮丹重现昔日光辉的 YGM 也面临窘境——YGM 2015 年的营收跌破 10 亿港元，其成衣业务在 2016 年上半年销售大跌 22.1%。据称，租金压力是导致成衣部门亏损加剧的主要原因。为此，2016 年 8 月，YGM 出售了一座物业以套现 6680 万港元，用以增加现金流弥补亏损。

直至如意集团的出现，这一英国百年奢侈品牌重获新生之光。而如意集团的国际化征途则走得越来越坚定——2017 年 10 月底，INVISTA（英威达）旗下 Apparel & Advanced Textiles 业务亦被如意集团收入囊中，据传交易价格高达 20 亿美元；11 月底，如意集团以 1240 万英镑收购以色列男装集团 Bagir Group Ltd.（BAGR.L）54% 的股份，成为后者的控股股东。

2018 年 2 月 9 日，如意集团宣布，已经完成对瑞士奢侈品公司巴利（Bally）International AG 的收购，而原母公司欧洲投资巨头 JAB 仍然保留少量控股权，巴利（Bally）原任管理团队也将获得少量股权继续留任。

巴利于1851年在瑞士成立，产品包括奢侈皮鞋、皮带、皮包、钱包和服装等。在众多名牌世家中，巴利可谓独树一帜，无论是时装、鞋类还是手袋，它始终全心全意去实现一种“整体造型”的设计概念，使其产品散发出魅力十足的气质。

1986年，巴利进入中国市场，成为第一批进入中国的奢侈品牌之一。此前巴利由美国私募基金TPG持有，后于2008年被JAB以6.5亿美元收购，当时的年销售额超过4亿美元。

邱亚夫称，巴利是当下最重要的奢侈皮具配饰品牌之一，并表示该品牌的历史和产品与集团旗下其他成衣品牌的优势相辅相成，此次收购是如意集团在成为全球时尚服装领域领导者道路上的一个重要里程碑。

如意集团强调，收购完成后，将维持巴利传统与独特的特性，维持其在瑞士卡斯拉诺的总部，并继续通过其位于意大利米兰的展示平台运作市场营销、设计及销售团队。

与之前收购时处于亏损状态的日本Renown、英国雅格狮丹不同，被收购时巴利的运营状况良好——巴利2017年的利润创近10年来新高，但未公布具体数据，全球首席执行官Frederic de Narp表示，主要是受品牌在美国和日本地区销售增长推动。①

他预计，巴利2018年在美国的销售额同比增幅超过20%，远超2017年的14%。事实上，巴利的目标是实现全球各地区均衡发展，包括中国、美国、日本在内的5个国家是巴利的5个引擎，保持平衡有利于更好地进行全球化扩张，而目前包括中国和日本在内的亚洲市场仍然是巴利的第一大主场。

Frederic de Narp还表示，该交易的完成令巴利的未来发展充满更多的可能性，并称在如意集团的资源补充下，品牌将加速实现年销售额10亿美元

---

① Crystal：《被山东如意收购的Bally能成下一个10亿美元的奢侈品牌吗》，时尚头条网/LADYMAX，2018年4月20日

的目标。

此次收购巴利，如意集团面对的竞争对手包括复星国际、七匹狼、赫美集团等国内巨头，但据知情人士透露，如意集团对此桩交易给出的 7 亿美元的报价远远超过了它们。

在“买、买、买”国际化道路上奋勇直前的如意集团，仅仅在两个月之后，（2018 年 4 月）又完成了对中国香港高级男装零售商利邦 51.38% 控股权的收购。

利邦（Trinity Limited）为中国香港贸易巨头利丰集团旗下公司，经营六个国际男士服装品牌：Altea、Cerruti 1881、D'urban、Gieves & Hawkes、Intermezzo 及 Kent & Curwen。

据数据显示，在经历奢侈品大力反弹的一年，以高端男装为主营业务的利邦表现落后于行业，2017 年全年收入 17.013 亿港元，较 2016 年的 17.77 亿港元下跌 4.3%；全年亏损继续扩大 37.8%，由 4.415 亿港元增至 6.083 亿港元。

时任利邦集团主席冯国经表示：“与山东如意集团的交易，于利邦男装而言，是重大机遇。”他称赞如意集团在成衣行业的实力，拥有 Sandro、Maje、Claudie Pierlot 及雅格狮丹等诸多实力品牌，而控股的日本公司 Renown 更是常年授权利邦男装销售 D'URBAN 品牌。借助如意集团的实力和资源，可以帮助利邦男装扩张至不同类别和地区。

作为活跃在国际时尚市场的中国买家，通过这些并购，如意集团逐渐壮大成为一个以纺织制造为基础的时尚品牌控股集团，也是拥有最多国际品牌的中国第一大时尚集团，并形成了清晰的时尚版图：以科技支撑的原料业务、具备国际认知度并覆盖全球市场的时尚品牌。

在全球著名审计和企业咨询公司德勤（Deloitte）公布的 2018 年全球奢侈品力量排行中，依据年度销售额对全球奢侈品公司进行排名，其中如意集团控股的法国 SMCP 以 8.7 亿美元位列第 52 位，中国香港利邦控股（Trinity

Limited）以 2.29 亿美元位列第 95 位——如意集团由此成为中国唯一通过控股进入服饰类奢侈品百强的公司。

相对于“海外并购”，邱亚夫更愿意用“强强联合、优势互补”来解释这种做法，“对于服装企业来说，时尚就是最大的‘新动能’。通过收购，如意集团获得的不仅是优良的品牌资产，更可贵的是积淀数十年、上百年的管理经验，以及一大批国际时尚管理人才，这是全球稀有资源。这让我们聚集起新一轮向时尚产业进军的新动能。”

如今，如意集团在巴黎、米兰、伦敦、东京四大国际时尚之都均设立了国际领先的设计研发平台。坐拥全球规模最大的棉纺、毛纺直至服装品牌的两条完整的纺织服装产业链，邱亚夫对如意集团的未来寄予厚望，“通过一系列国际化并购，如意集团未来将致力于打造千亿级的时尚产业集团。我们有信心再用 10 年时间，打造一个能与 LV、阿玛尼比肩的中国品牌。”

全球最大的财经资讯公司彭博新闻社（Bloomberg News）于 2018 年 4 月刊出《当心，中国版 LVMH 集团即将到来》的报道，指出山东如意集团的快速扩张遵循中国公司一贯的并购模式，过去几年频繁的收购奢侈时尚品牌交易显示出其希望通过资本运作取胜的战略，并提醒主导全球时尚行业的三大集团 LVMH、历峰（Richemont）、开云（Kering），需警惕这个来自中国的“已成为全球收入排名前 20 的时尚奢侈品集团”的潜在竞争者。

但在彭博新闻社的“捧杀”报道之下，邱亚夫也清醒地意识到，如意集团过去几年花费超过 40 亿美元收购的部分品牌虽然拥有悠久历史和极高的消费者认知度，但它们的业务表现远谈不上理想，很多还处于连续的亏损状态。对此，他表示：“我们要给这些品牌 5 年左右的时间扭亏为盈。”

2018 年 11 月 12 日，邱亚夫受邀出席《纽约时报》(*The New York Times*) 年度时尚奢侈品峰会，并担任开幕主题唯一演讲嘉宾。他提到：“相信如意集团具备智能化制造以及大数据技术的核心竞争优势，能描绘出智慧奢侈时尚的明天，也能让如意集团成为全球轻奢时尚行业的领军企业。”

与如意集团相似，以资本力量整合全球资源，并获得行业瞩目的中国企业，还有来自上海的复星集团。

据官方信息显示：复星创立于 1992 年，2007 年复星国际在中国香港联交所主板上市。截至 2018 年 12 月 31 日，复星国际总资产超过人民币 6388 亿元（约 931 亿美元），位列 2018 福布斯全球上市公司 2000 强榜单第 416 位。

秉承“让全球每个家庭生活更幸福”的使命，复星植根中国，深耕健康、快乐、富足领域，通过科技引领、持续创新，智造 C2M（客户到智造者）幸福生态系统，为全球家庭客户提供高品质的产品和服务，致力于实现“服务全球十亿家庭客户，智造健康、快乐、富足的幸福生态系统”之愿景。

复星集团的首笔时尚产业收购，是 2011 年入股希腊珠宝集团芙丽芙丽（Folli Follie）。

芙丽芙丽于 1982 年由公司总裁 Dimitris Koutsolioutsos 先生及其夫人 Ketty Koutsolioutsos 在希腊创立，专长于设计、制作与销售首饰、手表及时尚配饰。发展高峰时期，品牌在全世界 25 个国家拥有超过 390 个销售网点。秉承“完全时尚理念”，为消费者创造“价位合理的时尚奢华”，以满足现代白领的时尚需求。

2011 年 5 月，复星集团以 8458 万欧元收购芙丽芙丽 9.96% 的股份；根据复星国际 2011 年年报，由于芙丽芙丽的股价在报告期内出现较大幅度的下挫，公司随后增持芙丽芙丽的持股比例至 13.89%，成为集团第二大股东。业内人士认为，复星集团的增持有利于芙丽芙丽更好地进军中国内地市场。

自此，复星集团开启了时尚产业的并购之旅。2013 年，集团入股美国高端针织品牌 St John Knits 及意大利奢侈品男装 Caruso，并控股了法国度假村集团地中海俱乐部 Club Med、俄罗斯百年珠宝品牌 Fabergé 等；2014 年，收购德国时尚品牌 Tom Tailor 23% 的股份；2015 年，收购以色列化妆品制造商 Ahava；2017 年 6 月，耗资约 2.2 亿英镑买下全球最大祖母绿矿商 Gemfields，11 月获得意大利奢侈男装品牌 Raffaele Caruso SpA 的控制性股权……

与这些并未引起时尚行业太多关注的收购相比，2018 年的两桩收购真正将复星集团推向了镁光灯下。

2018 年 2 月，复星集团在巴黎宣布，收购法国高级定制时装品牌朗雯（Lanvin）。集团向朗雯投资 1 亿欧元，交易以法国公司发行新股的方式达成；交易完成后，复星成为朗雯控股股东，原大股东王效兰将失去品牌的控制权，其他现有股东将保留公司少数股权。

朗雯创立于 1889 年，创始人为让娜·朗雯（Jeanne Lanvin），是目前除爱马仕和香奈儿外，所剩无几的至今仍保持独立的法国奢侈品牌之一。其位于巴黎福宾圣安娜大街 15~22 号的朗雯“浪漫屋”，跨越百年一直经营至今，是世界最具权威的香水屋之一，也是巴黎高级品牌中唯一现存的最古老的时装店。

作为法国历史最悠久的高级时装品牌，朗雯已成为法国高级时尚业的代表，在时装、香水、配饰各方面引领潮流。朗雯从不盲从流行，凭借简单利落的剪裁、功力深厚的颜色搭配以及精彩的设计赢得时尚人士的拥戴。

时光回转至 2001 年，王效兰（中国台湾《联合报》创办人王惕吾长女）从欧莱雅（L’oreal）集团手中收购了朗雯，并委以在时尚圈有“最萌小胖子”称号的设计师阿尔伯·艾尔巴茨（Alber Elbaz）承担品牌复兴的重任，在众人的共同努力下，朗雯于 2012 年达到发展的巅峰。

然而在 2015 年，为公司效力 14 年之久、为品牌复兴立下汗马功劳的阿尔伯·艾尔巴茨却因与公司董事会出现重大分歧而被迫突然离职，随后朗雯陷入经营困境。据公开数据显示，2016 年其销售额大跌 23%，为 1.62 亿欧元；2017 财年营业额更是跌至 9690 万欧元，亏损大约 2700 万欧元。

甚至，一度有行业传闻朗雯现金流耗尽，截至 2018 年 2 月底，仍有 1500 万欧元的薪资及供应商欠款缺口，而品牌为节约开支取消了当时巴黎时装周的 T 台秀，以花费较小的静态展取而代之。

在谈到此次交易时，复星国际董事长郭广昌表示：“并非所有品牌都能像朗雯这样，历经百年发展，依然光彩照人，备受关注。我们很荣幸能够成为其新的合作伙伴，并相信如此拥有全球美誉度与深厚历史底蕴的品牌将在全球市场拥有巨大的发展潜力。”

而复星国际副 CFO 兼复星时尚集团执行总裁程云则向媒体透露：“与朗雯的合作为复星时尚集团注入了世界前沿的时尚元素。中国正成为全球奢侈品市场的主要推动力，我们相信复星能够通过全球资源整合能力与专业实力为朗雯赋能，同时保持该品牌法国及意大利制造的核心竞争力与历史价值。”

随着全球奢侈品行业逐渐复苏，嗅到商机的复星国际开始逐渐加大对奢侈时尚领域的投入。2018 年 5 月，复星产业控股有限公司发布，正式收购奥地利顶级内衣品牌沃芙德（Wolford）。

沃芙德是在欧洲鼎鼎大名的内衣品牌，生产独特创新、大胆革新与高品位的丝袜、内衣及泳装产品。性感迷人的内衣、精致美丽的泳装将女性身体曲线完美展露，撩人心扉且充满诱惑。著名女星妮可·基德曼（Nicole Kidman）、玛利亚·凯莉（Mariah Carey）、王菲都曾多次为其站台。

2013 年，沃芙德进入中国，先后在上海、中国香港、南京等地开店。由于持续亏损，被复星集团收购前的两年股价下跌了 60% 以上，品牌原 CEO 与创意总监相继离职，新团队把重点放在线上平台，但并未有太大起色。

复星集团花了 5500 万欧元（约 4.3 亿元人民币）从创始人家族买来近 51% 的股权并增资，一举成为沃芙德的控股股东。而沃芙德则表示，将借助复星国际在全球特别是中国的资源，复兴品牌荣光。

郭广昌在 2016 年参加央视（CCTV）一期《对话》栏目中，自曝在集团刚进军时尚产业投资时，曾意欲收购意大利奢华品牌普拉达及法国奢华羽绒服品牌盟可睐（Moncler），但因各种原因，并未成功。

从 2007 年提出全球化，到 2010 年第一次海外投资了法国地中海俱乐部，当中国在全球范围内经历着快速消费升级之时，复星集团正在全球时尚与消费品领域积极寻找符合其投资标准的品牌，并由此成立了复星时尚集团，旨在抓住市场发展趋势，布局全球时尚与零售行业，更好地管理复星在时尚产业日益增长的业务。

除了以强大的资本实力在全球奢侈时尚产业大举并购的如意集团与复星集团外，在2017年，至少还有三家国内企业在自身主营业务领域对国际品牌进行了并购。

2017年4月12日，比利时布鲁塞尔市政厅，“国内珠宝品牌第一股”通灵珠宝董事长兼CEO沈东军与比利时王室珠宝莱绅（Leysen）1855第五代及第六代传人举行了品牌交接仪式，标志着这一拥有160多年悠久历史的比利时王室御用珠宝品牌正式归于通灵珠宝旗下。

作为一家拥有百年历史积淀的欧洲珠宝家族企业，莱绅（Leysen）成立于1855年，品牌创立之初创始人路易丝·莱绅（Louis Leysen）就以能亲自制作出所有他能想象到的首饰而闻名，从宝石甄选、设计构思到镶嵌制作，专为比利时上层人士定制珠宝首饰。

1936年，莱绅1855被比利时王室正式授予“王室御用珠宝供应商”的称号，并被比利时国王利奥波德三世称为“比利时的骄傲，梦想的实现者”。此外，其设计的珠宝还被比利时政府作为国礼赠予他国。

而作为收购方的通灵珠宝，由沈东军创立于20世纪90年代初，是一个致力于为顾客创造值得“为下一代珍藏”的中高端珠宝品牌，从事中高档首饰产品的设计、研发及销售，核心业务是对“TESIRO通灵”和“蓝色火焰”两个珠宝品牌的经营管理。2016年11月，通灵珠宝于上海证券交易所正式挂牌上市，成为上交所首家珠宝IPO企业。

通灵珠宝曾在收购前发布公告，拟出资435万欧元（约合3300万元人民币）收购Joaillerie Leysen Freres SA 81%的股权，此次并购不仅符合公司长期战略发展方向，也有利于稳固公司的战略布局，增强公司业务拓展能力，巩固提升公司的综合竞争力，对公司未来发展具有重要意义。

收购完成后，沈东军表示，作为王室珠宝供应商的莱绅1855兼具历史厚度、王室高度、文化力度与技术深度，在多个维度与其他品牌形成区隔，将有望以入门级奢侈品的定位填补中国市场中世界顶级奢侈品牌与中端国内品牌之间的空白。

沈东军还透露，莱绅1855品牌在交接后，其产品、设计及百年历史积淀将陆续引入通灵珠宝所有旗下店面，而通灵珠宝品牌也将全面升级（更名）为“莱绅1855通灵莱绅”，让消费者在第一时间体验源自比利时王室珠宝的独到设计和品质，并围绕王室IP展开对旗下产品、终端形象、用户体验等一系列战略升级。

随着中国消费升级的不断深化，基于“黄金保值”而购买黄金饰品的传统理念正在不断弱化，凸显消费者个性与情感表露的钻石类饰品开始逐渐占据主流市场，尤其是中国的“千禧一代”对更奢华、更具时尚感的珠宝产品表现出了极大的兴趣。

因此，才涌现了众多资本对珠宝品牌的收购，以及珠宝品牌企业之间的合并。

2017年8月1日，刚泰集团收购意大利奢华珠宝品牌布契拉提（Buccellati）85%股权的交割仪式在意大利米兰四季酒店举行。意大利经济发展部、倍耐力意大利中国基金会、中国驻意大利商业协会，中国经贸界、意大利经贸界等多位领导和代表们受邀出席了活动，一起分享了中意两国企业在经贸界的又一盛举。[①]

据公司官网显示，刚泰控股（集团）股份有限公司（以下简称“刚泰集团”）在上海证券交易所主板上市交易，定位于“中国一流的黄金珠宝全产业链主板上市公司”，致力于打造一个以互联网黄金珠宝为基础平台，以娱

① 《刚泰集团收购Buccellati公司股权交割仪式在意大利举行》，上海市浙江商会，2017年8月2日

乐营销提升珠宝产品品牌内涵和附加值，以金融结合产业链产生协同效应的“互联网 +”生态圈。

布契拉提于 1919 年创立于意大利米兰，汇集了来自不同国家、不同艺术领域的睿智工匠，凭借巧夺天工的精湛工艺，使其成为名副其实的珠宝艺术家族。每一件布契拉提所设计制作的珠宝不仅是许多美丽宝石的基座，更是各种材质完美交织的结合体，呈现了失传已久的文艺复兴时期的匠心工艺，演变出多种不同的织纹、精雕、切割和十字绣技艺，使珠宝作品显得格外高雅华丽。

截至被收购时，布契拉提的门店遍布全球 42 个时尚之都，在伦敦、巴黎、米兰、纽约、东京、中国香港等门店内陈列的不同珠宝、腕表和银器，展示了各种卓越的工艺技巧，体现出“珠宝殿堂”的完美工艺。

在本次交易中，刚泰集团以 1.955 亿欧元（约合 15.42 亿元人民币）收购布契拉提公司 85% 的股权。收购完成后，布契拉提原有管理团队与家族成员职务保持不变，将继续参与公司治理与运作。

针对亚太市场特别是中国市场兴起的消费升级浪潮，刚泰集团与布契拉提董事会达成了高度的共识，计划在未来 3 年投入大量资金和人力，在中国核心城市布局终端门店，向每一位珠宝爱好者传递其品牌精神与产品精髓。

刚泰集团董事长徐建刚在致辞中表示，本次收购布契拉提是顺应中国大消费市场升级的潮流之举，是中国黄金珠宝行业提升自身整体制造工艺水平和促进行业消费升级的应有之举，更是刚泰企业发展上的又一次腾飞，“作为境内上市企业，公司积极响应中国政府实施的‘一带一路’国家战略，此次跨境收购，为推动中西方文化交流、促进中国资本与国外资产相融合，贡献了企业的一份力量。”

而对于布契拉提来说，中国市场在其全球化进程中占据了举足轻重的地位。布契拉提总裁杰卢卡·布罗泽蒂（Gianluca Brozzetti）表示，中国消费市场不断快速增长的同时，中国消费者对于消费品的文化价值、产品品质、专属个性化等方面的认知都有了大幅度提升，这对于布契拉提来说，既是机遇，也是挑战。

而同样是机遇与挑战并存的，是七匹狼对卡尔·拉格斐的并购。

2017 年 12 月 11 日，中国本土男装品牌七匹狼发布公告称，该公司收购卡尔·拉格斐大中华公司（Karl Lagerfeld Greater China Holdings Limited，简称 KLGC）80.1% 股权事项已完成交割，交易价格为 3.2 亿元人民币；且获得卡尔·拉格斐在大中华区（包括内地、中国香港、中国台湾、中国澳门地区，以及新加坡）的运营实体控股权。

公告还表示，公司将继续推进本次交易的其他相关工作，包括但不限于监管账户的开立以及剩余购买价款的支付、通过公司或公司全资子公司对目标公司境内运营主体加拉格（上海）商贸有限公司增资等；同时，努力推动卡尔·拉格斐品牌大中华区的整体业务发展，促进公司“打造七匹狼时尚集团”的长期发展战略的实施。

这起收购引起了行业内的极大关注——一方是于 1990 年创立在福建晋江的本土男装品牌，以男士夹克树立行业地位，并于 2004 年成为中国服装业首家上市公司；另一方则是被誉为“时装界的凯撒大帝”的卡尔·拉格斐于 1984 年创立的同名品牌。一“土”一“洋”两大品牌的结合，吸引了行业的目光。

七匹狼在对 KLGC 公司的官方介绍中表示，“卡尔·拉格斐（Karl Lagerfeld）是来源于法国巴黎的轻奢品牌，品牌所有产品的创意设计由世界上极具影响力及权威的设计师卡尔·拉格斐本人管理及控制。卡尔·拉格斐本人目前仍担任国际知名奢侈品品牌香奈儿以及芬迪的首席设计师，被全球时尚界人士视为时尚界的宗师级人物，在中国，被尊称为‘老佛爷’。在时尚界，卡尔·拉格斐本人即最前沿的时尚风向标，产品引领着如今最前沿的时尚理念，体现卡尔主义的设计哲学。所有产品（皮具、服饰、手表、香水）体现设计师本人的设计风格和精髓。”

但实际上，卡尔·拉格斐本人对自己的同名品牌并不是那么上心。或许是身兼香奈儿以及芬迪两大品牌（皆为终身制合同）的设计工作已经耗费了他大量的精力，也或许是该同名品牌只是他设计个性得以淋漓尽致展示的试验场，这一品牌经常被授权给第三方做各种产品。

而在时尚界，越是对品牌爱护，就越不会轻易进行品牌授权。令人遗憾的是，在 2005 年，卡尔·拉格斐本人出售了自己的品牌。尽管品牌名字依然是“Karl Lagerfeld”，但“老佛爷”本人随着年纪渐长（生于 1933 年），对其的关注度越来越低。

自 2013 年进军中国，截至被收购时，卡尔·拉格斐品牌已在北京、上海及部分核心城市运营有 6 家直营零售店面和 1 家奥特莱斯店面。尽管声名在外，但其公司运营状况却不尽人意。据卡尔·拉格斐品牌中国区的财报显示，2014 年到 2016 年 3 年的营业收入分别是 405 万美元（约 2680.09 万元人民币，下同）、542 万美元（约 3586.69 万元）和 496 万美元（约 3282.28 万元）；而净利润仍处于亏损状态，分别亏损 1017 万美元（约 6730.00 万元）、598 万美元（约 3579.27 万元）以及 359 万美元（约 2735.68 万元）。

但七匹狼却对品牌采取了包容姿态，其在报告中指出，卡尔·拉格斐尚处于品牌的培育期，未能实现盈利情有可原。本次交易完成后，七匹狼将与品牌现有团队不断沟通，利用卡尔·拉格斐品牌完整的产品线以及良好的品牌延展性，挖掘品牌在大中华区的市场潜力，通过其对于中国市场的了解，促进“欧洲设计”与“中国市场”的更好融合。

在零售领域，七匹狼将支持品牌现有团队对于渠道的进一步整合及拓展，尝试直营加盟、线上线下等不同的适合国内消费习惯的渠道模式；同时，七匹狼将加快供应链的反应力，依托卡尔·拉格斐品牌欧洲设计团队组建培养适合大中华区的设计及供应链团队，进一步完善品牌产品线；并且依托自身 20 多年的（国内）品牌传播经验，与欧洲团队密切合作，推进卡尔·拉格斐的品牌建设，从而进一步加强和巩固品牌影响力。

风起云涌的并购案，引发了全球奢侈时尚行业对中国资本的越来越多的关注，毕竟，在这个全球最大的奢侈品单一市场，“一切皆有可能。”而这一起起的并购案，也吸引了一些外行资本的关注。

2017 年 7 月 18 日，赫美集团发布公告，全资子公司“赫美商业”拟以 1500 万元收购上海欧蓝国际贸易有限公司 100% 的股权。在收购的同时，公司还将承接上海欧蓝原股东于阳、上海洋鸣行及其他担保方对上海欧蓝原债务总计 2.15 亿元的担保责任。[①]

公告介绍，上海欧蓝自 2003 年开始从事国际知名奢侈品牌服饰授权零售业务，拥有 10 多年的供应链管理经验，是全球一线品牌阿玛尼在中国内地的第一个代理商，至今已在各大城市拥有 65 家不同品牌线的阿玛尼店铺和 5 家阿玛尼的折扣奥特莱斯店铺。此外，上海欧蓝还与 MCM、Jil Sander、Dsquared2、Furla 等众多其他国际知名品牌建立了良好合作关系。

截至 2017 年 4 月底，上海欧蓝总资产和净资产分别为 3.29 亿元和 1273.72 万元。该公司 2016 年全年营收 5.02 亿元，净利润 –853.43 万元。

按照赫美集团既定发展战略，未来将打造品质消费品全球化运营管理平台，联合全球有影响力的品牌，搭建国际品牌联盟，建立中国自主品牌培育体系、运营培育，打造中国品质消费全产业链。本次收购亦是赫美集团在上述战略中的重要一步。

通过本次收购，赫美集团将掌握上海欧蓝多年来积累的众多国际品牌代理权，丰富商业板块产品线；另一方面，收购完成后，赫美集团可从产业链上游为国际品牌提供金融、资本、行业拓展等多元化的创新服务，从产业链下游通过渠道整合为品牌消费者提供需求产品。

此外，赫美集团还可利用上海欧蓝拥有多年国际知名奢侈品牌管理经验的成熟的管理团队，完善上市公司在高端消费品牌领域的管理模式，提升商业板块运营团队的管理经验及运营能力，为赫美集团商业体系的搭建以及未

---

① 《赫美集团 1500 万收购上海欧蓝 积累国际品牌代理权》，《证券时报》，2017 年 7 月 10 日

来的规模拓展提供更加强有力的支持。

作为收购方，赫美集团是一家怎样的公司？据官网信息显示，深圳赫美集团股份有限公司（简称“赫美集团”）前身为深圳浩宁达仪表股份有限公司，成立于1994年11月，2010年2月在深圳证券交易所挂牌上市；2016年5月，公司正式更名“深圳赫美集团股份有限公司”。

由此可以看见赫美集团的发展轨迹——在浩宁达仪表阶段，它的官方表述是“始终与国内外电测仪表高新技术同步发展，超前满足客户需求，努力将公司发展成为国际电测仪器仪表行业一流的企业”；而更名之后，公司则转变成为“致力成为中国高品质品牌全渠道第一股”。

这一转变，堪称华丽转身。而转身的标志，是赫美集团于2014年收购了每克拉美（成立于2010年，定位于“钻石商场”，销售其他品牌的钻石珠宝），集团的主营业务由电能表的制造和销售逐步转型为钻石珠宝的设计及销售。

收购完成后，得益于每克拉美良好的业绩表现，赫美集团的整体业绩持续增长。时任赫美集团副总经理郝毅表示，集团的战略重心已转移到品质消费及奢侈品品牌运营的服务商领域，每克拉美作为赫美集团的重要组成部分，未来的发展方向也应该与集团的战略方向保持一致。因此，从2017年开始，每克拉美就开启了向高端化、品牌化方向转型的步伐。

而这种美好的开局，更是令赫美集团进一步加大了在奢侈时尚领域收购的步伐。

2017年9月28日，赫美集团全资子公司赫美商业收购温州崇高百货有限公司签约仪式在深圳举行。赫美商业拟以现金方式收购崇高百货100%股权，调整后的交易对价为6.19亿元。本次收购完成后，赫美集团将整合国际奢侈品牌运营商渠道资源，优化境外采购成本、融资成本以及国内销售运营成本，惠及奢侈品牌的国内消费客户。

温州崇高百货有限公司是中国大型国际奢侈品品牌运营商，自1996年开始从事国际知名奢侈品牌服饰授权零售业务。截至被收购时，其在中国温州、杭州、无锡、长沙、武汉、长春等地区代理众多国际高端品牌，包括不同品牌线的阿玛尼店铺、Hogan 店铺、Dolce &Gabbana 店铺，以及 Boss 奥莱店铺、阿玛尼奥莱店铺、综合奥莱店铺，合计 60 家店铺。

此次收购是继上海欧蓝之后，赫美集团对商业版块的又一次重要布局。基于对崇高百货现有业务情况和未来发展的良好预期，双方确认崇高百货在 2017—2019 年业绩目标为扣除非经营性损益后的净利润分别不低于 3500 万元、5250 万元和 7875 万元。

赫美集团董事长王磊表示，崇高百货所拥有的多个国际品牌代理权以及遍布全国的销售网络，将大幅增加赫美集团的国际品牌运营管理资源和市场网络资源，亦将加速推进赫美成为未来品牌消费者首选的品牌消费平台。

此次收购的关注度并未落下，赫美集团又迅速发起了另一起新并购。

2018 年 10 月 16 日，赫美集团公布，旗下全资子公司赫美商业以 8 亿元现金收购彩虹集团中国区深圳臻乔时装有限公司、彩虹现代商贸（深圳）有限公司、盈彩拓展商贸（深圳）有限公司、彩虹现代商贸有限公司四家公司 80% 的控股权。

此次收购是赫美集团继收购上海欧蓝和温州崇高百货后，在国际奢侈品牌运营领域实施的又一次重大收购和战略布局。

被收购的这四家公司在中国内地地区代理的品牌门店近 100 家，彩虹集团在国内及中国澳门代理众多的国际时装品牌，拥有逾 30 年国际奢侈品牌零售经验。

至此，完成了上海欧蓝、温州崇高百货与彩虹集团等收购后，赫美商业管理超过 45 个国际知名品牌，这意味着赫美集团一举成为中国最大的欧洲高级品牌零售商和运营商，负责运营包括 Giorgio Armani、Emporio Armani、AJ ｜ Armani Jeans、Boss、Jil Sander、Dsquared2、True Religion、Maison Martin Margiela 、Paige、J Brand、Wild Fox、Joe's

Jeans、Black Orchid、DL1961、Habi、Hogan、Dolce & Gabbana、MCM、Furla、Venita、Plein Sport、Arte、Versace、Versus、Rene Caovilla、a.testoni、Escada、O'blu 等众多品牌的直营店，奥莱店，以及多品牌买手店；超过 260 家精品零售门店，覆盖于包括北京、上海、广州、深圳、杭州等逾 50 个国内一二三线城市，遍布全国各大区域；会员系统服务超过 30 万名以上高端消费人士。

赫美集团不仅涵盖国际高品质品牌在中国的落地和发展，旗下还拥有独立设计师品牌，同时也和世界顶尖设计师进行跨界合作。除此之外，赫美集团还通过建立线上电商平台，搭建赫美 CRM 系统，线下库存形成线上电商、奥莱店的货品来源。

据官方透露，赫美集团仍将持续通过并购整合、投资孵化等方式，挖掘国内外有潜力的高端时尚品牌，在国内形成强大的国际品牌运营团队，并通过行业优势资源整合，为国内外高品质品牌提供品牌培育、资本、渠道、设计等全方位的落地发展服务。

一个用资本堆积的奢侈时尚集团横空出世，令行业震惊。但在中国这一急剧发展的大市场中，令人震惊的商业故事总是不期而至。

2017 年 6 月 2 日，中国投资集团沣沅资本（Fortune Fountain Capital）与美国投资集团喜达屋资本（Starwood Capital Group）和全球最大的消费品投资基金 L Catterton 达成协议，收购其持有的法国奢华水晶制品生产商巴卡拉（Baccarat）的控制性股权。

根据这项具有约束力的协议，巴卡拉 88.8% 的股权将被沣沅资本以每股 222.7 欧元的价格收购，总计 1.64 亿欧元（约合 10.8 亿元人民币），对前者的整体估值约为 1.85 亿欧元。

这次交易曾引起法国精品行业联合会（Comité Colbert）的关注，联合会表示希望法国本土公司能够对巴卡拉提出有竞争力的报价。他们提出忧虑：海外买家很可能不会继续重视产品的设计和质量。

而沣沅资本在声明中表示："这笔收购将加快巴卡拉国际市场扩张的进程，包括向亚洲和中东等新兴市场，同时在现有的发达市场持续增长，尤其是北美。"还表示将保留现有员工及首席执行官 Daniela Riccardi 领导的管理层，承诺将以尊重巴卡拉 250 年历史为前提，对公司的核心业务进行"重大投资"。

巴卡拉的故事源自 1764 年。为了响应贵族阶层对最高品质玻璃制品的渴求，法国国王路易十五特别颁布法令，授意梅茨大主教于法国洛林区巴卡拉小镇设立了一家玻璃工厂，负责人是一位年仅 20 岁精于玻璃雕塑技术的工艺家 Rene Lalique。

1816 年，该工厂被 Aime-Gabriel D'Artigues 买下改造成水晶熔炉，巴卡拉水晶工坊从此开启，其水晶艺术传奇也就此拉开了序幕。经过岁月的陶冶孕育而出的巴卡拉水晶工艺品，全都出自传统匠人纯手工铸造，每一件都融汇了流水线复制品所无法比肩的灵气和生命力，使巴卡拉超越了任何一个普通的水晶制造商，成为闻名全球的顶级水晶艺术世家。其华丽辉煌的光芒更赢得了世界各国王侯贵族们的青睐，被誉为"王侯们的水晶"。

发展至今，巴卡拉除了生产装饰摆件、餐具、灯具、家私、配饰外，还拥有博物馆、酒店、酒吧和餐厅，美轮美奂的设计搭配精妙绝伦的水晶制品，令人心生向往。

这笔交易的核心人物，是一位名叫褚家如的中国女孩，英文名为"Coco Chu"。收购巴卡拉是一个非常吸引人的故事，2017 年 9 月，《罗博报告》（*Robb Report*）法国版曾有一篇关于她的采访报道。[①]

几年前，她在法国看香奈儿的秀，被朋友邀请在巴卡拉著名的水晶餐厅里就餐，这激起了她的兴趣。她越来越着迷，后来还专程去了巴卡拉工厂。她回忆，亲眼看到和触摸巴卡拉的文化，完全不同于在店铺里看商品的感受——她赞叹于那种美，沉醉于置身整个环境。

---

① 卢曦：《10.8亿，收购法国巴卡拉水晶的中国女人》，卢曦采访手记，2018年6月27日

关于褚家如的信息有些混乱。有报道说她是巴卡拉一个狂热买家，会说法语，在海外有多年的旅行、生活经历。甚至很多英文媒体互相引用，说她是书法家王羲之的后人，但并没有任何确凿的证据。她本人也从未公开谈论过这个说法。

巴卡拉从2008年全球金融危机后开始亏损，直到被收购前的近两年才微微盈利。在沣沅资本最初接触巴卡拉时，有些言论并不乐观，比如，中国公司只能收购亏损的品牌；中国公司并不善于经营品牌；中国公司希望通过收购进入欧洲奢侈品圈子……

但此收购与众多收购案所不同之处，就在于它并不仅仅只是资本的意志。

“我是一个巴卡拉女人。”褚家如告诉法国媒体，她说自己的梦想是唤醒巴卡拉这个“睡美人”。她承诺再投资2000万~3000万欧元为品牌于美国和亚洲的扩张。

在《罗博报告》(*Robb Report*)的采访里，褚家如表示：“你可以把我看成新一代的中国人，频繁环球旅行，对品位非常重视。虽然经常被错误地脸谱化，但其实我们已经非常全球化，对自我美的追求非常执着。”

与Baccarat类似，作为一个国家的精品品牌而被中国资本低调地收购的，还有来自英国的奢华跑车制造商阿斯顿·马丁（Aston Martin）。

2015年10月21日，阿斯顿·马丁宣布，与中国投资集团信中利（China Equity Group）达成协议，签订价值5000万英镑（约4.58亿元人民币）的合约，共同打造四门轿车Rapid E电动版的量产车型。

据官方信息，作为国内最早一批从事风险投资/私募股权投资的投资机构之一，信中利通过近20年的时间已经成长为国内顶尖的投资机构。在著名留美银行家汪潮涌的带领下，信中利一直秉承精品投资战略，累计投资的逾百家企业中，包含了一批国内外知名公司及行业细分龙头企业，其中包括阿斯顿马丁、百度、搜狐、华谊兄弟、东田造型、龙文教育、中诚信、美年大健康、网信理财等。

据汪潮涌透露，早在2013年，信中利就与意大利财团共同用3亿多美元从中东财团手中收购了阿斯顿·马丁40%的股份，成为后者的大股东。此次5000万英镑投资是阿斯顿·马丁电动车第一期资金，“这笔资金占一期电动车项目公司42%的股份，明年会有第二轮。2017年希望在全球市场有3000台电动轿车产品，计划这款电动车定价在20万英镑左右。”

时任阿斯顿·马丁CEO安迪·帕默（Andy Palmer）表示，中国企业平均燃油消耗量是“世界上最大之一，如果我们想继续在中国销售V12汽油车型，需更低排放的选择。”由此，生产电动版的汽车就成为一个战略方向。

官方资料显示，Rapid E作为Rapide S的纯电动版，将由阿斯顿·马丁与威廉姆斯先进工程公司（Williams Advanced Engineering）在牛津格鲁夫的科技园内联合开发，定位于奢华电动车，动力为800~1000马力，在2017年底面向全球发售。

全程操盘这一收购的核心人物，是信中利“中国新机会美元基金”的负责人，信中利资本集团合伙人、董事总经理刘朝晨。①

关于为何投资阿斯顿·马丁，刘朝晨曾对媒体表示，它是一个具备较高价值的百年品牌，但由于没有做好有效传达和市场推广，以至于在中国的认知度和销量其实并不高，信中利投资之后，未来会注重提升这一点。

而信中利最看中的，是阿斯顿·马丁品牌的衍生价值。与宝马、法拉利一样，阿斯顿·马丁品牌也有很多衍生品可以开发，比如职业装、休闲服，以及皮具、眼镜和其他各类衍生产品，信中利非常看好这些产品在中国市场的发展潜力。

谈到具体操作，刘朝晨透露，信中利已经联系上一家实力强大的中国服饰行业领军企业，该企业具有运营高端消费品的经验，在国内拥有400多个

---

① 王博：《信中利刘朝晨：阿斯顿·马丁只是打通产业链的宝石》，投中网，2014年5月2日

经销网点，有自己的品牌和一支具备20年运营经验的团队，而且客户人群与阿斯顿·马丁品牌衍生品的潜在客户人群有很好的重合。一旦与这家战略伙伴实现联手，其品牌衍生品的消费增长指日可待。

刘朝晨认为，中国需要在国际中高端时尚消费品方面服务更多的人群，尤其需要在细分领域做好相关衍生品的投资与开发，从而解决中国未来8~10年内将出现的庞大的中产阶级消费升级需求。尽管这一人群不可能拥有售价在三五百万元的豪车，但他们可以爱好并消费它的相关衍生产品。

正是看到这其中孕育的巨大消费需求，信中利成立了“中国新机会美元基金”，其目标之一，就是做国际时尚行业的投资翘楚，致力于选择一些世界知名时尚品牌进行衍生品系列的创新研发，“它们原来更多地服务于欧美人群，现在落地中国市场后就不一样了，需要做很多的创新和本地化拓展”。

世界顶级奢侈品牌和独立时尚品牌想要进入中国市场并取得成功绝非易事，因为庞大而多元的中国市场处处充满挑战。信中利美元基金正是要借助自身的专业实力，让这个过程变得更加简单，从而让中国的消费者更多体验国际经典时尚产品的魅力。

精彩纷呈的收购大戏，各有章法的整合逻辑，在中国消费力令全球奢侈品行业刮目相看的同时，中国资本力的强势登场也令全球业界喜出望外。

在这些并购中，有朝着良好方向发展的，比如，如意集团收购法国SMCP时尚集团后，它的发展便开始起飞，并于2017年10月在法国证券交易所上市，这给如意集团带来了巨大的投资回报，为不久后收购瑞士奢侈品牌巴利做好了铺垫。

并购也有一些并不如意的，比如，七匹狼收购卡尔·拉格斐后，仅2018年上半年就亏损2280万元，而该品牌的营收还不及亏损额的一半；又比如，刚泰集团因流动性不足风险，于2018年11月取消了此前承诺的对布契拉提2亿欧元的追加投资，导致后者重新寻找新的买家；以及赫美集团受资金流动性的影响，于2019年1月放弃对温州崇高百货的收购，由此向交易对方承担的损失赔偿及违约责任金额高达 1.55 亿元。

财经作家吴晓波在其代表作《大败局》中写道："商业，就本质而言，是一个关于幸存者的游戏。"而商业的最大魅力，就在于其无法被预测的巨大不确定性，所有的峰回路转，或迎来春暖花开，或面临一败涂地。无论如何，这些故事，都是历史的一部分，且或许是最迷人的那一部分。

2018 年 4 月，全球著名财经媒体《福布斯》（*Forbes*）在官网上发布了一篇文章，内容提道："现在，中国消费者在世界奢侈品市场上占了 32% 的份额。但有谁能想到，仅仅 40 年以前，中国人连艳色的衣服都买不起！"

全球领先的管理咨询公司波士顿（BCG）更是大胆预言：中国（消费者）在全球奢侈品市场上的份额还能上升至 40%，到 2024 年，全球奢侈品行业将有超过 70% 的份额是依赖于中国消费者。

从购买产品，到购买品牌，中国消费者与中国资本重塑了全球奢侈品行业的格局。或许在不久的将来，中国在国际时尚界的影响力将不再只是消费力与资本力，而是在设计领域，绽放来自东方的大国力量！

2017

中国奢侈品电商新零售元年

中国消费者强大的购买力不仅震惊了全球各大奢侈品牌的高管，也使国内电商行业从业者看到了商机与希望。从大约2010年兴起的国内奢侈品电商热潮，到随后众多“明星”平台相继倒闭，再到2017年天猫与京东正式上线奢侈品平台，一个细分行业的发展史，徐徐展开。

2010年，垂直B2C电商春风袭来，奢侈品电商也迎来高光时刻，但好景不长，国内知名财经类自媒体平台虎嗅网在《奢侈品电商兴于2011，会死于2015？》一文中总结：分水岭出现在2014年5月，奢侈品电商尊享网倒闭。这家成立于2011年的公司，仅成立1个月就获得赛富亚洲基金的千万美元投资，甚至还拉来招商银行为其站台，堪称行业的“黑马”明星。

而后，行业大势突变，天品网被美丽说收购；品聚网、佳品网、呼哈网等以奢侈品电商为定位的网站在随后两年纷纷遭遇倒闭；尚品网还是靠裁员度过了生死危机。

唯一能顺利运营的魅力惠，是因为在2015年7月获得了阿里巴巴超过 1 亿美元的投资——代价是股份出让超过 50%，而后有了天猫流量的支持。而剩下的奢侈品电商，除了寺库（Secoo）再难寻觅。而寺库有线下会所、专营柜等渠道配合，也不能算是纯电商。

此外，京东、唯品会、亚马逊等平台型电商，都纷纷用“全球购”的业务形态，推进奢侈品类目的发展，各种跨境电商也盯上了奢侈品海淘。阿里巴巴与京东动用强大的资本直接海外投资、收购类奢侈品品牌或电商公司，来补短板。

在行业发展混沌之际，总会出现一些里程碑式的人物与事件，推动着行业的向前发展。在 2017 年，国内奢侈品电商平台的格局终于成型。

2017 年 8 月 17 日，国内电商圈被一则新闻震惊了：（中国时尚电子商务网站领导者）走秀网创始人兼 CEO 纪文泓因涉嫌走私，境外潜逃 1 年 3 个月后，于昨日被押解入境。

据公开信息显示，2016 年 5 月 17 日，纪文泓所在公司被查出走私奢侈品进境，且偷逃税款数额巨大，因纪文泓时任深圳市某区的第六届人大代表，无法对其采取刑事强制措施，纪文泓遂出境潜逃；5 月 23 日，该区人大常委会暂停其人大代表职务；6 月 9 日，深圳市人民检察院以“走私普通货物罪”向深圳市中级人民法院提起该案公诉，该案总案值 4.38 亿元人民币；7 月 13 日，纪文泓被检察机关批准逮捕；10 月，国际刑警组织签发“红色通缉令”，对纪文泓展开全球追逃。最终，2017 年 8 月 4 日，纪文泓被国际刑警组织印尼警方在印度尼西亚巴厘岛抓获。

走秀网当天发出声明，称公司“使用的第三方跨境转运机构涉嫌走私案件”，公司“个别人员被调查”，该案件尚在司法审理过程中，并表示“走秀网所有业务一切正常”。

但这一声明，更是将纪文泓及其创建的走秀网推向了社会舆论的中央。

时光回流至 2008 年，纪文泓创立了定位于高端用户的奢侈品电商走秀网。创立之初，走秀网将用户群体锁定为 25~45 岁追求时尚的、具有消费能力的用户，主推服装、配饰、鞋、包、化妆品、家居用品等产品，品牌组合则采取15%全球一二线奢侈品、25%海外知名品牌及国外独立设计师作品以及60%国内知名品牌的比例。

到2010年底，走秀网B2C业务仅在深圳就开辟了10万多平方米的库房，将时尚买手们采购来的国际名牌汇集于此。2008—2010年，艾瑞咨询连续三年发布的《中国时尚商品电子商务发展研究报告》中，走秀网蝉联“中国时尚电子商务网站第一名”。

为了打造心目中的全球品牌网络旗舰店，纪文泓表示，计划于未来3年内，投入数亿元，加大国际一线品牌、国际国内知名品牌的引进力度；并在中国时尚领域大规模跨渠道整合营销，积极推动国际时尚品牌在中国的发展，全力帮助本土时尚企业拓展市场渠道。

2011年3月，走秀网获美国最大风险投资机构凯鹏华盈（KPCB）2000万美元投资；8月再获美国著名私募基金华平（Warburg Pincus）1亿美元投资，此轮融资创下中国电子商务有史以来最大B轮融资纪录。

短短5个月内，便获得高达1.2亿美元的投资，走秀网一时风头无二。纪文泓表示：“我们融资后的资金首先是用在建立自己的物流体系和全国配送体系，北京、上海、深圳等重点城市还将自建仓储；其次是增加全球采购的货品；然后则是增加人员投入。”

随后，走秀网进入了扩张爆发期——团队迅速扩张至1300人，且求贤若渴的纪文泓跟几乎所有知名的电商网站的市场、营销总监级别的人都谈过，包括阿里、京东、eBay、亚马逊等。

全球办公网络也逐渐成形，除了深圳总部，走秀网在纽约、旧金山、伦敦、米兰、中国香港等城市都设有子公司和运营分部，在全球多处亦设有买手办公室。

而发展太快，总容易为公司带来隐患。终于，内外部的矛盾开始爆发了。

首先，是空降精英们的水土不服。2011年引进的多位副总裁级别的亚马逊高管，都带来了他们原有的团队，但他们并没有带来预期中的高速增长，反而带来了复杂的人际关系。尽管纪文泓非常重视这批高管，但亚马逊的经验未必适合走秀网。

其次，是业务量的急剧下降。走秀网高峰时期每天有近 9000 单的成交，但随后下降至不到 5000 单。订单量下降了一半，由此造成了上亿元的产品库存。

再次，是国际供应链的不稳定。这是奢侈品电商最大的门槛，直接影响到货源是否稳定、货品真假等一系列核心要素。由于国内电商很难拿到品牌授权及建立自己的供应链，只能通过第三方代理商来采购货物，由此带来的品质以及服务都难以保证，一直被消费者诟病。

最后，是第三轮融资的失败。失败的直接原因，是走秀网的业绩不佳。有业内人士预测，按照日均 5000 单，每单均价 300 元算，走秀网每天只有 150 万的销售额；而当时与其性质相当的唯品会每天却有 1500 万~2000 万的销售额，差距悬殊。唯品会至 2012 年上市前的融资一共才 7150 万美元，而走秀网已获得 1.2 亿美元的融资，在电商大势趋冷之下，谁敢接盘？

实际上，导致走秀网陷入困境的还有两大关键原因：

一是纪文泓错误的战略定位。最初走秀网定位为高端品牌，后又定位为大众时尚品牌，产品单价从几十元到几千元不等。摇摆不定的定位不仅没有吸引到任何一方消费者，更令消费者对此产生了质疑。

二是当时的中国奢侈品电商市场仍未成熟。2011 年被投资者疯狂追逐的奢侈品电商网站，到了 2012 年基本无人问津。尚品网、尊享网、唯品会、寺库网、天品网、品聚网、佳品网、呼哈网等奢侈品网站，由于行业、人才与资源等方面的局限性，要么转型，要么倒闭，要么出售，走秀网也未能幸免。

煎熬地走到了 2015 年 5 月，走秀网终于宣布获得 3000 万美元的 C 轮融资。领投方为怡和联创，KPCB 等原机构投资方和创始团队跟投。

在这笔姗姗来迟的资金到来之前，电商行业的格局却发生了耐人寻味的变化——一是对标者唯品会于2012年上市后爆发，京东及当当网等电商平台亦跟随入场，市场空间被瓜分；二是受国际供应链的限制，走秀网很难拿到奢侈品的畅销及经典款，但若转型做大众时尚电商平台，又落后于唯品会；三是流量红利期已过，获取新用户的成本日益高涨；四是（奢侈品）电商热潮消退，日趋冷静的资本不再发力推动行业发展。

获得C轮融资后，走秀网表示，这笔融资将主要用于四个方面：第一，打造极致的时尚购物体验；第二，巩固国际供应链方面的领先地位；第三，加强跨境O2O的创新和推广；第四，上市启动前的资本准备。

而关于最受关注的国际供应链，纪文泓当时对媒体表示，与走秀网深度合作的国际供应商有600多家，其中有200多家签署的是独家合作协议；且走秀网直接与欧美知名企业合作，消除了中间环节，因此能保证更大的供应折扣和价格优惠。

2015年，在《南方日报》刊发的《走秀网CEO纪文泓：货源是高端电商的生命线》采访中，纪文泓指出："货源和用户问题成为制约高端电商发展的两个关键问题。同样做电商，京东、唯品会的供应很稳定，就像一个'水闸'，一开所有的东西都会进来，它是很自然的一个过程，大量的人需要到这里来卖货，他们不需要太操心供应链、货品好不好。但对于高端电商来说，最致命的地方就在于货，货源的管理对高端电商起到50%的制约作用。另外的50%就是用户，怎样低成本地获得互联网用户。"

但从事后的发展态势看，正是这一国际供应链，将纪文泓与走秀网推向了另一条不归路。

据警方披露的信息，2016年4月5日，广东珠海拱北海关缉私局中山分局接到中山一家贸易公司走私进口大量名牌服饰的举报。在查办中山该公司走私案时，缉私警察发现了涉案的两个走私渠道，其一是公司安排员工瞒报走私，其二是委托深圳某物流公司，通过"水客"大量走私入境，并以这样的方式为走秀网走私奢侈品入境，偷逃税款数额巨大。

在掌握走秀网涉嫌走私的重要证据后，2016年5月17日，拱北海关缉私局中山分局开展抓捕行动，在深圳将走秀网副总裁、财务主管、信息服务部主管、信息服务部职员等人抓获归案。纪文泓因人大代表的“特殊身份”而得以出境潜逃。

缉私警察向外界透露了这一走私案的操作流程——在纪文泓的操纵下，走秀网将从欧美等境外供应商采购的奢侈品服装运至中国香港，交付给深圳某物流公司吴某，由吴某组织“水客”通过旅检渠道“化整为零”走私入境；入境后，集中运至深圳该物流公司的仓库，由仓库人员收货并支付“水客”带货费用后，再安排将货物转运至走秀网的仓库；在另一个渠道，走秀网提供虚假价格资料给深圳市某海淘公司、广东某物流公司，以低报价格、伪报贸易性质的方式通过快件渠道走私进境，将本应以一般贸易方式进口的货物，伪报成个人自用物品以“E 特快”方式通关，并对每批次进口货物的申报价格调至人民币 800 元以下，大幅降低应缴税费。

大量奢侈品走私入境后，主要通过走秀网销售牟利。经查，走秀网涉嫌参与走私的部分案值高达 3.21 亿元。经查，在案发前的两年多时间里，走秀网通过由中介机构在中国香港设立皮包公司、安排公司骨干进行“洗单”、删除电子数据及藏匿财务凭证等各种方式，极力掩盖走私行径。

“纪文泓被抓”所引发的轰动，折射出奢侈品电商平台普遍遇到的瓶颈——一方面，随着阿里巴巴和京东等巨头加码奢侈品业务，市场留给垂直平台的机会并不多；另一方面，来历不明的货源、衍生假货泛滥的担忧、购物体验的缺失、价格方面的制约等都是奢侈品电商难以突破的障碍。前有巨头进场抢占打压，后有行业困境无法突破，走秀网们的前途变得日益黯淡。

奢侈品电商平台的同行们又该如何走出行业困境？同在 2017 年，就在纪文泓被抓的一个月后，寺库（Secoo）登陆美国纳斯达克，成为“中国奢侈品电商第一股”。

2017 年 9 月 22 日，寺库公司敲响纳斯达克交易市场开市钟，正式挂牌交易，股票代码为“SECO”，成为继阿里巴巴后时隔整整 36 个月在美上市的首个电商股，亦成为国内首个成功上市的“高端生活服务平台”公司。

寺库网成立于2008年，旗下设有寺库商城、寺库智能、寺库拍卖和寺库金融四大核心业务板块。公司主要为中国高端消费人群提供从奢侈品新品销售、鉴定评估、售后养护到奢侈品再流通等全方位的“一站式”奢侈品专业服务。

挂牌交易的开盘价格为13美元，处于定价范围11.5~13.5美元中间，这一方面得益于市场对于寺库基于用户口碑和服务体验构建的线上线下精品生活方式模式的高度认可，另一方面也显示出国际资本对于中国及全球市场未来高端生活消费潜力的看好。[①]

据官方信息显示，截至2017年6月30日，寺库注册用户数量已达1510万，2016年活跃用户约为30万；在截至2017年6月30日的6个月内，成交总额（GMV）为19.246亿元人民币（约为2.839亿美元），2016年成交总额为34.702亿元人民币（约合5.119亿美元）。寺库平均每单销售额超过3500元人民币（约合516.3美元）。

国际知名研究机构Frost & Sullivan的数据报告显示，在中国高端消费和服务市场中，寺库占据了25%的市场份额；而在亚洲区域的该市场中，寺库以15%的市场份额成为亚洲第一。随着寺库此次纳斯达克成功上市，高端生活服务行业第一股的诞生，标志着这一行业格局初定，并进入到高速发展的快车道。

寺库创始人兼CEO李日学表示，由于新兴高购买力人群激增，中国高端消费服务市场过去几年经历了快速增长。而在贯穿中国未来10年的消费升级大趋势下，中高端及以上的商品和服务消费将持续上升，消费者更追求有品质的生活。未来5年，以品质为核心的新型消费增长将超过40%，影响到6亿人口的规模，这也为寺库的未来打开更大的想象空间，寺库希望能够

① 古翔：《寺库成功登陆纳斯达克 成高端生活服务第一股》，中国新闻网，2017年9月25日

抓住这一巨大行业机会，加快布局，满足这些追求生活品质，追求积极健康生活方式的人群，成长为用户满意的“高端生活服务平台”。

那么，困扰其他奢侈品电商的国际供应链，特别是货源问题，寺库又是如何解决的呢？

据官方透露，寺库坚持品牌直签和海外直采模式，再辅以鉴定中心构建了保障货源的护城河。寺库在米兰、纽约、东京、中国香港、马来西亚设有分公司，与国际顶级奢侈品销售渠道货品数据全方位直接对接，在品质和货源数量上全面取优。截至上市时，寺库 SKU（库存量单位）超过 30 万，覆盖 3000 个国际和本土品牌，有范思哲、托德斯、菲拉格慕等近百个国际奢侈品牌的核心品类入驻。

而配套的奢侈品鉴定评估技术中心，自寺库成立时便设立，直指高端用户最看重也最难获取的信任成本和服务口碑。寺库出售的每一件货品都会经历 2~3 次交叉鉴定，所有海外直邮的商品必须经过鉴定中心确认无误后才能运送给消费者。

截至 2017 年，寺库在北京、上海、成都、中国香港、深圳均拥有奢侈品鉴定团队，全球有超过 80 位顶级资深鉴定专家坐镇，团队整体从业资历平均超过 15 年。长期建立的良好信誉也让寺库鉴定中心获得了海关、工商等国家监管执法部门的青睐，是中国检验认证集团的战略合作单位和技术方，鉴定量呈现平均每年 200%~300% 的增长。

良好的信誉和不俗的销售业绩，使寺库成为国际大牌试水中国电商的优先平台。2017 年，迪奥（Dior）指定其为七夕限量手袋独家电商合作平台，寺库的 1500 万高端注册用户带来的购买潜力和消费实力，成为迪奥此次项目提高转化率的渠道。而这并非寺库与 LVMH 集团的首度合作，更早之前它便与泰格豪雅（TAG Heuer）一起搭建线下黄盒子实体快闪店，让寺库与奢侈品牌的合作，不只局限于线上。

李日学透露，上市之后的寺库将重点布局全球线下体验店，同时接驳更多一线品牌及品牌一级经销商，网罗全球新鲜货源，进一步增强核心业务的竞争力；另一方面，在全球范围内落实与高端地产深度对接合作，加快构建精品生活平台。

除了把国外大牌“引进来”，寺库也致力于打造自身本土化的优势，把中国的品质消费品和传统文化推向世界。旗下的“名物”频道，也上线了诸多本土设计师品牌和中国元素精品。

有业内人士认为，寺库在美国上市意味着将要接受更严格的知识产权监管，比如无法回避的假货问题。而阿里巴巴一直备受假货困扰，即便它已经大力解决，比如成立大数据打假联盟，通过天猫提升形象等，但仍与诸多奢侈品牌关系微妙。

除此之外，虽然中国的消费市场一直在升级，但目前国内的奢侈品市场增速渐缓，且消费观念的转变让部分消费者逐渐青睐二手奢侈品，甚至是奢侈品共享。面对日渐饱和及转型的市场，依然有其他商家进入这一“赛道”。除了寺库和珍品网（另一奢侈品电商代表）外，主流的电商平台还有第五大道、尚品、美西时尚等。

而真正的巨头，已经登场。2017 年 8 月 1 日，阿里巴巴旗下天猫奢侈品平台——全球首个针对奢侈品牌专属定制的虚拟式嵌入 App——Luxury Pavilion（意为“奢侈品展馆”）正式上线。

所谓虚拟式嵌入，是只针对定向邀请的用户开放。这也意味着，天猫为消费者与奢侈品牌专门设计了一条专属通道。这一行业开创性的举动，令行业侧目。

在消费者这一端，并不是所有的天猫用户都能看到它，除非符合天猫对用户的三个维度圈选标准：在阿里旗下电商平台购买、浏览或收藏过奢侈品；淘气值达到一定程度的部分 88 超级会员；或者在天猫上足够活跃。三者综合评估，决定该用户是否能看见“Luxury Pavilion”。

在品牌另一端，天猫根据品牌知名度、线上运营能力、目标消费者等综合情况，向奢侈品牌发出定向邀请。第一期入驻“Luxury Pavilion”的奢侈品牌有博柏利（Burberry）、雨果博斯（Hugo Boss）、海蓝之谜（La Mer）、玛莎拉蒂（Maserati）、LVMH 集团的娇兰（Guerlain）和真力时（Zenith）等 17 家。

在奢侈品业内人士看来，天猫大胆的尝试让他们感到兴奋——奢侈品牌十分强调线下实体店给消费者带来的尊贵体验，他们之所以迟疑不敢上线，正是因为担心电商冲淡了品牌独特的文化内涵。比如，香奈儿品牌时尚总监 Bruno Pavlovsky 曾表达过对电商的谨慎态度："香奈儿的最佳体验是发生在精品店中，我们不确定消费者是否能够通过冷冰冰的电子屏幕完全理解我们。"

但"Luxury Pavilion"的出现有效地解决了这种矛盾。让奢侈品牌产生认同感的，来自两方面：一是"Luxury Pavilion"的定位和调性，它的设计风格贴近 LV、香奈儿等奢侈品牌官网的风格，可最大限度地展现品牌的精神内涵与代表产品，这与大众化的电商网站形成了鲜明对比与区隔；二是受邀制筛选而来的消费者，他们具备奢侈品牌所期待的鉴赏力与消费力。

品牌与消费者的精准匹配，官方直营店与消费者的直接互动，"Luxury Pavilion"通过大数据与技术手段，既保障了奢侈品消费过程中所需要的私密性，又彰显了消费行为的稀缺性（受邀制），也体现了品牌与消费者互动的体验性，它的上线，意味着正式开启奢侈品电商的新时代。

来势汹汹的"Luxury Pavilion"，市场反响到底如何？

上线半年之后，时任天猫服饰事业部总经理刘秀云对媒体透露了"Luxury Pavilion"的成绩单——在消费端，已经拥有近 10 万的年消费额超过百万元的高端会员；在品牌端，开启了与 LVMH 集团、雅诗兰黛集团、斯沃琪集团、欧莱雅集团、PVH 集团等全球 9 大奢侈品集团的战略合作，包括博柏利（Burberry）、巴卡拉（Baccarat）、纪梵希（Givenchy）、娇兰（Guerlain）、雨果博斯（Hugo Boss）、轩尼诗（Hennessy）等 50 个全球超级奢侈品牌都已入驻，产品涵盖服饰、皮具、美妆以及腕表等全品类。[①]

根据天猫提出的“未来三年要服务 1 亿新中产”的战略目标，“Luxury Pavilion”开启了持续升级之路，包括用户体验、正品溯源、金融服务等多个方面。

在用户体验方面，“Luxury Pavilion”上线了 Pavilion club（目标直指每年在阿里巴巴花费超过 15.9 万美元的客户，即只有获得高级客户资格才可以自动进入该俱乐部），为高端用户提供优先购买、尊贵邀约和一对一的专属客服等服务。通过联动奢侈品牌提供限量的精品购买、线下体验等服务，帮助品牌实现会员的全渠道打通。

在正品溯源方面，借助阿里云区块链技术，天猫会将商品原材料生产过程、流通过程、营销过程的信息整合写入区块链，使得品牌的每条信息都拥有特有的区块链 ID“身份证”，附上各主体的数字签名和时间戳，供消费者查询和校验包括产品的产地、入境报关单号和入境报关时间等信息。

在金融服务方面，天猫发布了奢侈品金融消费方案及针对奢侈品的全域解决方案，与蚂蚁金服花呗一起为高端用户定制“分期免息”“临时提额”“预授权预订”三大金融服务，帮助品牌更好地吸引和留住更多潜在客户。

值得一提的是，未来消费者打开“Luxury Pavilion”的感觉可能像浏览一本线上时尚杂志。结合奢侈品牌的主推产品，“Luxury Pavilion”与权威时尚杂志《Vogue 服饰与美容》合作推出特色主题栏目。据了解，这是《Vogue》第一次尝试在第三方在线渠道生产高质量内容，编辑总监张宇表示，将利用自身积累的奢侈品牌资源、优质的内容编辑与视觉团队为天猫上的奢侈品牌赋能。

刘秀云在谈到“Luxury Pavilion”时，反复强调了“Maison”的概念。在法语里，Maison 代表“家”的含义。由此可见，天猫显然想将“Luxury

---

① 李力：《隐秘 Luxury Pavilion：奢侈品的新零售革命》，《中国经营报》，2018 年 4 月 14 日

Pavilion”打造成与众不同的奢侈品线上之家。

“我们在接触奢侈品大牌的时候，发现他们最纠结的一点是，到底是建自己的官网还是去第三方平台？”刘秀云在接受媒体采访时一再强调，“Luxury Pavilion”最大的不同在于，阿里巴巴只做“水电煤”（作为基础设施的存在），希望“Luxury Pavilion”成为奢侈品大牌们的官网。

但在此推进的过程中，天猫以及“Luxury Pavilion”并不是没有受过质疑。

长期以来，阿里巴巴电商平台由于假冒伪劣商品问题受到广泛质疑，这也是奢侈品牌入驻天猫的最大障碍。天猫曾被美国贸易办列入“恶意市场”名单，也出现过与奢侈品牌由于打假合作出现的激烈矛盾问题。对打假问题，阿里巴巴没有回头路，根据公开资料显示，为了解决假货问题，累计投入资金已高达1.6亿美元，而2017年1月阿里巴巴起诉卖假货店主索赔140万元也是中国电商平台史上的首例。

在这样的坚定态度下，奢侈品牌与阿里的关系开始趋于缓和，一方面是看到阿里巴巴在保护知识产权方面的努力和成果；另一方面，天猫背后的大数据以及精准分析，包括对海量年轻客群的触及，都对他们极具吸引力。此外，奢侈品电商势在必行，2017年以来的奢侈品销售平台的纷纷上线以及奢侈品牌入驻平台的爆发式增长，都说明了这一趋势。

2017年1月，全球最大的奢侈品集团LVMH集团宣布加入AACA（阿里巴巴全球打假联盟），成为首批成员之一。这是由阿里巴巴发起成立，众多海内外品牌共建，与执法机关一起合作的打假联盟，也是全球第一家24小时无时差知识产权保护联盟。

商务部在2017年度《中国知识产权保护与营商环境新进展报告》中表示，执法部门根据阿里巴巴推送的案件线索，开展跨省（区、市）执法办案，维护了苹果、香奈儿、索尼等一批中外品牌权利人的合法权益。这个由“执法机关+品牌权利人+平台”联动的打假共治系统输出的知产保护经验，已获得公安部、商务部、国家市场监管总局等部门认可。

在此良好开局下，好消息接踵而至。2017 年 8 月，和阿里巴巴打了 3 年官司的全球第三大奢侈品集团开云（Kering）集团与阿里巴巴及其关联企业蚂蚁金服达成突破性协议，双方将共同开展知识产权保护，于线上线下发起针对侵权者的联合行动，致力于为消费者提供卓越体验和可信赖的环境；2018 年 12 月，全球第二大奢侈品集团历峰（Richemont）集团宣布加入 AACA，以期通过共享信息、经验和技术，合力保护知识产权，共同保护创新守护正品。

随着历峰（Richemont）集团的加入，AACA 成员数目前已达到 115 位，分别来自全球 16 个国家和地区，其中欧洲、美洲品牌分别占比超 30%，中国本土品牌超 23%。成员数量的持续扩容与品牌繁荣的商业表现，使得 AACA 成为全球最有影响力的打假联盟之一。

假货问题得到了遏制，奢侈品牌对电商平台的疑虑也打消了一大半，而天猫在中国市场所具有的巨大流量以及广阔的下沉渠道，特别是“Luxury Pavilion”对潜在消费者的精准筛选，构成了对奢侈品牌的强大吸引力。天猫作为中国最大 B2C 零售平台，2017 年销售规模达到 2.11 万亿元，在中国零售百强中排名第一，销售规模同比增长 43.9%——这无疑为国外奢侈品牌提供了极好的线上资源与海量的消费客群。

业内人士指出，阿里巴巴提出的“新零售”为奢侈品牌带来了四个方面的赋能：帮助奢侈品积累和沉淀年轻用户；实现针对消费者的专属定制；推动品牌渠道下沉到难以覆盖的低线城市消费者；以技术手段提升服务体验等。

一条能从运营、营销、线上线下全渠道、数据洞察打通的全链路解决方案，对于奢侈品来说至关重要。

此前，LVMH 集团大中华区总裁吴越在娇兰（Guerlain）进驻天猫的发布会上，曾毫不掩饰其对天猫平台的推崇：“今天，天猫代表着中国，折射着中国的进步、中国的发展已经吸引了中国的时尚人群，所以奢侈时尚品牌进入天猫理所当然。在如今信息化的时代中，线上线下联动，已经成为必然趋势，对于我们奢侈品牌来说，也不例外。”

以同属LVMH集团旗下品牌的纪梵希（美妆系列）为例，入驻天猫即创下销售纪录——上线首日涨粉超过70万，成交额近2900万元，明星单品小羊皮唇膏卖了5.8万支。后台数据显示，天猫的流量来自200多个大小城市，不仅新客占比率极高，且这些客流的平均年龄至少比线下要小5岁。

纪梵希美妆大中华区市场总监张谦表示：“对品牌而言线上不只是一个重要的销售渠道，更是一个建立品牌知名度与形象、吸引新消费群的平台。我们期待通过Luxury Pavilion这个平台让更多消费者来了解和喜爱纪梵希美妆这个品牌。”

“传统的奢侈品牌很难覆盖到低线级城市，但天猫能弥补奢侈品在渠道下沉中的困境。而通过大数据洞察，不但能帮助品牌提升对店铺无法覆盖到的城市的服务能力，更能为品牌在新店选址选品上提供决策参考。”刘秀云对媒体表示。

有行业数据显示，目前80%的奢侈品门店集中在中国GDP排名前15的城市，但消费奢侈品的富裕阶层中，仅25%生活在这些城市，供需之间的不匹配，让奢侈品牌急需借助天猫这样的线上平台拥抱年轻消费者。

据“Luxury Pavilion”发布的数据，参与2019年“618”活动的品牌数翻番，奢侈品整体成交额和成交人数增长均超过130%。在整体奢侈品消费中，三线及以下城市增长超55%，略高于一二线城市——这也再次印证了天猫是奢侈品牌开拓中国市场、触达三至六线城市消费者的最佳平台。值得一提的是，25岁以下奢侈品消费人群增长近50%。

刘秀云强调，奢侈品牌对于中国合作伙伴的需求已不仅仅是满足于买货和做传统的营销传播，更是品牌在中国市场精准的消费者画像，如何触达年轻人群体以及能否打通线上与线下渠道之间的壁垒。

截至2019年4月底，正式入驻“Luxury Pavilion”的品牌超过100个，成为目前全球最大、品牌集聚度最高的时尚消费平台。美国时尚媒体*Glossy*在一篇名为《2018年，天猫赢得了奢侈品牌的青睐》的报道中总结了天猫的三大变化——“越来越多奢侈品牌入驻”“顶级奢侈品牌来开店”“天猫消费者购买力进一步增强”。

在持续运营好“Luxury Pavilion”的同时，阿里巴巴也通过收购及战略合作等方式，不断扩大对奢侈品平台的搭建。主要有以下三大举措：

第一大举措是在 2015 年 7 月，阿里巴巴宣布以超 1 亿美元战略投资魅力惠，共同打造奢品闪购电商平台，为消费者提供深度折扣、品牌直接授权的优质商品。同时，为国际各大奢侈品、轻奢、时尚品牌提供限时折扣、正品销售的全程供应链服务。

据当时的官方信息显示，于 2010 年 4 月正式上线的魅力惠是一个会员制时尚奢侈品闪购 B2C 网站，拥有 2000 多个品牌官方合作伙伴，所有商品均由品牌商直接提供，值得一提的是，它是部分品牌在国内电商的唯一合作伙伴，如卡尔·拉格斐（Karl Lagerfeld）、阿玛尼（Armani）、杰尼亚（Zegna）、迈克高仕（Michael Kors）、楚萨迪（Trussardi）、罗杰维维亚（Roger Vivier）、珑骧（Longchamp）、途明（Tumi）、娇兰（Guerlain）等 280 个品牌。

第二大举措是在 2018 年 5 月，阿里巴巴宣布以高价投资了一家奢侈品在线批发技术公司 Ordre。双方暂未公布交易细节和金额。交易完成后，阿里巴巴成为该公司的战略合作伙伴，并为其提供大数据支持以及打开中国的中高端奢侈品消费市场。

Ordre 创立于 2015 年，其创始人是创办澳大利亚时装周的 Simon Lock 及其太太，《时尚芭莎》澳大利亚版的造型总监 Kirsten。作为一家技术平台，Ordre 主要提供三种数字化服务：通过虚拟现实技术进行浸入式秀场直播、图像捕捉技术实现 360 度模特衣物展示和时尚零售数据分析，并已与超过 2000 家时尚零售商家合作。

“我相信双方之间的业务合作将使 Ordre 目前拥有的技术得到进一步的开发和应用，同时，我们也很高兴能够给与我们合作的设计师带来更大的利益，并为中国正在高速发展的奢侈品市场创造更多条件。”Ordre 的创始人兼

CEO Simon Lock 如此表示。

未来，Ordre 平台的技术将被对接到“Luxury Pavilion”中，“对 Ordre 的投资标志着我们希望在全球时尚产业中的地位能进一步提高，同时也加强了我们作为品牌合作伙伴的定位，让这些品牌与渴求国际奢侈品的中国消费者能够进行更好的互动。”已升任天猫商城时尚与奢侈品总裁职务的刘秀云透露，“另外，这也能让 Ordre 的先进技术与阿里巴巴独特的数据分析库相匹配。”

而阿里巴巴在奢侈品电商领域最大的（也是第三大）举措则是在 2018 年 10 月，阿里巴巴宣布，与全球第二大奢侈品集团历峰（Richemont）集团旗下奢侈品电商 Yoox Net–A–Porter（简称 YNAP）成立合资公司。

YNAP 是全球最受欢迎的高端电商之一，它由意大利奢侈品电商 Yoox 与英国奢侈品电商 Net–A–Porter（后被历峰集团收购）于 2015 年 3 月合并而成——双方各占 50% 的股份，新公司命名为 Yoox Net–a–Porter（仍隶属于历峰集团）。

YNAP 囊括了近 1000 个奢侈品品牌、设计师品牌和美妆品牌，既有售卖当季产品的 Net–A–Porter 和 Mr Porter，也有 Yoox 和 THE OUTNET，同时也为奢侈品牌提供电商代运营服务。

新的合资公司将通过 Net–A–Porter 和 Mr Porter 分别为中国市场的女性和男性消费者服务。阿里巴巴将为合资公司提供技术、支付、物流等基础支持和数据选品、消费者洞察等多方面的服务和帮助。与此同时，Net–A–Porter 和 Mr Porter 也将入驻天猫奢品专享平台“Luxury Pavilion”。

关于此次合作，历峰集团董事会主席约翰·鲁伯特（Johann Rupert）认为，“历峰集团与阿里巴巴的战略合作将为历峰写下新篇章。第一步就是通过我们的合作把 Net–A–Porter 和 Mr Porter 介绍给更多的中国消费者。我们将一起开创新历史，这也是奢侈品行业的一座里程碑。”

而阿里巴巴集团 CEO 张勇则表示：“阿里巴巴和历峰集团的合作将为中国消费者带来全球顶尖的奢侈品品牌。消费者都在追求消费升级，我们也期望此举能满足阿里巴巴零售平台6亿活跃用户的消费需求，期待通过天猫新零售为消费者带去线上线下极致的消费体验。”

作为全球最大的奢侈品消费市场，各大奢侈品牌都格外重视中国市场，不仅在中国调整门店和营销策略，也专门为中国消费者打造限定版产品，越来越多的奢侈品选在中国首发。阿里巴巴和历峰集团的合作也意味着——全球有更多的顶级品牌能更便捷地进入中国市场，更容易地走近和了解中国消费者。这也将加速打开中国奢侈品市场，改变中国奢侈品行业格局。

而对于这一巨大的市场，以及中国奢侈品行业格局的改变之机，作为阿里巴巴电商板块的老对手，京东也不会无动于衷——2017年10月10日，京东正式宣布推出其首个在线奢侈品平台——Toplife（意为“好生活”）。

据官方介绍，这一新网站是一个全价的在线购物平台，允许国际奢侈品品牌在平台上设立旗舰店，直接向中国的富裕消费者销售产品。拉佩拉（La Perla）、阿玛尼（Armani）、日默瓦（Rimowa）和楚萨迪（Trussardi）等奢侈品牌成为第一批入驻Toplife的用户，预计将会有更多的品牌加入该网站。

显而易见的是，京东的“Toplife”与阿里巴巴的“Luxury Pavillion”形成竞争格局。贝恩咨询2017年初预计，2017年中国的奢侈品市场将增长大约2~4个百分点，规模约达3050亿美元。面对如此巨大的市场，京东正努力同阿里巴巴展开进一步的竞争，以图在中国的奢侈品市场上占据领先地位。

它们有很多相似之处——比如，都为奢侈品牌提供大量的服务；都为合作品牌提供额外服务，例如客户服务、配送、营销和品牌推广专业知识；都强调为中国的奢侈品消费者连接线上到线下（O2O）体验的必要性。

但它们也有着显著不同——“Luxury Pavilion”是一个邀请制的平台，仅对符合三个维度圈选标准的消费者开放，而“Toplife”则向大众开放；“Luxury Pavilion”是天猫网站的一部分，而“Toplife”则是一个独立的奢侈品网站，独立于京东的电子商务平台之外。

京东集团副总裁、“Toplife”业务负责人丁霞在接受媒体采访时表示，“京东上虽然有 3.2 亿的用户，但我们的做法不是从京东给 Toplife 灌流量，而是从京东上精准筛选有质量的消费者，比如给在京东购买正价奢侈品的次数在两次及以上的用户推荐 Toplife，并且引导他们下载。这类用户在京东里面大概占比 1%。”

晚于“Luxury Pavilion”两个月成立的“Toplife”，承担了京东在奢侈品领域紧追天猫步伐并快速形成双方对峙局面的重任。两相比较，天猫比京东更拥有流量优势，在奢侈品牌入驻数量上也远超于“Toplife”。不过京东通过“京尊达”和线上专属品牌导购等服务来获得奢侈品牌信任，并将以定向触达的方式接入京东商城，为“Toplife”获得更大品质支持，通过以上措施在品牌接入方面慢慢得到改善。

为了加大在奢侈品电商领域的布局力度，在“Toplife”上线之外，京东还做了三个重大的投资举措。

第一大动作是在 2017 年 6 月，京东向全球知名奢侈品电商 Farfetch 投资 3.97 亿美元，成为其最大股东之一，持有 16.5% 的股份。宣布建立战略合作伙伴关系之后，Farfetch 这一来自英国的奢侈品时尚零售电商平台就充分利用了京东在中国的庞大物流网络而展开业务，并对中国的本土市场有了更全面深入的了解。双方将整合优势资源，共同创建中国市场奢侈品网购首选平台。

Farfetch 由 José Neves 于 2008 年创立在英国伦敦，定位于全球时尚购物平台，通过与全球不同地区的时尚买手店合作从中抽取佣金，买手店平均有 30% 的收入来自 Farfetch 平台。至 2017 年底，Farfetch 已与 40 多个国家的 550 家买手店、200 多个国际品牌达成合作。

接受了京东的投资一年之后，Farfetch 于 2018 年 9 月在纽约证券交易所挂牌上市，首日开盘 27 美元，较发行价 20 美元上涨 35%，市值突破 80 亿美元，成为继中国奢侈品零售商寺库（Secoo）之后的全球奢侈品行业第二个上市的奢侈品电商——恰巧 3 个月前，历峰集团旗下的奢侈品电商 YNAP

宣布退市完成私有化。

第二大动作是在2017年12月，腾讯、京东分别斥资6.04亿美元和2.59亿美元认购唯品会A类普通股，交易完成后，腾讯、京东所持股比分别为7%、5.5%。半年之后，京东继续买入A类普通股，将持股比例提升至7.6%。

唯品会成立于2008年8月，总部设在广州，主营业务为互联网在线销售品牌折扣商品，涵盖名品服饰鞋包、美妆、母婴、居家等各大品类，在中国开创了“精选品牌+深度折扣+限时抢购”的正品特卖模式——这一模式被形象地誉为“线上奥特莱斯”。2012年3月，唯品会在纽约证券交易所上市。

京东期望通过与唯品会合作来弥补高频、高利润品类的服饰板块短板（毕竟其3C家电品类的属性太强），拉“盟友”来缓解其在服饰领域的被动局面。时任京东集团CFO黄宣德认为这种合作会加强两个平台的协同效应，“唯品会的商品门类繁多，覆盖大量用户群，特别是女性用户。”

第三大动作是在2018年7月，京东与全球最大的消费品私募投资公司L Catterton（LVMH董事长兼CEO Bernard Arnault之家族企业持有其40%股份）的亚洲分公司联合向寺库投资1.75亿美元（实质是为期3年的可转债）。

“我们对与L Catterton Asia、京东的战略合作感到非常开心。”寺库创始人兼CEO李日学表示，“通过与消费者、奢侈品和电子商务领域的优质合作伙伴建立关系，寺库将获得巨大的品牌认知，并进一步提升该公司在国际奢侈品消费领域的声誉。”

“电商对所有人来说都扮演着越来越重要的角色，从我们的投资来看，我们相信寺库是中国最具实力的高端消费平台之一。”L Catterton Asia董事长兼执行合伙人Ravi Thakran表示，此次合作达成后将持续打造高端消费者服务平台。

京东集团高级副总裁、京东时尚生活事业群总裁胡胜利则表示：“此次合作将帮助我们进一步夯实在奢侈品零售领域的实力，并为国内消费者提供更好的购物体验。在共同努力不断满足这一需求的同时，我们相信未来与寺库在无界零售方面会有更广阔的合作空间。”

据透露，京东可能会通过无界零售帮助寺库线下体验店的升级。此外，京东有单独的奢侈品仓库及“京尊达”配送服务，这些都有助于寺库提升品牌形象。而另一个痛点则是，时尚零售一直是京东迫切想做好却屡遭挫折的领域。

波士顿咨询（BCG）与腾讯2018年9月共同发布的《中国奢侈品市场消费者数字行为报告》显示：2015年至2017年，中国奢侈品市场增速超过4%，奢侈品消费人群中约58%是18~30岁的年轻人，受教育程度集中在本科及以上学历，女性消费者比例达71%。同时，报告中还预计，奢侈品在线上的渗透率有望从2017年的9%上升到2025年的25%。

如此巨大的市场空间，自然引发了各大奢侈品牌与各大电商平台的关注。在2017年，国内两大电商巨头阿里巴巴与京东都以各自的方式布局并形成了中国奢侈品电商领域的对峙格局——阿里巴巴组建了“Luxury Pavilion+YNAP+Ordre+魅力惠”的阵营，而京东则形成了“Toplife+Farfetch+寺库+唯品会”的形态。未来的国内奢侈品市场是一家独大还是双雄争霸？唯有时间才能给出答案。

双雄对峙之下，垂直奢侈品电商崛起已基本无望，无论是奢侈品牌的授权，还是精准获取线上流量，或是触达广泛的渠道市场，都面临着巨大的挑战。唯有一个新的亮点渠道，那就是微信小程序。微信拥有的巨大社交流量池可以通过小程序增强品牌知名度及提升交易量，但微信社交的实质是人与人的交流平台，而不是人与物的买卖渠道，它终究无法撼动奢侈品电商平台的位置和角色。

在《2017年中国奢侈品市场研究》中，贝恩咨询（Bain&Company）调研了1170名消费者，70%的人表示会通过品牌官网购买奢侈品，21%的人表示会选择“Luxury Pavilion”与“Toplife”这种购物平台；60% 的受访者表示选择官网是因为产品保真性，51% 表示是因为专属购物体验。

阿里巴巴的“Luxury Pavilion”阵营与京东的 Farfetch 形态[①]，以及背后的中国消费者的强大购买力，正在并将持续地影响全球奢侈品业界的发展进程与格局。

---

① 2019 年 2 月，京东将 Toplife 合并至 Farfetch（中国），Farfetch 获得京东 App 的一级入口

2018

奢侈品牌在中国的梦与痛

贝恩公司（Bain & Company）与意大利奢侈品行业协会 Fondazione Altagamma 联合发布的《2018 年全球奢侈品行业研究报告》显示：奢侈品市场表现依然令人瞩目，全球奢侈品市场销售额（包含奢侈品和奢侈体验）在汇率恒定的情况下增长 5%，达到 1.2 万亿欧元，中国消费者成为全球奢侈品市场主力军。

中国消费者正在引领全世界奢侈品市场的增长趋势。报告指出，从 2015 年到 2018 年，中国消费者在本土的奢侈品消费增长是海外的两倍。从全球来看，中国消费者的奢侈品花费总支出占全球总额的比重，亦不断增加（当前预估占比为 33%，较 2017 年的 32% 高出 1 个百分点），中国消费者在内地市场的消费支出占全球总额，从 2017 年的 8% 提升至 9%。

面对如此重要的中国市场，任何一个奢侈品牌都不会掉以轻心。但在 2018 年底，意大利时装品牌杜嘉班纳（Dolce & Gabbana，以下简称 D&G）却在中国成为众矢之的。

2018 年 11 月 21 日下午，“dg 设计师”“迪丽热巴不出席 dg 秀”“杜嘉班纳”“陈坤不出席 dg 秀”等话题接连登上热搜，包括 D&G 中国区代言人迪丽热巴、王俊凯，知名影星章子怡、黄晓明等已确定出席时装秀的明星纷纷发表声明拒绝参加活动，并联合抵制该品牌。

随后，中华人民共和国文旅部发布消息：原定于 11 月 21 日晚间 9 时在中国上海举办的杜嘉班纳“The Great Show”时装秀已取消。

据此前发布的官方信息，此次时尚大秀涉及 18700 平方米（上海世界博览会中心）的秀场、360 位模特、1600 台陈设、500 套造型，主要围绕三个主题展开，分别是 D & G 的设计 DNA（Dolce & Gabbana's design DNA）、未来与千禧一代（the future and the millennial generation）和中国新年（Chinese New Year）。这场大秀将是 2018 年度中国规模最大的一场时装秀。

但随着各大明星的抵制以及文旅部的官方表态，这场大秀在即将开场的数小时前被临时取消了。

事件起因于 11 月 17 日。为了宣传这场大秀，D&G 分别在它的官方“照片墙”号和中国的微博上发布“起筷吃饭”系列视频。视频里有一个亚洲模特，坐在上海的小饭店里，用筷子在尝试意大利的各种传统食物。

广告的视频沿用了 D&G 一贯的风格创意——将大红灯笼、筷子、木桌子等一系列民族元素，与意大利的传统食物与装饰品结合在一起。

但视频一出，引起了许多中国网友的反感。首先，网友对背景中“过时”的民俗摆设、“凌乱”的装饰以及模特“刻板”的造型感到不满，觉得该品牌呈现了一个老土、过时的刻板印象里的中国。其次，视频旁白里的男声语言，也成了争议的焦点：“这会让你感觉自己身在意大利，不是在中国。”里面还有一句：“今天我们将向大家展示，如何用这样一种小棍子形状的餐具（意指筷子），来吃意大利伟大的传统玛格丽特披萨饼。”网友认为这样的表述和模特夸张的表情是在歧视中国传统文化。

很快，D&G 从微博账户中删除了这些视频，但“照片墙”页面上仍然保留，于是，很多中国网友又跑到那里留言。

11 月 20 日，ID@michaelatranova 在“照片墙”上曝光了与 D&G 设计总监 Stefano Gabbana 的一段对话。对话中，Gabbana 公开辱骂中国。

如果说“起筷吃饭”系列视频只是为这次时装秀蒙上了一层阴影，那么 Gabbana 的言论则成为事件爆发的导火索。很快，“杜嘉班纳广告涉嫌辱华”事件迅速发酵。

在压力之下，Stefano Gabbana 发声表示，“自己的社交账号被盗，现已找回”，并表示他喜欢中国、喜欢中国文化，很抱歉发生这样的事。D&G 也在官方微博回应：官方“照片墙”账号和 Stefano Gabbana 的“照片墙”账号被盗，我们已经立即通过法律途径解决。我们为这些不实言论给中国和中国人民造成的影响和伤害道歉。我们对中国和中国文化始终一贯地热爱与尊重。

但这并没有平息众怒，在微博等社交网络上，诸多时尚博主、明星以及普通网友公开抵制 D&G。而两位亚太区形象大使迪丽热巴与王凯则相继与品牌解约。

最严厉的言论，来自“共青团中央”在微博上第一时间的发声：“我们欢迎外国企业来华投资兴业，同时在华经营的外国企业也应当尊重中国，尊重中国人民。这也是任何企业到其他国家投资兴业、开展合作最起码的遵循。@DolceGabbana”

事实上，这不是 D&G 第一次惹怒中国网友。

2017 年，它在中国拍摄的《DG 爱中国》宣传片也一度受到质疑。宣传片中，品牌将拍摄地锁定在北京，在天安门、长城、老城区取景，身穿品牌新装的模特与中国普通中年男女同时入镜，融入周边的路人中。最后的效果不佳，被不少网友指批丑化中国。

许多网友批评 D&G 只展示了北京欠发达地区和贫困居民，而忽视了大楼和更时尚的现代场景。“你故意展示中国落后的部分，这是歧视。”一位微博用户写道。

当时，不少人表示会抵制购买D&G的产品，因为他们认为自己没有受到尊重。用户的强烈抗议导致D&G在中国官方微博以及官方微信公众号上删除了这些照片，但该系列照片仍然可以在外国社交媒体网站上看到。

2012年，D&G在中国香港旗舰店前设置禁拍区，禁止中国香港消费者在门前拍照，内地游客则可以拍照——这引发了中国香港当地消费者的举牌抗议，最后以米兰总部发表道歉声明告终。

而且，中国网友也不是D&G唯一惹火的对象。

该品牌一直以夸张出位的言论和行为闻名。D&G的媒体黑名单很长，包括《纽约时报》、《世界杂志》、《时尚》意大利版、《数字》等，而Cathy Horyn、Vanessa Friedman等专业时装评论人则被禁止进入D&G的秀场。Stefano Gabbana本人也曾多次出言不逊，如公开批评女歌手赛琳娜·戈麦斯（Selena Gomez）“长得丑”，羞辱Lady Gaga身材等，引发了很多不满。[①]

受“杜嘉班纳广告涉嫌辱华”事件的影响，“巴黎世家打架事件”也被网友旧事重提。

2018年4月25日，法国知名商场巴黎春天百货内的时尚品牌巴黎世家（Balenciaga）专柜发售新款鞋，现场不少人排队。一名中国阿姨在排队购物时遭遇外国人插队，阿姨欲阻止，却被对方推搡。中国阿姨的儿子冲过来理论，结果被一群外国人殴打。

打架导致了巴黎世家停止了当天的发售，现场赶来的法国保安将中国人控制起来，门店的工作人员更是直接对中国顾客怒吼：“中国人滚出去！”

最终，法国人将事件定义为：“中国人闹事，扰乱治安。”而当受害同胞向当地管理层投诉之后，得到的对方的回应却是：“好的，好的，请你们中国人离开！”

---

① 马程：《创始人辱华惹众怒，DG会成为下一个乐天吗？》，华尔街见闻，2018年11月21日

根据后续爆料，有人发现巴黎春天就此事在自己的社交账号“照片墙”上作出了道歉声明，不过，是在某一篇文章的评论区下面发出的。声明中称：“我们很抱歉今早有两名顾客在新品发售的排队队伍中发生了争吵，我们很快采取了措施，让双方保持了冷静。我们也在了解到底发生了什么。”[①]

而声明下面的评论区，中国网友更加气愤了，不少人质疑巴黎春天的道歉没有诚意。事件在互联网上持续发酵，直至4月26日晚8时巴黎世家官方账号（@Balenciaga）在新浪微博发表声明：“昨天早晨在我们位于巴黎某百货店的专柜发生了排队等候顾客之间的纠纷事件，巴黎世家对此深感遗憾。保安人员当时即刻介入处理以恢复秩序。我们对所有受到影响的顾客致以诚挚的歉意。我们重申并将确保始终秉承平等和尊重的态度面向每一位顾客。”

“杜嘉班纳广告涉嫌辱华”事件后，也有一些奢侈品牌立即行动对中国进行示好。

比如爱马仕，其在官方微博上发布信息：“为助力少年儿童的教育事业，爱马仕中国慈善丝巾项目，推出限量版特别配色斜纹真丝方巾——63格环游世界，此款定制方巾所有净收入，将全部捐赠中国少年儿童基金会，用于支持中国少年儿童教育事业的发展。”

接着是古驰，直接在上海旗舰店上方的电子屏幕上展示了中国共产党的党旗，以表“忠心”——只是令其尴尬的是，《中华人民共和国广告法》第九条规定，广告不得有下列情形：使用或者变相使用中华人民共和国的国旗、国歌、国徽，军旗、军歌、军徽。《中国共产党党旗党徽制作和使用的若干规定》第十条规定，党旗党徽及其图案不得用作商标和广告。

还有路易威登，其在官方微博上发布了一张茶具的图片，并配文：“四千年前，中国人已经发明了茶具。”在“路易威登VVV上海”展览中，有一只与王德传茶庄合作设计的“茶人旅行硬箱”，内置六款名品乌龙茶、

① 《华人守规反被歧视，网友怒了……》，上游新闻（重庆晨报传媒），2018年4月26日

个人私藏的20世纪70年代宜兴老壶以及清代所制青花瓷古董茶杯一对等，中国博大精深的品茶文化在历史的长河中留下太多艺术闪光点。

作为全球最重要的奢侈品市场（之一），中国已成为各大奢侈品牌掘金的必争之地。但它们对中国市场的理解及表达，却总是带来众多非议。

辞旧迎新之际，英国国宝级奢侈品牌博柏利向全球正式发布其2019中国新年广告大片“摩登新禧”。广告大片由摄影师Ethan James Green执导拍摄，并由中国女演员、博柏利品牌全新代言人赵薇与周冬雨首度联袂出演。

尽管这是该品牌历史上首个庆祝中国新年的广告大片，摄影师也极力迎合中国“节日期间的家庭传统和团聚”的传统，但似乎他们并不了解中国的风土人情——画面风格诡异、模特表情很“丧”，令中国消费者感到不适。有网友评论：“灰暗的色调，诡异的气氛，简直是日韩伦理片和泰国恐怖片的结合。”更有好事者恶搞配上图说：“三更回家。”这一原本是讨好中国市场的举动却以尴尬收场。

如果说奢侈品牌出于有心或无意的举动所导致的是伤害中国人民的感情，是品牌对消费者的伤害；那么，假货横行则是对品牌存在根基的无情反噬。

据《纽约时报》消息：2018年8月18日，美国国土安全部收缴一批造假金额达到5亿美元（约合35亿元人民币）的假奢侈品，这批从中国运输至美国东西海岸各个港口的造假商品包括古驰（Gucci）、爱马仕（Hermès）、路易威登（Louis Vuitton）、香奈儿（Chanel）、博柏利（Burberry）等品牌的手袋、饰品和香水。目前已有22名涉案华裔被联邦以假货走私、合谋走私等多项罪名起诉，剩下11名华裔则以相同罪名被纽约皇后区地方检察官起诉；部分犯罪嫌疑人还被起诉洗钱和移民诈欺。[①]

---

① 《美国最大规模假货走私案告破，假奢侈品包包和香水混在真货里卖》，新浪，2018年8月20日

此次案件是纽约市史上最大规模的一次假货走私案，也是美国历史上规模最大的假货走私案之一。这批在中国生产的假奢侈品通过运输船被运往纽约、新泽西和洛杉矶的港口，伪装为合法的进口商品在全美范围内进行销售。

在案件的新闻发布会上，检察官指出这些假冒商品在进口时使用了合法公司的信息，并伪造了集装箱内货品描述的文件，以此骗过海关工作人员的检查。假冒货品进入曼哈顿与新泽西之后会被送往布鲁克林区、皇后区和长岛的自助仓库，之后便会运给全美范围内的批发商和零售商进行销售。

“这次案件中的假奢侈品在中国市场生产并走私到美国市场，贩卖给不知情的美国顾客，暴露出这次知识产权犯罪的全球性特质。”国土安全调查局特工 Angel Melendez 在新闻发布会上说，“这场严重的犯罪侵害了合法商家、顾客甚至美国政府的利益。”

这次案件并不是美国近年唯一一例涉案金额如此巨大的假货走私案。2017 年，美国移民和海关执法局破获了一起类似案件，共涉及 34143 件商品，除了奢侈品还有运动品牌和化妆品等，对应的真品价值达到 12 亿美元。2017 年的大型假货走私案中，50% 的假货生产于内地，近 39% 的假货生产于中国香港。

仅仅过了两个月后，又一起造假案震惊业界——2018 年 10 月，瑞士联合广州海关销毁了一批数量巨大的仿制名表。据不完全统计，这批手表的价值高达 3.5 亿美元（约合 24.3 亿元人民币）！

瑞士钟表协会发布的 2017 年财报显示：除劳力士之外的其他大部分瑞士品牌腕表整体销量下滑 26%。财报将主要责任归咎于广州站西路仿表对市场的大肆掠夺。于是，一场瑞士官方与广州海关联手的打假活动正式展开。

据不完全统计，查获假冒的品牌手表共 58 箱，约 35000 块，涉案金额高达 3.5 亿美元，涉及欧米茄、劳力士、卡地亚等多个品牌。其中，劳力士品牌占了 1/3，这与品牌的高人气有关，“绿鬼”系列一表难求，公价从 6 万溢价到 10 万，“钢迪”系列则由 8 万溢价到 12 万，由于劳利士的腕表几乎没有透明底盖表款，所以即使想从机芯做工的蛛丝马迹去辨识真假表也无从下手。

这批高仿腕表的做工精致，连瑞士钟表联盟都对其工艺感到十分吃惊，专家称这批腕表足以以假乱真，非专业人士根本无法辨别。据悉，这些仿表是通过中国香港的DHL、Fedex等国际快递物流运往欧美销售。

为了反击来自中国的仿表，瑞士各大高档腕表公司将加强互联网销售，以期更便捷地触达更多的消费者。瑞士钟表联盟对仿表深恶痛绝，他们认为这些以假乱真但却被当作真品销售的“山寨”手表给瑞士钟表业带来了巨大的经济损失，也损坏了瑞士钟表的市场形象。

2019

奢侈品业界的“中国梦”

2019年5月14日，2019世界零售大会在荷兰阿姆斯特丹隆重开幕。欧洲各专业媒体同日发布2018年最佳百货商店名单——来自中国的高端时尚百货北京SKP每平方英尺销量（坪效）位列全球第二，仅次于英国奢侈品百货哈罗德（Harrods）！法国Le Bon Marché、英国Selfridges、英国Liberty则位列全球第三至第五位。

购买力惊人的中国消费者，终于助推中国出现了第一家具有国际竞争力的奢侈品商场——2007年才开业的北京SKP（原名“新光天地”），能在相对稳定的全球奢侈品百货格局下，与拥有170年历史、全球最为成功的奢侈品百货Harrods相抗衡实属不易。北京SKP正以一股新兴力量打破欧美高端时尚百货的垄断局面。

北京SKP位于大望路商圈，它与华贸中心三栋写字楼、丽思卡尔顿酒店和JW万豪酒店共同构成朝阳区的高级商务中心。据其官网透露，北京SKP定位高级奢华、流行时尚，是全球最具标志性的时尚奢侈品百货之一，也是北京终极的时尚生活方式与购物目的地，拥有包括爱马仕（Hermès）、香奈儿（Chanel）、路易威登（Louis Vuitton）、迪奥（Dior）、古驰（Gucci）、普拉达（Prada）等国际名品旗舰店、精品店和概念店，被誉为“中国高端商场的示范性样本”。

自2007年开业至今，销售收入一路快速增长的北京SKP，不断用各种数据和创新刷新业界对传统百货行业的认知，连续6年保持国内百货和购物中心的单店销售之首。公开数据显示，2018年北京SKP销售额高达135亿元，超过2017年的125亿元。

北京SKP傲人成绩的背后，是日益扩大的中国奢侈品消费市场。2019年4月，麦肯锡发布《中国奢侈品报告2019》，报告显示，2018年，中国人在境内外的奢侈品消费额达到7700亿元人民币（约合1150亿美元），占到全球奢侈品消费总额的1/3。如果以家庭为单位来计算，平均每户消费奢侈品的家庭支出近8万元。到2025年，（中国人）奢侈品消费总额有望增至1.2万亿元人民币，届时中国将贡献全球40%的奢侈品消费额。2012年至2018年间，全球奢侈品市场超过一半的增幅来自中国。展望未来，预计至2025年这个比例将达到65%。

报告还指出，对于各大奢侈品品牌商而言，在华表现可谓喜忧参半。虽然一些奢侈品牌交出的财报不尽如人意，但全球最大奢侈品帝国路威酩轩集团（LVMH）和瑞士历峰集团（Richemont）却毫不讳言中国市场在2018年最后一个季度业绩表现强劲。

据LVMH、开云和爱马仕等多个主要奢侈品集团2019年度第一财季报告显示，整个奢侈品行业的业绩增长已经出现放缓迹象，而中国成为为数不多的增长点。其中，得益于路易威登、迪奥等品牌在中国市场的有效布局，LVMH集团销售额同比大涨16%，达到125亿欧元，超过分析师预期的122亿欧元，有机增长达11%。

截至2019年3月31日的3个月内，开云（Kering）集团收入受到核心品牌古驰业绩的推动，同比大涨21.9%，达37.85亿欧元。其中，古驰销售额大涨24.6%，达23.26亿欧元，增速较上年同期的37.9%大幅放缓，但在包括中国的亚太市场零售额增幅为35%，主要得益于中国消费者的贡献。

爱马仕2019年第一季度在中国市场也有强劲表现，按固定汇率计，该品牌在除日本外的亚洲地区销售额大涨21.5%，达8.6亿欧元，主要得益于中国消费者对于铂金包与凯莉包的疯狂追捧，品牌在大中华区的收入增幅超过10%。

2019年7月，贝恩公司联合意大利奢侈品行业协会Fondazione Altagamma发布《2019年全球奢侈品行业研究报告春季版》。报告指出，继2017年和2018年的连续强劲增长后，全球个人奢侈品市场进入了增长"新常态"。按恒定汇率计算，2018年全球奢侈品销售额增长6%，达到2600亿欧元，中国消费者贡献了超过1/3的销售额。2019年预计增长4%~6%，达到2710亿~2760亿欧元。增长的主要动力，来自由中国内地消费者在本土消费的加速增长以及欧洲旅游业的增长。

未来，中国内地市场将继续主导全球奢侈品市场。随着奢侈品牌的价格调整、以消费者为中心的战略和政府措施的推动，中国消费者越来越倾向于在国内购买奢侈品，从而促进消费回流。稳定的消费者信心和购买意愿，尤其是年轻一代（Z世代，指1995—2009年间出生的人的消费者），预计将推动中国实现18%~20%的同比年增长率（按恒定汇率计算）。

从各种渠道的数据统计可得知，中国已成为公认的全球奢侈品消费的最重要市场之一。麦肯锡甚至在其2019年报告开篇标题中写道："得中国者，得奢侈品天下"。那么，面对如此诱人的中国市场，各大奢侈品牌又该如何开拓呢？LVMH集团旗下的"茶灵"（Cha Ling）书写了一个新答案。

是直接将产品销往中国？还是为中国专门研发一款产品？或是在中国新创一个品牌？这不仅仅只是一个商业决策，更在某种程度上决定了（母）品牌的发展轨迹。当业界人士还在探讨"中国能否创造出属于自己的奢侈品牌"时，全球第一大奢侈品集团LVMH集团选择用中国文化和物产资源孵化出一个全新的高端奢侈护肤品牌：茶灵。

这个品牌的创始人名叫 Laurent Boillot，他的另一个身份，是同属 LVMH 集团旗下的源自 1828 年的法国高端美妆品牌娇兰（Guerlain）全球总裁兼 CEO。

茶灵的诞生，背后有一个美好的故事——20 世纪 90 年代末，德国生物学家马悠（Josef Margraf）来到云南西双版纳，进行热带雨林的恢复和再造。他和中国妻子李旻果采用了一种名叫“雨林再造农耕”的新型种植方式，复兴林中植物生长，增加当地少数民族的收入。Laurent Boillot 先生在一次中国之旅中结识了他们，并成为挚友。2010 年，马悠博士不幸去世，只剩李旻果一人继续雨林保护。作为挚友，他决定为之做点事。

但友谊和生意是两码事。当 Laurent Boillot 兴奋地将“用商业化的方式，创造一个品牌，以保护云南雨林”的想法向 LVMH 集团董事长伯纳德·阿诺特汇报时，却遭到了拒绝——习惯了以收购为手段而不断壮大事业版图，伯纳德·阿诺特似乎并没有自创新品牌的想法，“收购扩张是我们的强项，创立品牌则像一场冒险。”

幸好 Laurent Boillot 没有放弃。在做好娇兰品牌的同时，他不断验证云南雨林出产的普洱具有抗皱、消炎、抗污染等美肤功效，终于获得了集团的肯定。于是，他被批准在集团内部孵化这一新品牌（内部以“J 计划”代称，意指 Josef Margraf）。娇兰为茶灵的创立提供了巨大的支持，就连第一批工作人员都是从娇兰“跳槽”过去的。

2016 年 1 月，以中国云南“古树普洱”为主元素的茶灵在巴黎著名百货店 Le Bon Marché 亮相。首次上柜的仅有 26 个产品，价位在 20~250 欧元（约合 142~1781 元人民币）；随后，茶灵在中国香港海港城揭幕亚洲首店；2017 年 6 月，茶灵在上海兴业太古汇开设中国旗舰店。

无论产品原料，还是使用方法，抑或美容理论，乃至品牌故事，茶灵都像是在刻意讨好中国消费者。“茶灵正是将中国的茶文化理念与法国对于奢侈品的认知，以及高科技提炼技术相融合的一个中法对话的产物。”Laurent Boillot 如此解释。在茶灵的官网中，其被定义为“古树普洱护肤臻品”，传递融合了东方风情与西方科技的内外兼修之美的生活方式。

LVMH 集团之所以打破常规，甘冒风险而创立茶灵，或许是捕捉到了中国新生代奢侈品消费客群的心态和需求变化。毕竟，以中国元素为中国客户定制一个中国品牌，是一种与消费者建立情感共鸣的大好方式。

“得中国者，得奢侈品天下”已越来越成为业界人士的共识。谁赢得了中国年轻一代的消费者，就是赢得了中国奢侈品市场的半壁江山；而赢得中国奢侈品市场，就意味着为品牌创造了一个光明的未来！

邱亚夫：
“中国版 LVMH 集团”的缔造者

邱亚夫

作为山东如意集团的董事局主席，邱亚夫不仅曾力挽狂澜，将当年岌岌可危的毛纺厂带上正轨，成为世界纺织服装行业龙头；更通过高端化、科技化、品牌化和国际化，成为意大利、英国、法国、日本四大时尚之都中众多高端时尚品牌背后的掌舵人，旗下品牌包括巴利（Bally）、雅格狮丹（Aquascutum）、Sandro、Maje、Claudie Pierlot、都本（D'urban）等。从 17 岁从事纺织到今天，他以一颗火热的心和高瞻远瞩的目光带领着如意集团从一个名不见经传的毛纺厂逐步成长为行业瞩目的全球奢侈品集团，并致力于打造能比肩 LV、阿玛尼的中国品牌。

虽然年逾60，但是邱亚夫反而对时尚的感觉越来越强烈。“时尚是什么？时尚是一种流行，是对今天流行的反动，更是一种革命。时尚就是未来。时尚人、时尚企业要有前瞻性，要有创造性，把没有的东西创造出来，其创造的产品要为全球的大多数人所接受。”

作为一家在传统行业里成功实现现代化转型的企业，如意集团在与中国纺织工业同成长的四十多年里，几乎每一步都走在行业前端。从领先全球的“如意纺”技术，到今天全球一流水准的智能化工厂；从对每一块面料品质的极致追求，到一系列成功的国际并购案缔造的品牌集团，如意集团总是引领行业之先，赢得企业的持续发展。

2017年，如意集团迎来了建业45周年的里程碑，邱亚夫带领集团老、中、青代表及国际员工代表共同发表了时尚宣言。他表示，如意集团在发展过程中秉承的“科技化、高端化、品牌化、国际化”的发展方针，已成为全体如意人现阶段以及中长期发展中需要牢牢紧握的“十二字箴言”。如意集团将再用十年全力打造一个国际领先的千亿级时尚产业集团，进入全球时尚品牌企业前十强，为中国从“纺织大国”走向“纺织强国”而贡献自己的力量。

从接手时面临倒闭的纺织小厂，到跃居中国纺织服装500强企业榜首，再到跻身全球100大奢侈品牌公司，并拥有全球规模最大的棉纺、毛纺直至服装品牌的两条完整的纺织服装产业链，以及在全球投资超360亿元，旗下企业遍布超35个国家，如意集团的发展史，正是中国发展的一个美好缩影。

不如意的事业起点

1972年，济宁[①]毛纺织厂成立（如意集团的前身），按计划生产面料，

① 济宁，山东省辖地级市，位于山东省西南部。2018年常住人口834.59万人，地区生产总值（GDP）4930.58亿元

是国家的重点项目。3 年之后，年仅 17 岁的邱亚夫加入该厂，成了一名普通工人，由此开始了他与工厂相融共生的旅程——17 岁进厂，19 岁当车间主任，24 岁到西北纺织工业大学（现为西安工程大学）读书，从调度员、车间主任、厂长助理，一步一个脚印往前行。

1992 年，这家国企进行了公司化改造，取名“如意”——一个充满东方梦幻色彩的名字。然而由于全国毛纺织产品严重过剩，至 1997 年，当 39 岁的邱亚夫接手如意时，面对的是一个资产质量严重落后的烂摊子，以及 3200 个嗷嗷待哺的工人。

1998 年，如意发展进入转折期。当时像如意这样的工业企业，由于国有体制不适合市场经济的快速反应和竞争，产品比较落后，在国际上完全没有竞争力。“以身上穿的西装为例，当时一件重达 1.2 公斤，相当于国外三件西装的重量。原因就在于设备、工艺远远落后于国外。”邱亚夫感叹，当时的销售收入只有人民币 1.7 亿元，而且资产的质量严重落后。在这样的情况下，邱亚夫进行了体制改革。

“没有出路，只有去改革。只有在改革当中，去寻找生存的一线生机。话是好说，但路在哪儿？”邱亚夫决定去最发达的地方找差距，“当时出国是被严格控制的，我们就几番申请，最终带了 40 多个干部到了欧洲考察。20 多年前带 40 多个人出国考察，本身就是一个改革。”

当年的出国，邱亚夫可不像今天这么风光。在意大利的工厂，千方百计地以买设备的名义，才得以让设备商介绍他们进去。

“但是当我这样一个老纺织人，看到现场，真的不是震惊，是气馁，是没有希望。我们是 1.2 公斤的面料做成一套西装，而他们只用我们的 1/3。那就意味着一克重的羊毛，我们抽长的细度达到 40 米，他们能达到 200 米。”邱亚夫回忆，如意织布机用的木梭子是一尺二（约 40 厘米），而国外用的梭子是 1.5 厘米，一个高速的剑杆织机，“我们一分钟只能完成 100 个支点，意大利能完成 500 个。”

当时邱亚夫觉得没有希望赶上，但在国外越看越觉得应该知耻而后勇。

“自古华山一条道，你往后退，只有死路一条。我们经过彻夜讨论，为了工作需要，又打电报到国内来请示延长20天的考察。”据邱亚夫回忆，“经过反复论证，感觉只要执着，还是会有收获的。当在意大利考察到第四十家企业的时候，感觉到有路了，我们要用10年、20年的时间，做中国的‘杰尼亚’。”

杰尼亚（Zegna）是源自意大利的全球奢华男装品牌，于1910年从一家生产羊毛面料的手工纺织作坊发展而来。从意大利回国后，他们对标全球顶级纺织企业，一条一条找差距，总共列出200多条整改措施。

随后，邱亚夫又在企业内部开展了解放思想、转变观念的大讨论。大家逐步统一思想，提出了“全面对标意大利一流品牌、争做国际一流企业、争创国际一流品牌”的10年改革思路。“出国考察30天跑了49家著名企业，前后花费200万元。这200万元找到了技不如人的差距，明白了什么叫‘世界一流’，更换了高管的‘大脑’，很值！”邱亚夫很清楚，若人不改变，即使把世界上最好的设备买来，也未必能生产出世界级的产品。

不过，当时如意提出这个目标，却被业内一些人当作笑柄。很多人一听如意要做“中国的杰尼亚”，就不住地撇嘴：“太狂妄了吧？连国内一流企业都不是，还做啥国际一流品牌？”邱亚夫却不停地给员工打气：“人就像羊毛一样，本来就有很大弹性，最大的潜能是逼出来的。”

为了走出困境，邱亚夫做了一个异常艰难的决定：让1000多个工人先下岗。当时的情形，令邱亚夫至今难忘，“我当时承诺，等企业好了再请他们回来。”

在全国毛纺产能过剩、大批企业停工之际，趁着改革的春风，邱亚夫逆势而动，投资2亿元，引进了世界顶级生产设备。这时，有“明白人”议论道：“市场这么疲软，这时候投资不是找死吗？如意这回死定了！”胆大的邱亚夫却看清了一个事实：都说市场不好，可我国每年还要从国外进口60多亿美元的高档面料，难道这个市场还小吗？没有金刚钻别揽瓷器活，缺乏先进设备，谈什么冲击世界水平？靠什么扭转中国纺织“大路货”形象？

苦战3年，如意终于开发出具有国际水平的十大系列毛纺织产品。如意带着自己生产的面料再次来到意大利展览时，国外订单的价格翻了一番。

2001年，邱亚夫在人民大会堂受到表彰，被评为“全国最受关注的十大企业家”，如意被评为“全国质量先进单位”，3个产品获得国家金质奖。当年，如意实现了1200多万元的利润。当拿着这些钱交到那些下岗职工手里时，邱亚夫心潮澎湃：一个崭新的如意时代来了！

全产业链的科技纺织

在纺织行业中，毛纺的技术含量最高，价格也相对最高，每米可达50~60元。即便如此，去除成本，基本上已是无利可图。然而，大部分中国毛纺企业就在这50~60元的区间厮杀。

邱亚夫早早便意识到这种在低端传统市场中厮杀的残酷性和滞后性，从而主动放弃了这块市场，开始实施“高技术含量、高质量、高附加值”的高端产品定位的蓝海战略。

2006年，国内一家高校的纺织学科带头人徐卫林来到了如意。他带着苦心研究寻求技术合作和成果转化的技术，却屡屡碰壁。初次相见，邱亚夫不仅表示要与他一起啃下这块“硬骨头”，还集合了所有中层干部恭恭敬敬地请他讲课。这种求知若渴的态度让徐卫林感到，这回找到知音了。

在试验中，邱亚夫充分尊重徐卫林的奇思妙想。在传统工艺里，纺纱长丝在中间，短纤在外围，经常会在高速运转过程中出现断头现象，不仅耽误正常生产，还影响纺织品质量。“为什么不可以把长丝放在外面？”徐卫林灵机一动，却招来很多专家的反对：违反常规，就意味着巨大的风险。

但邱亚夫在听到构想的第一时间就激动地拉上徐卫林来到生产车间，亲自指挥整合各环节技术力量，加班加点改造设备。最终，这一违反常规的想法，孕育出一项颠覆性的新技术。经过3000次试验，“高效短流程嵌入式复合纺纱技术”终获成功，被纺织界命名为“如意纺”。

“如意纺”技术使毛纺和棉纺技术由原来的180支和300支，双双达到

500 支，打破了棉纺和毛纺的世界纪录。“500 支是什么概念？现在它已经能达到一根头发的 1/10 那么细，一克重的羊毛我们能纺到 500 米，在世界上独一无二。”邱亚夫介绍，在中国纺织企业以低质低价在国际市场打拼的今天，“如意纺”的价格已经达到了每平方米 1 万元人民币，如意生产的高级西装，也已经卖到了 7 万元 / 套的高价。

如意翩然进入国际高档面料“俱乐部”。“中国服装该撕下廉价标签了！”邱亚夫自豪地说。“如意纺”成为如意多个产品系列实现中国原创、世界第一，并在国际舞台上大放异彩的“杀手锏”。

2010 年，这项新型纺纱技术荣获国家科技进步一等奖，成为新中国成立以来代表中国纺织工业最高水平的国家级奖项，这也是中国纺纱领域 60 年来第一次获此殊荣。“如意纺”代表中国纺纱业的技术水准达到世界前端，是中国乃至世界纺织工业的骄傲。

创建于 1973 年的法国“第一视觉”（PV）展会，是以数百家欧洲纺织实体作为强大后盾的国际顶级纺织面料博览会，也是全球公认的最具权威的面料流行趋势发布平台。2009 年 2 月，PV 展会对首次申请参展的全球 50 家企业评估后，最终有 24 家获得了参展资格，其中只有如意集团是来自欧洲之外国家的企业。长期以来，中国纺织企业一直未能登上国际顶尖面料交易平台的局面，最终被如意集团打破了。

2010 年 2 月，如意作为中国企业的唯一代表，参加法国“第一视觉”PV 博览会。如意面料以其顶尖的品质和国际流行的色彩韵律，赢得业界同行的喝彩，这也使全球顶级服装品牌雨果博斯（Hugo Boss）、阿玛尼、杰尼亚等在如意落单，将如意指定为面料生产基地。

“高端化，对于纺织行业来说就是高品质、高技术含量、高价格，更包括高话语权。”邱亚夫解释道。几十年来，如意集团“高端化”的发展方向始终未变，“科技化”的最终目的就是要实现产品的“高端化”。

如今，如意集团以科技创新为引领，按照工业 4.0 标准实施产业转型升级，推进工业化与信息化两化融合，形成了全产业链“互联网 + 高端制造 +

个性化定制”的如意特色发展模式，推动传统纺织企业向创新型、智慧型企业转型升级。

在所有如意的纺纱工厂里，都是骑着电动车，手拿 iPad，穿梭在车间里挡车的新时代纺织厂挡车工。目前，纺纱厂的万锭用工从原来的数百人降到了十几人，智能化核心系统的应用实现了追溯每一根纱线、每一米布是哪个机台、什么时间、什么阶段生产制造的。

邱亚夫透露，源于对先进技术的极致追求，如意近年来几乎每一个新建项目都是按照这种全球最先进的水平进行建设，引领了中国纺织工业智能制造 4.0 时代，成功打造了原料、纺纱、面料、服装制造全产业链科技纺织新模式。

“如意纺”已有 30 多项专利技术在西方发达国家申报了专利。邱亚夫透露，LV、古驰、爱马仕等奢侈品牌集团均选用如意设计、如意制造的面料。如意技术研究院利用“如意纺”技术年产量 20 万米以上的奢侈面料，每米均价 1000 元以上。“如意纺”为企业经济效益的提升发挥了重要作用。

国际化的品牌战略[①]

“企业要想在全球市场上获得话语权和地位，必须不断增强自身的核心竞争力。”经过一番深思熟虑，早在 2003 年，邱亚夫便决定，如意集团需要加快大范围、大规模的企业收购、并购步伐，快速壮大自己。

2003 年，如意收购了山东临邑澳泰纺织有限公司；2004 年，收购了原山东东丽针织集团；2005 年，收购了 1943 年建立的万州万新纱厂，并动工兴建了高新技术棉紧密纺工业园，这一工业园在数年内有望形成国内乃至世界最大的棉纺基地；2006 年，收购拥有 7.2 亿元资产、世界先进水平的嘉达纺织品印染公司；2009 年，收购樱花纺织有限公司；2013 年，收购澳大利

① 关于如意集团的更多收购内容，请阅读前文《2016：中国资本并购西方奢侈品牌元年》

亚库比棉场；同年，宁夏如意科技时尚产业工业城项目在位于贺兰县的宁夏生态纺织产业示范园正式启动……此外，如意还拥有与意大利合资的服装公司，集投资、开拓、资本运作于一体的置业公司，同时在深圳打造了集设计、销售于一体的柏林集团等。

科技领先、设计引路、技术支撑是如意集团一直坚持的发展思路。国际上，如意与英国皇家艺术学院、曼彻斯特大学、布莱顿大学以及澳大利亚羊毛创新组织、研究机构合作进行项目研究；在国内，与中国纺织工业协会建立国际权威的第三方中国纺织工业山东检测中心、与国家纺织产品开发中心合作建立新产品开发基地、与中国流行色协会联合建立中国流行色研发基地，通过技术交流与创新促进企业发展。

除了巩固以纺织为主业的“面料生产商”的行业地位之外，邱亚夫还带领如意集团进行了以欧美日等发达国家为对象的品牌并购之扩张之路。

“中国游客 3 分钟买光一家‘加拿大鹅’（Canada Goose，羽绒服品牌），他们宁可花 2 万元买外国羽绒服，也不愿意花 2000 元购买一件质量非常好的国产羽绒服。”邱亚夫非常无奈，“这就是品牌的差距！尽管我们在技术上领跑全球，但缺乏全球叫得响的时尚品牌，自己仍然是国际时尚品牌的打工者。我们的‘如意纺’面料，1 平方米最高能卖到 1 万元，可奢侈品成衣的价格至少要几万元。”

在世界顶级科技带来的红利面前，不甘心局限在纺织制造下游经济链条上的邱亚夫，谋求向国际知名的时尚产业集团转型。“我们有技术、有设备、有管理、有完善的产业链，如果能以国际化视野整合全球资源，寻找能补齐我们短板的企业，通过并购获取海外品牌与渠道优势，再以此为基础拓展市场，这应该是如意追赶国际水平的捷径。”与团队认真商榷后，邱亚夫确定了全球并购的思路。

“通过并购重组全球比较好的品牌服装企业、设计资源和研发团队，发展自己的设计，将国际时尚资源为我所用。同时，还可以获取海外渠道优势。”邱亚夫带着他的团队在世界各大时尚之都展开了并购之旅，从日本的 Renown，到法国 SMCP 时尚集团（旗下拥有 Sandro、Maje 与 Claudie Perlot 三大品牌），再到英国风衣品牌雅格狮丹，以及瑞士奢侈品牌巴利……通过这些并购，如意逐渐壮大成为一个以纺织制造为基础的时尚品牌控股集团。

靠“买买买”，能从制造业转型成国际时尚产业公司吗？相对于“海外并购”这个词语，邱亚夫更愿意用“强强联合、优势互补”来解释这种做法，“对于服装企业来说，时尚就是最大的‘新动能’。通过收购，我们得到了品牌，更重要的是得到了一大批国际时尚管理人才，这是全球稀有资源，这让我们聚集起新一轮向时尚产业进军的新动能。通过一系列国际化并购，我们有信心再用 10 年时间，打造一个能和 LV、阿玛尼比肩的中国品牌。未来的中国时尚之都，可能就在山东。”

近十年来，如意集团以国际视野，整合全球资源，投入超过 150 亿元人民币进行了一系列国际化并购，完成了从“面料生产商”到原料、纺织、面料、服装以科技纺织为支撑的全产业链奢侈品、轻奢品、大众服装、快时尚等多品牌运营的时尚品牌控股集团的转型。

“如意会用 5~10 年成为一个千亿级别的时尚产业集团。”邱亚夫透露。但他心中还有两个更大的梦想。

一是自造品牌，“如意将推出高端时尚品牌，中文名字叫如意，英文名字叫皇家如意。我们已经有了全球领先的设计团队，有了国际知名品牌的成功经验，已经进入国际时尚金字塔的顶端。”

而另一个梦想，则是“让世界看见中国之美”。山东是中国时尚的发源地，鲁缟①是世界知名的品牌，薄如蝉翼，齐纨则鲜丽无比。“如意的高端品牌，就要把这两个文化符号融合进去，这一品牌将是 5000 年中国文明历史和时尚文化的积淀，将在巴黎、米兰等国际时尚之都展览。”邱亚夫显得信心满满。

---

① 缟，是一种白色的薄绢，以古时鲁国所产为最薄最细，故称鲁缟。

参考文献：

1. 未名:《如意控股主席邱亚夫：10 年，让如意成为“中国 LV”》,《齐鲁晚报》，2017 年 9 月 5 日

2. 娄花:《如意集团邱亚夫：发展自主品牌打造中国版 "LV"》,《半岛都市报》，2018 年 4 月 16 日

3. 王健:《邱亚夫：明年推出中国自己的 LV》,《生活日报》，2018 年 4 月 16 日

4. 王国栋、季明智:《知变则胜 探秘邱亚夫的如意传奇》，鲁网，2018 年 4 月 16 日

5. 王金虎:《如意集团邱亚夫和他的“如意算盘”》，经济日报·中国经济网，2018 年 12 月 12 日

后 记

一封关于此书的幕后感谢信

前言讲述了我对此书的构想及期待，而此篇后记，我想与各位朋友分享我的写作历程，一段非常私人的历史记忆。

首先分享我与财经作家吴晓波老师的渊源——作为他的读者兼拥趸，在某种程度上可以说我是看着他的书长大的——从2001年的《大败局》开始，到《被夸大的使命》，再到《激荡三十年：中国企业1978—2008》《跌荡一百年》《浩荡两千年》《历代经济变革得失》，再到《腾讯传》《激荡十年》，以及数以百计的专栏等，它们共同建立了我对商业世界的认知体系。

而很荣幸的是，自2011年的独家专访而与吴晓波老师结识之后，我于2017年初（经他推荐）担任了吴晓波频道长沙书友会会长——从追随的读者，变成了“工作”的“同事”，让我有了更进一步向他学习的机会。

创作此书的概念，起源于2017年11月。彼时，吴晓波老师的力作《激荡十年，水大鱼大：中国企业2008—

2018》即将出版，已在“吴晓波频道”公众号上宣传。

这很自然而然地使我产生了思考：我也是一名财经记者，是否有可能创作一个作品，并成为我的代表作？追随并模仿偶像的行为，是很多追星族乐此不疲的事，我也不例外。

在过去的几年中，时常有朋友建议我多写财经专栏，但我没有动手的原因，根本在于我没有找到内心的热爱。彼时，我已多年掌管上海要客集团（Yaok，前身为财富品质）及其旗下“中国奢侈品财经第一刊”《财富品质》的长沙运营中心，繁忙的公务与应酬也让我无法静坐写作。

（彼时）即将到来的2018年，恰好是要客集团创立10周年。按照一般公司的庆祝逻辑，几乎都是拍摄一部宣传片，讲述如何从一个小作坊成长为如今的大集团；或是出一本企业内刊，记录过往10年的丰功历程。但我不断思考，是否还有一种更好的方式？

念念不忘，终有回响。要客集团作为国内奢侈品行业的独特存在，在某种程度上“引领了这个行业的发展”，既然如此，那10周年庆典是否可以将视野抬高一点，为这个行业立传？正如吴晓波老师梳理了“中国改革开放40年之商界发展史”一样。于是，“记录西方主流奢侈品牌在中国的发展史”这一想法不断闪现在我的脑海里。

我跟集团董事长姚士锋汇报了这一设想，得到了他的支持，但我内心却依然没有足够的底气。直到机缘巧合之下，我结识了鬼虎子（原名叶丁源）。

鬼虎子彼时受长沙市政府之邀，前来举办“第二届夜界盛典”，并邀请了中国香港兰桂坊董事长盛智文等一众大佬前来站台。我很好奇他的能量，遂与其进行了多次交流，得知在更早之前，他凭借一腔热情创作了书籍《百年夜店：揭秘一个隐性行业的私密成长史》，并拍摄了行业纪录片《夜店江湖》，从而完成了中国夜店行业的发展史记录。尽管未必全面，但他的勇气与行动力值得我学习。

梦想的力量在发酵。2018年6月，我陪同吴晓波老师在长沙、大连两城举办《激荡十年》新书发布会期间，非正式地透露了写书的设想与安排，竟意外地得到了他的鼓励；甚至在与某位共同好友的交流中，吴晓波老师当面赞扬，“家锦能写”——或许这只是当时礼节性的客气之语，也许他早已忘记此事，但它却给我带来了强大的鼓励！

而更为神奇的是，随后的某天我收到了袁啸云（蓝狮子企业研究院主编）的私信：“你在朋友圈里所表达的一些观点挺有价值的，是否有想法写一本书？”我正有此意！于是，一拍即合。而他，则担任了此书的总统筹。

随后，我因家事而有所耽误进程，2018年11月底，终于在杭州与蓝狮子签订了创作协议。一切都在往前推进，历经长达半年的采访与资料整理，而后进行了为其两个月的闭关创作，终于于今年8月底顺利完成初稿。

整个2019年上半年，为了创作此书，我颇费周折，但结局趋向美好。

首先，感谢吴晓波老师，他在《只有廖厂长例外》中写过：“这些年，随着年纪的增长及阅历的增加，我渐渐明白了一些道理。人类文明的承接，如同火炬的代代传递，但并不是所有的人都有能力，或有机会握到那根火炬棒。于是，有人因此放弃了，有人退却了，有人甚至因妒忌而阻拦别人的行程，但也有那么一些人，他们主动地闪开身去，他们踞下身子，甘做后来者前行的基石。”如今这段话，也正是我对吴晓波老师的致敬之意。

其次，感谢姚士锋、周婷，作为国内奢侈品产业的第一批研究者、推动者及领军者，他们以及所打造的要客集团为我提供了一个广阔的学习平台，让我得以近距离地深入观察这一行业，祝福要客集团在即将到来的第二个10年越来越好！以及一大批为我提供资料信息或接受采访，但因为各种原因而不愿被透露的业界朋友，谢谢你们！

再次，感谢袁啸云主编，他以专业视角为我的创作献计献策，为此书的出版立下汗马功劳；感谢中正集团董事长武元政、深圳云鼎基金总经理李松，他们对我及此书给予了极大的信任与支持；感谢杨飞、姜洋、潘志刚，他们的鼓舞令我对书籍更加期待；感谢曾祥霞、王小娟、刘泽渝、袁亚、燕姐、饼哥、郭晓伟、倪小满、王御龙、吴向明、余静、姜峰、王琦、宋丹等全国各城吴晓波书友会班长；感谢鬼虎子、陈敏、孟庆昇、何洪波、罗可清、Jason、慎重波、孟向山、龙晓棣、王诗丹、赵健辉、王品泽、卢新世、杨苹、黄思维、徐颖、冼添丽、冯敏、Lei（de Grace）等东财校友与各界朋友的关注与支持，以及，感谢崔姜薇主任、黄傲寒与宋甜甜编辑对此书出版的勤劳付出！

最后，感谢我的太太沈文艺，以及刚满1周岁的儿子欧浚一。

此书的创作结束了，但我们的故事，才刚刚开始。“先上路，美好终究不期而遇。”期待一路有你！

欧家锦

2019年国庆假期

版权说明：

来信请寄：

广州市海珠区新港中路 397 号 TIT 创意园 5C 大道 08 栋 织识馆

邮编：510220

邮箱：ou_jiajin@163.com